ALIANÇAS ESTRATÉGICAS
& PARCERIAS DE MARKETING

CB019670

❝ Este livro explica como trabalhar com canais de marketing, bem como a dinâmica subjacente das parcerias com canais. É mais do que apenas uma cartilha: oferece um insight real e uma compreensão prática para qualquer um cuja estratégia de ida ao mercado inclua alianças e canais. A clareza de exposição de temas e ideias complexos é excelente, e os tipos de parceria representam uma maneira pioneira de compreender os parceiros e de como geri-los e atuar no mercado com eles."

MICHEL CLEMENT,
vice-presidente, Oracle Europa

❝ Esses rapazes conseguiram algo importante aqui. Todos nós nos esforçamos para explorar nossos relacionamentos cliente/fornecedor, mas, a natureza humana sendo como é, tendemos a nos mover com passos lentos e incrementais em direção às nossas metas compartilhadas, sendo com frequência desafiados e retardados por desconfiança e ignorância mútuas. Na melhor das hipóteses, damos passos ousados e imaginativos, mas mesmo estes precisam de um corrimão de apoio; este livro fornece insights valiosos sobre como desenvolver parcerias de modo coerente, lógico e com todos os *stakeholders* engajados, para alcançar aquela meta de um resultado realmente do tipo 'ganha-ganha'."

VICE-MARECHAL DO AR MATT WILES CBE,
diretor-geral da Cadeia de suprimentos Conjunta,
Ministério da Defesa do Reino Unido

ALIANÇAS ESTRATÉGICAS
& PARCERIAS
DE MARKETING

EDITOR
Marcelo Amaral de Moraes

PREPARAÇÃO DE TEXTO
Marcelo Barbão

REVISÃO TÉCNICA
Marcelo Amaral de Moraes

REVISÃO
Rafael Rodrigues

CAPA
Diogo Droschi

PROJETO GRÁFICO
Diogo Droschi
Christiane S. Costa

DIAGRAMAÇÃO
Christiane S. Costa

Dados Internacionais de Catalogação na Publicação (CIP)
(Câmara Brasileira do Livro, SP, Brasil)

Gibbs, Richard

    Alianças estratégicas & parcerias de marketing : como se aliar a outras empresas e tornar o seu negócio mais competitivo e lucrativo / Richard Gibbs, Andrew Humphries ; tradução Luis Reyes Gil. -- 1 ed. -- São Paulo : Autêntica Business, 2024.

    Título original: Strategic Alliances & Marketing Partnerships: Gaining Competitive Advantage Through Collaboration and Partnering.
    ISBN 978-65-5928-473-3

    1. Estratégia 2. Alianças Estratégicas 3. Parcerias Estratégicas 4. Marketing 5. Cadeia de Suprimentos I. Título.

24-225356   CDD-658.802

Índices para catálogo sistemático:
1. Marketing : Administração estratégica : Administração de empresas 658.802

Eliane de Freitas Leite - Bibliotecária - CRB 8/8415

A **AUTÊNTICA BUSINESS** É UMA EDITORA DO **GRUPO AUTÊNTICA**

São Paulo
Av. Paulista, 2.073 . Conjunto Nacional
Horsa I . Salas 404-406 . Bela Vista
01311-940 . São Paulo . SP
Tel.: (55 11) 3034 4468

Belo Horizonte
Rua Carlos Turner, 420
Silveira . 31140-520
Belo Horizonte . MG
Tel.: (55 31) 3465-4500

www.grupoautentica.com.br
SAC: atendimentoleitor@grupoautentica.com.br

RICHARD GIBBS | ANDREW HUMPHRIES

ALIANÇAS ESTRATÉGICAS
& PARCERIAS DE MARKETING

Como se **aliar** a **outras empresas** e **tornar** o seu negócio **mais competitivo** e **lucrativo**

TRADUÇÃO:
LUIS REYES GIL

autêntica
BUSINESS

Sumário

Sobre os autores

RICHARD GIBBS e **ANDREW HUMPHRIES** têm um mix único de experiência prática, e em pesquisa e compreensão acadêmica.

Em sua carreira, Richard ocupou cargos de alto nível em vendas e marketing em grandes empresas multinacionais como Xerox e Novell Inc. Mais recentemente, foi responsável por operações de distribuição da Xerox na Europa, onde arquitetou a transição de serviços de distribuição fragmentados para serviços centralizados, e gerenciou uma equipe de contas dispersas encarregada dos relacionamentos com distribuidores estabelecidos e novos. Também foi responsável no canal europeu pela gestão, planejamento estratégico e gestão de negócios.

Os papéis de Richard nos negócios refletem-se em seus interesses acadêmicos. Ele é doutor pela University of Gloucestershire e sua tese investigou a importância do marketing de relacionamento dentro dos canais de marketing e alianças estratégicas. Richard tem também MBA pelo Henley Management College e realizou pesquisa sobre vários aspectos dos relacionamentos interorganizacionais na Europa, lidando especificamente com a questão de como as empresas podem ganhar vantagem competitiva por meio de seus canais de marketing.

Andrew concluiu uma carreira de 34 anos na Royal Air Force, onde chegou a Chefe de Logística da Aviação de Defesa do Reino Unido. Fundou a SCCI Ltd., uma empresa localizada em Milton Keynes, Reino Unido, especializada em medir a efetividade e diagnosticar as oportunidades de melhoria nos relacionamentos de negócios colaborativos. Sua técnica foi bem-sucedida em ajudar a aumentar a lealdade cliente/fornecedor, revitalizar parcerias com problemas e fornecer métricas de desempenho para melhorar a governança em organizações do setor de ferrovias, construção, manufatura, varejo, agricultura e defesa.

Andrew doutorou-se pela Cranfield School of Management e tem MBA pela Open University. Continua a pesquisar o assunto da colaboração entre organizações e trabalha com várias universidades no Reino Unido e na Europa. Já publicou amplamente em revistas acadêmicas como *British Journal of Management*, *European Journal of Marketing*, *International Journal of Logistics Management e Journal of Service Research*. Publicou artigos no *Financial Times*, escreve para revistas de negócios e de associações profissionais, e é palestrante em conferências internacionais.

Os programas de pesquisa dos autores, que constituem o alicerce deste livro, foram reunidos como uma iniciativa colaborativa estimulada por uma série de descobertas comuns e por uma motivação de oferecer à gestão operacional um conjunto de ferramentas práticas capaz de aumentar a probabilidade de excelência em parcerias.

RichardKGibbs@gibbshumphries.org
AndrewHumphries@gibbshumphries.org

Os **programas de pesquisa** dos **autores**, que constituem o alicerce deste livro, foram reunidos como uma **iniciativa colaborativa** estimulada por uma série de descobertas comuns e por uma motivação de oferecer à gestão operacional um **conjunto de ferramentas práticas** capaz de aumentar a probabilidade de **excelência em parcerias**.

Prefácio

Este livro é a junção de várias correntes diferentes. Tanto Andrew quanto Richard são "veteranos" em lidar com as realidades da gestão de grandes parcerias. A extensa experiência prática deles abrange parcerias em cadeias de suprimentos e alianças estratégicas, assim como em canais de marketing, no Reino Unido, Europa e outros países. Essas experiências os levaram, de forma independente, a promover uma melhor compreensão das razões pelas quais algumas parcerias são mais bem-sucedidas e produtivas que outras. Essa exploração levou-os à Academia e a uma série de grandes programas de pesquisa que permitiram desenvolver uma profunda compreensão de por que a gestão do relacionamento tem um papel tão importante em decidir o sucesso ou fracasso de parcerias comerciais. Esses esforços de pesquisa paralelos foram cruciais para definir os fatores-chave que determinam a excelência em parcerias e lançaram as bases para a colaboração deles.

Essa colaboração produziu os Tipos de Parceria Gibbs+Humphries descritos neste livro, que têm potencial de se tornar o equivalente do "Myers–Briggs" para a compreensão dos relacionamentos de negócios. Em sua essência, essa estrutura ajuda qualquer pessoa envolvida em parcerias a ter uma melhor visão das pressões e tensões que podem afetar essas parcerias e a tomar melhores decisões sobre como gerenciá-las de forma mais eficiente. A perspicaz revisão que os autores fizeram das várias teorias que descrevem as parcerias e alianças *business-to-business* dará ao "gestor reflexivo" uma compreensão dos porquês e "comos" envolvidos nos diferentes tipos de parcerias e alianças, e dos potenciais benefícios que podem ser alcançados.

O momento de lançamento deste livro não poderia ser mais oportuno. As pressões que os negócios enfrentam hoje para competir na economia global obrigam as empresas a trabalharem colaborativamente. Este é o primeiro livro que de fato nos ajuda a compreender como essas parcerias funcionam e como podemos fazer uma gestão mais efetiva e eficiente delas.

RUSSELL PEACOCK
Presidente do North American Channels Group

As **pressões** que
os **negócios** enfrentam
hoje para **competir** na
economia global obrigam as
empresas a **trabalharem**
colaborativamente.

Introdução:
Atribuindo valor às suas principais parcerias comerciais

O futuro pertencerá àquelas organizações que implantarem capacidades de gestão de alianças na estrutura de sua cultura e na maneira de fazer negócios.

(Fred Hassan, CEO, Schering-Plough)

B ons relacionamentos entre empresas têm importância crucial. Representam o trabalho em equipe efetivo que permite que as parcerias e alianças criem valor para clientes e acionistas e que talvez as empresas individualmente não fossem capazes de criar. Onde quer que você olhe, terá exemplos em P&D, (Pesquisa e Desenvolvimento) cadeias de suprimentos, canais de marketing, compras, serviços e manufatura. Além disso, essa colaboração não se dá apenas no setor privado; pode ser vista igualmente em áreas como Defesa, serviços de saúde e em governos locais e centrais.

Em resposta aos problemas experimentados por gestores para compreender a dinâmica de suas parcerias e para simplesmente saber como melhorar seu desempenho, este livro usa abordagens de marketing, de cadeia de suprimentos e econômicas, que põem foco justamente em como as empresas trabalham juntas para produzir valor. Essa combinação de diferentes conceitos e ideias tem sido aplicada para responder às seguintes questões centrais:

> Por que algumas parcerias são
> mais efetivas que outras?
> Como posso prever o provável resultado de uma
> parceria e tomar medidas para melhorar
> o desempenho dela?

Como se fosse em um leque abrangente de telemetria, agora é possível intervir naqueles aspectos que afetam diretamente o desempenho de um relacionamento e, trabalhando a partir das métricas produzidas, descobrir não só o que está acontecendo, mas entender a razão. Este trabalho inovador abre novo campo e estabelece novas técnicas para expandir o conhecimento no desempenho de relacionamentos interorganizacionais e para proporcionar benefícios às empresas. A síntese de um conjunto de *drivers* cruciais de relacionamento, de um conjunto mestre de testes, está relacionada com as principais categorias de relacionamento e gera os Tipos de Parceria Gibbs+Humphries. Da mesma maneira que Myers–Briggs exploraram os tipos de personalidade, os Tipos de Parceria Gibbs+Humphries expõem os fatores-chave que influenciam como as empresas trabalham juntas e explica o comportamento provável de cada tipo. Embora seja possível considerar uma miríade desses tipos, normalmente a maioria das parcerias pode ser categorizada em um dos oito relacionamentos arquetípicos mostrados na Figura 0.1.

TIPOS DE PARCERIA GIBBS+HUMPHRIES

Todos os animais são criados iguais;
mas alguns são mais iguais que os outros.

(George Orwell)

FIGURA 0.1 Tipos de Parceria Gibbs+Humphries

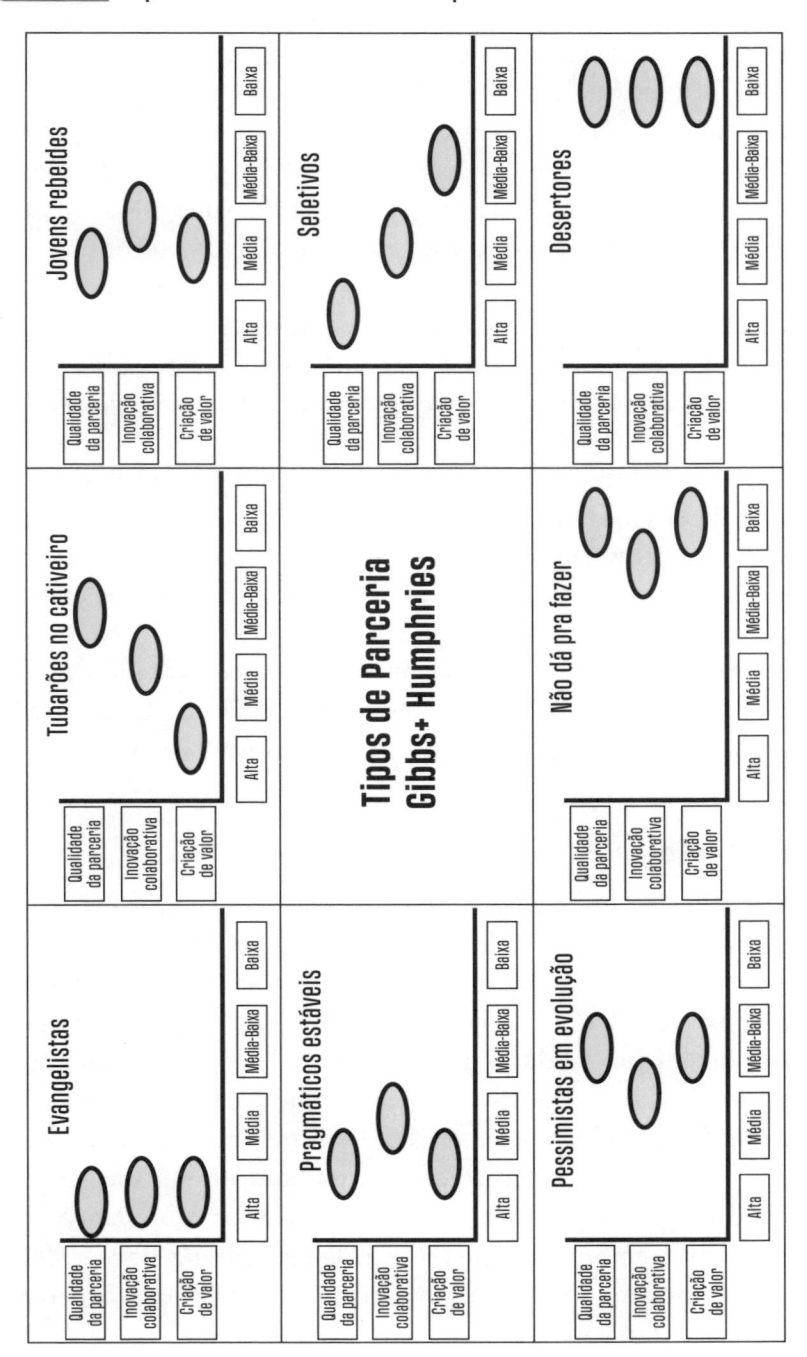

Compreender o Tipo Gibbs+Humphries de uma parceria em particular ajuda as empresas a gerenciar seus relacionamentos comerciais ao prever os problemas e barreiras potenciais ao sucesso e identificar os principais facilitadores que possam ser alavancados. Os tipos de relacionamento diferem dos tipos de personalidade Myers–Briggs por não serem imutáveis; eles podem mudar e de fato mudam, dependendo das ações e comportamentos dos participantes. No entanto, alguns tipos de relacionamento são menos maleáveis que outros, e as empresas são aconselhadas a considerar que a melhor maneira de lidar com um objeto inamovível é mover-se ao redor dele em vez de bater de frente. Outros tipos podem ser transitórios e mudar sutilmente de um tipo a outro ao longo do tempo, e também por meio de esforços combinados de ambas as partes, conforme se adaptam a mercados e estratégias em mutação. Alguns Tipos de Parceria Gibbs+Humphries são mais bem-sucedidos que outros e, embora não exista um estado perfeito, as empresas podem rapidamente compreender quais esforços deveriam e poderiam ser feitos para produzir os melhores valores em função das condições e do ambiente.

Existem oito tipos distintos de relacionamento. Cada um tem suas características, suas exigências e seu valor. Compreendê-los ajuda gestores a otimizarem suas parcerias e alianças *business-to-business*.

◢ Evangelistas

Os Evangelistas são empresas que parecem estar numa lua de mel infindável com uma ou ambas as partes envolvidas na parceria. O nível de *mindshare* e de satisfação geral é excepcionalmente alto e as referências "boca a boca", muito positivas. Com frequência, trata-se de relacionamentos maduros que ficaram bem estabelecidos ao longo do tempo, mas os Evangelistas podem também estar presentes entre os *early adopters* (adotantes iniciais) de um mercado ou de um novo produto. Também podem parecer já ter ultrapassado sua melhor fase, "vivendo de glórias passadas" e céticos em relação à mudança. Nos primeiros momentos, o retorno propiciado pelos Evangelistas pode ser significativamente superior à norma, mas com o tempo os benefícios tendem a se reduzir.

Pragmáticos estáveis

Os relacionamentos com Pragmáticos estáveis costumam ser encontrados em mercados relativamente estabelecidos e caracterizados por cooperação baseada na necessidade pragmática de superar dificuldades operacionais inevitáveis da cadeia de suprimentos. A compatibilização de culturas parece ter acontecido, o que traz uma sensação de "estar no mesmo barco". A gestão do relacionamento e a construção do relacionamento estão bem implantadas no dia a dia do negócio. No geral, a equipe entende os potenciais benefícios da cooperação e, de uma maneira ou de outra, a parceria funciona. Os retornos desses relacionamentos tipicamente ficam acima da média.

Jovens rebeldes

Os relacionamentos de Jovens rebeldes não são incomuns, e costumam ser vistos em parcerias nas quais a escala de contribuição e de desempenho é importante para ambas as empresas. Em geral, elas existem há um certo tempo, embora os relacionamentos de Jovens rebeldes possam emergir de parcerias menos maduras. Existe, ou pelo menos existiu, um grau de confiança mútua na aliança ou no relacionamento, que ao longo do tempo foi se reduzindo e sendo substituído por atitudes (culturais ou comerciais) que não mostram mais uma total empatia com as razões originais para trabalhar em conjunto. Esses relacionamentos produzem retornos médios, mas podem estar sujeitos a grandes "oscilações de humor".

Pessimistas em evolução

Relacionamentos do tipo Pessimistas em evolução mostram muitas das características do tipo Não dá pra fazer (ver a seguir). Condições de operação difíceis, resultantes de mercados instáveis, e o fato de ter que apoiar produtos complexos/não confiáveis, provavelmente preocupam os gestores. Tais problemas afetam as visões dos riscos e com isso fica difícil justificar investimentos do relacionamento em infraestrutura e em pessoal. Além disso, comportamentos voltados ao curto prazo, egoísmo e oportunismo tendem a minar os esforços de melhora. Mesmo assim, provavelmente em razão da familiaridade e da experiência prolongada com os problemas operacionais, há certa satisfação perversa, e com isso o ânimo, surpreendentemente, continua mantido. As condições de relacionamento podem, portanto, ter alcançado um estado de trégua infeliz ou ao menos uma redução dos comportamentos ativos de antagonismo. Com isso, a comunicação, especialmente a relacionada à solução conjunta de problemas, pode ser mantida e elevar marginalmente o nível de inovação; mas, embora a vontade de cooperar aumente, a capacidade de traduzir isso em cadeias confiáveis de entrega de produto e serviço ainda precisa ser desenvolvida. Os retornos desses relacionamentos ficam abaixo da média.

◢ Tubarões no cativeiro

De maneira similar à dos Jovens rebeldes, os relacionamentos de Tubarões no cativeiro costumam representar parcerias onde a escala de contribuição, desempenho e importância é alta para ambas as empresas. O que determina o relacionamento é o tamanho do negócio, a posição no mercado da empresa anfitriã ou condições potencialmente contratuais ou de mercado. O aspecto principal que descreve um Tubarão no cativeiro é o próprio alto nível de comprometimento e dependência. Esse alto comprometimento é acompanhado por um nível igualmente elevado de conflito e comportamento antagonista, o que leva a baixos níveis de colaboração. As empresas, portanto, são reféns da parceria e se inclinam a agir de modo oportunista. Os retornos ficam abaixo da média.

◢ Seletivos

Seletivos têm como marca a falta de compromisso com o relacionamento ou então uma dependência da empresa anfitriã ou dos resultados positivos da parceria. Geralmente são vistos como um parceiro bom e confiável, que gera poucas preocupações relevantes ou áreas de conflito. Seu nível geral de satisfação também é relativamente alto e isso pode confundir a gestão e levá-la a crer que é possível prever crescimento. Na realidade, esses parceiros raramente produzem um desempenho estelar; a colaboração será pouco empolgada e o investimento no relacionamento será baixo. Os níveis de retorno serão apenas médios, já que o Seletivo normalmente se interessa por ganhos de curto prazo e benefícios transacionais.

◢ Não dá pra fazer

No caso dos "Não dá pra fazer", as condições de antagonismo são o padrão, e, como as oportunidades de fugir disso são poucas, tais relacionamentos criam fortes sentimentos de "aprisionamento" e "impotência". Uma falta de cooperação no longo prazo e uma oposição entrincheirada a qualquer forma de inovação são fatores que também prejudicam a vitalidade do relacionamento. Esforços para melhorar ou ganhar fatias maiores de benefícios acabam se revelando um desperdício. O resultado são práticas da cadeia de suprimentos muito pobres e processos ineficazes, muitas vezes acompanhados por uma baixa satisfação do cliente final e por retornos escassos.

◢ Desertores

Enquanto os Evangelistas não veem nada de "ruim" na parceria, os Desertores não veem nada de "bom". Nas mensurações que fazem, a avaliação é que o relacionamento é insuficiente. Nenhum aspecto da parceria tem sua aprovação e é mínima a extensão em que os objetivos do negócio são alcançados; a colaboração em si quase inexiste. Mas não se deve supor que essas empresas ou organizações estejam operando num nível puramente transacional. A qualidade do relacionamento, sua experiência e as expectativas de como seus parceiros irão se comportar em relação a eles são importantes. O nível de dependência e de compromisso é baixo e, como o nome sugere, o mais provável é que essas empresas desertem.

GESTÃO DE RELACIONAMENTOS COMERCIAIS

Certo, mas como você faz para definir o Tipo de Parceria Gibbs+ Humphries que se aplica a cada um de seus relacionamentos comerciais importantes? Primeiro, uma arma essencial do arsenal de um gestor é saber o que move o sucesso da parceria. Mas isso não é fácil. As organizações tradicionalmente prosperam adotando uma cultura independente, competitiva, e veem os relacionamentos comerciais de preferência a partir de seu próprio ângulo. Clientes querem "gerir" e "desenvolver" seus fornecedores. Fornecedores querem extrair o máximo de receita de suas contas principais no longo prazo. Fabricantes querem alavancar seus canais de marketing e seus revendedores para capitalizar em cima de suas capacidades. As medições centrais de desempenho apoiam esses objetivos ao definirem metas de resultado agressivas, como receita e redução de custos. No entanto, o segredo para entender e gerir seus relacionamentos comerciais essenciais é encará-los de uma perspectiva "conjunta"; levar em conta indicadores que avaliem não só o desempenho da parceria (resultados), mas também o desempenho de parceria demonstrado pela empresa. Ao avaliar o desempenho conjuntamente usando os *drivers* dinâmicos a seguir, você poderá facilmente situar suas parcerias no tipo de parceria adequado:

➤ **Inovação colaborativa:** a eficácia do relacionamento e as condições que favorecem que ele seja inovador. Isso inclui reagir a oportunidades, por meio de cooperação, adaptabilidade e comunicação;

➤ **Qualidade da parceria:** a qualidade do intercâmbio do relacionamento com base nos níveis de comprometimento, investimento, dependência mútua, compartilhamento de conhecimento, vínculo social e confiança;

➤ **Criação de valor:** a eficiência da parceria em criar e capturar o valor potencial que a parceria oferece é uma soma de toda a construção de relacionamento e dos comportamentos de apoio e desenvolvimento que ocorrem. Isso inclui operações, gestão de qualidade e desempenho e resolução de problemas.

Ao pôr foco nos facilitadores por trás de cada um desses motores de alto nível (esses "superfatores"), as empresas são capazes de obter os retornos acima da média que a excelência em parceria oferece.

METRONET RAIL SSL

A Metronet Rail SSL era uma empresa sólida de engenheiros e gestores de projeto de alto nível, dedicada à manutenção dos trens e instalações do Metrô de Londres. Em 2003/4, porém, recebeu multas de mais de 4 milhões de libras. Uma avaliação da capacidade colaborativa dessa organização multidivisões colocou-a na parte mais baixa do tipo de parceria Pessimistas em evolução.

O alto nível de consenso quanto aos objetivos da parceria falhou em se traduzir em linhas de orientação que pudessem ser usadas por indivíduos que trabalhavam numa interface complexa, multiníveis, ao lidar com parceiros no dia a dia. Com isso, os times trabalharam com propósitos divergentes e a organização superburocrática da Metronet, com falta de clareza na atribuição de responsabilidades, redundou numa solução de problemas lenta e errática. A capacidade de entregar operacionalmente foi mais empacada ainda pelo fraco desempenho da gestão e pela falta de coesão na própria cadeia de suprimentos. Assim, as promessas de entrega não foram cumpridas, as pessoas não foram responsabilizadas por suas falhas e a credibilidade da empresa sofreu. A Metronet foi percebida como um parceiro não confiável e inconsistente.

A situação difícil foi impedindo as partes de se abrirem umas para as outras, por medo de que as informações fossem usadas para exercer pressão e não como meio de superar dificuldades. O Metrô de Londres sentiu que seu parceiro tentava obter lucro às suas custas. Além da imensa pressão por desempenho, a Metronet Rail SSL tampouco foi capaz de superar suas dificuldades internas. O negócio foi encerrado em 2007, pois a decisão de tentar entender o desempenho da parceria foi tomada tarde demais.

SOBRE ESTE LIVRO

O Capítulo 1 monta o cenário para a compreensão dos relacionamentos de parceria *business-to-business*. Discute como as mudanças nas pressões competitivas influenciam o desenvolvimento de novas estruturas organizacionais, nas quais uma empresa se liga a outras em relacionamentos interorganizacionais (por exemplo, parcerias, alianças, consórcios, colaborações e *comakerships*) a fim de completar sua oferta de mercado. Mostra como o desenvolvimento das ideias de gestão reflete essas mudanças nas condições de mercado. O Capítulo 1 mostra ainda que há um reconhecimento cada vez maior de que o ato de criar parcerias e a maneira segundo a qual ela é posta em prática, mais do que o simples fato de ter parceiros ou alianças, pode dar uma significativa contribuição ao desempenho de uma empresa. Descreve os desafios enfrentados por pessoas que trabalham nessa situação altamente tensa e complexa e especialmente aqueles que cuidam de gerir sistematicamente relacionamentos contratuais. Também toca na importância e na necessidade de dispor de ferramentas para medir o desempenho, mas, em razão da dificuldade em identificar as "alavancas" certas, aponta uma significativa falta daquelas desenhadas especificamente para que gestores possam usá-las em relacionamentos do tipo parceria.

O Capítulo 2 discute em detalhes os tipos comuns de parcerias, abrangendo relacionamentos de cadeia de suprimentos, alianças estratégicas, terceirização e canais de marketing. Uma apreciação dessas formas estruturais é importante para uma compreensão da gestão de parcerias. Isso é seguido no Capítulo 3 por uma consideração daqueles aspectos-chave das parcerias e alianças que resultam em sucesso ou fracasso. Esses dois paradigmas da gestão de parcerias e alianças às vezes se sobrepõem, isto é, os pontos de vista econômico e de marketing, são explorados nos Capítulos 4 e 5. Essas disciplinas, bem diferentes mas complementares, fornecem ricas perspectivas que contribuem para o desenvolvimento de um método único de avaliar o desempenho de uma aliança.

Os Capítulos 6 e 7 descrevem a lógica detalhada de como os Tipos de Parceria Gibbs+Humphries são originados e construídos e, mais importante, de que maneira podem ser usados para reconhecer as questões principais de desempenho nas situações de parceria das empresas, de modo que possam ser empreendidas ações para mudá-las para melhor. No Capítulo 8, há algumas ferramentas práticas que gestores podem usar para ajudá-los a decidir que estratégias empregar para fazer as necessárias mudanças e melhorar a qualidade de seus principais relacionamentos de negócios. Este capítulo mostra também de que modo as empresas podem aplicar as lições aprendidas dos Tipos de Parceria Gibbs+Humphries. Finalmente, considera os tipos de parceria no contexto da gestão de contas e de marketing, assim como em relação ao ciclo de vida do produto/mercado, e extrai aplicações e recomendações práticas.

Ao final de cada capítulo, são relacionados alguns pontos de ação importantes. Se você responder às questões com atenção e honestamente eles permitirão fazer uma clara avaliação do uso e gestão que a organização faz dos relacionamentos comerciais estratégicos. Isso propiciará uma compreensão daqueles *drivers* fundamentais de desempenho das parcerias e de seus aspectos característicos. A análise também oferece um diagrama para ação gerencial que irá melhorar os resultados da organização e seu desempenho competitivo.

PRINCIPAIS PONTOS DE AÇÃO

❶ Quantos relacionamentos colaborativos estrategicamente importantes a sua empresa tem?

❷ Você está satisfeito com o desempenho deles?

❸ Que métricas você usa para avaliar o desempenho de suas parcerias?

❹ Que métricas você usa para avaliar a qualidade de suas parcerias?

❺ Os seus atuais KPIs [Indicadores-Chave de Desempenho] fornecem informações e confiança para gerir essas parcerias de forma eficaz?

❻ Eles lhe dariam tempo suficiente para agir se um relacionamento começasse a ir mal?

O negócio da parceria

Parcerias não são mais parte do nosso negócio;
são o nosso negócio.
(Peter Ward, vice-presidente e gerente-geral, Xerox Europa)

UMA CRISE NA GESTÃO

A Ford Motor Company na década de 1930 personificava a imagem então predominante de um negócio muito bem-sucedido, lucrativo e dinâmico. Sua fábrica em River Rouge, que produzia o Ford Modelo A, era um exemplo de empresa totalmente integrada, que fabricava um único produto padronizado. Mas não era apenas uma unidade fabril; a Ford Motor Company era uma grande empresa e, por definição, isso significava que estava bem posicionada para fazer tudo ela mesma, com pouca ou nenhuma necessidade de subcontratar externamente.

De suas próprias minas, a Ford produzia ferro e carvão, transportados pelo lago por seus próprios navios a vapor, que atracavam numa das extremidades da fábrica. O calor para os fornos de tratamento e pintura vinha dos gases dos fornos de coque. Os moldes das peças eram preenchidos com o ferro fundido de seus altos-fornos. Serragem e aparas da carroceria, junto com gases residuais dos altos-fornos, viravam combustível para as caldeiras da usina de força. Para o interior do carro, a Ford podia usar lã de suas próprias fazendas de carneiros e borracha de suas plantações, e esses materiais eram transportados de um lugar a outro em sua própria ferrovia. Isso representava escala, produtividade e constituía uma empresa plenamente integrada. No entanto, em 2006, Bill Ford, presidente executivo, num e-mail a todos os funcionários da Ford, escreveu: "O modelo de negócio que nos sustentou por décadas não é mais suficiente para manter a lucratividade".

Anne Mulcahy, CEO da Xerox, cresceu na empresa quando, segundo ela, eles tinham à disposição três canais de distribuição: "direto, direto e direto". Sob sua liderança, a Xerox adotou o mantra "faça parceria ou morra" e expandiu a cobertura de seu marketing indireto por meio da aquisição da Tektronix, da Global Imaging Systems e da Veenman.

Modelos de negócio tradicionais que permaneceram estáveis por décadas estão agora sendo obrigados a mudar rapidamente. Depois das fases de *downsizing*, *rightsizing* e de reengenharia de processos de negócios, quaisquer reduções adicionais nos custos têm tido como contrapartida uma diminuição no retorno, além de preocupações com a qualidade e com a motivação e retenção dos funcionários. Surgiram também novas pressões. Marketing e vendas lutam contra a concorrência global e redução do ciclo de vida de produtos. As vantagens marginais de produto, em muitos mercados, têm apresentado todas as marcas distintivas da comoditização. Ao mesmo tempo, o desafio de atender às expectativas dos clientes tornou-se mais difícil à medida que cresce o conhecimento que eles têm do mercado, o que se deve em grande parte à internet. A lealdade dos clientes também se tornou mais difícil de assegurar, já que eles procuram satisfazer necessidades cada vez mais complexas e sofisticadas em tendências que são difíceis de identificar e rastrear. Muitos CEOs foram obrigados a se concentrar no crescimento da receita bruta e simultaneamente em ganhos por ação, pois os sempre persistentes mercados de ações estão espreitando atrás de seus ombros a cada trimestre para detectar sinais de fragilidades no balanço patrimonial. No meio desse turbilhão, as empresas buscam desesperadamente maneiras de desenvolver uma vantagem competitiva sustentável.

No século 21, a discussão de estratégia tem se voltado de novo para a importância crucial de as empresas trabalharem com outras empresas. Seja sob o nome de empresas em rede, empresa estendida, alianças estratégicas, "relacionamentos interorganizacionais" (o mais acadêmico deles) ou simplesmente parcerias; as empresas estão procurando ganhar vantagem competitiva por meio de iniciativas colaborativas.

O foco tem se intensificado nos últimos 10 anos à medida que cada vez mais os altos gestores reconhecem que não são mais capazes de "agirem sozinhos" para atender às demandas de um cliente sofisticado. Mais de 50% da receita total da Fortune 1000 pode ser atribuída a alianças, canais de marketing, ou outras atividades colaborativas. Fazer parcerias ou terceirizar para reduzir custos é algo bem compreendido, mas as empresas estão agora descobrindo que a colaboração na forma de parcerias externas pode também trazer grandes benefícios tangíveis, estratégicos e competitivos, se for corretamente gerida. Esses benefícios são traduzíveis em ganhos da folha de balanço e em desempenho de L&P [Perdas e Lucros]; por exemplo, empresas que têm alta performance em termos de margem operacional bruta são também as organizações que colaboram mais extensivamente. O crescimento da receita para colaboradores bem-sucedidos é também mais de duas vezes maior que o das empresas menos colaborativas.

As demandas do mercado, a escala dos negócios gerada pela parceria e os benefícios da colaboração bem-sucedida sublinham agora a essência do negócio de parcerias. Fazer parcerias, portanto, mudou e se tornou um trampolim central para a estratégia de muitas empresas e uma peça-chave nos modelos de negócio da nova ordem que estão sendo construídos e adotados.

DIMINUIÇÃO DAS FONTES DE VANTAGEM COMPETITIVA

> *A reinvenção constante é a necessidade central na GE...*
> *Estamos apenas a um só passo do inferno das commodities.*
> *(Jeffrey Immelt, presidente e CEO, GE)*

Quer você concorde ou não que o mundo é plano, como acha Thomas Friedman, ou espinhoso, como crê Richard Florida, ele com certeza tem uma geografia radicalmente diferente daquela que você aprendeu na escola. O mundo mudou e as forças que levaram a essa mudança não vão parar; na realidade, estão ganhando impulso.

Há uma década, os teóricos da gestão destacavam o ritmo acelerado da mudança tecnológica como o fator de maior impacto na estratégia das empresas. Cada novo desenvolvimento oferecia a oportunidade de diferenciação, mas era confrontado por uma reação quase imediata da concorrência oferecendo maior funcionalidade a um preço menor. O resultado disso foi que o desenvolvimento de produto em muitas áreas virou uma questão de atualizar e de dar saltos de inovação, à medida que cada inovação subia a régua das capacidades, mas não oferecia uma vantagem sustentável. O custo de desenvolvimento de um novo produto aumentou ao mesmo tempo em que os orçamentos para P&D foram espremidos, quando não reduzidos. O *time to market* (tempo para o mercado) tornou-se crucial para as empresas, pois o mero fato de ser capaz de oferecer um produto funcionalmente competitivo significava que você ou estava no jogo ou fora dele, de maneira efetiva e radical. Assim, os cronogramas de desenvolvimento foram abreviados e também os ciclos de vida do produto. Esses ciclos de vida do produto mais curtos tinham também implicações financeiras. O ponto de equilíbrio (*break-even*) precisou ser antecipado. Na realidade, muitas vezes lançaram-se produtos no mercado sabendo que não seriam lucrativos, simplesmente para garantir que o *market share* (fatia de mercado) fosse mantido. Esse comportamento estava fadado a perder força.

O Muro de Berlim caiu em 1989 anunciando o fim da Guerra Fria, e a subsequente expansão do mercado europeu criou uma nova e substancial entidade econômica de 27 estados, que em 2007 gerou uma fatia do PIB nominal global estimada em 31%. Na década de 1990, os quatro Tigres Asiáticos – Coreia do Sul, Singapura, Hong Kong e Taiwan – compunham a maior parte da "corrida" econômica na região do Extremo Oriente. No entanto, emergiram novos "tigres". A transferência da soberania de Hong Kong para a República Popular da China em 1997, a entrada da China na Organização Mundial do Comércio em 2001 e os Jogos Olímpicos de Pequim em 2008 sinalizaram a abertura do mercado chinês ao resto do mundo. O progresso tem sido muito rápido, com a conquista de grandes aprimoramentos em qualidade e capacidade tecnológica, assim como na redução da complexidade e dos custos. O outro país emergente é a Índia. Com a abertura de seus mercados em 1991 por Manmohan Singh, o antigo ministro das finanças da Índia, o país agora representa a estufa estratégica das empresas de tecnologia do mundo. O Vale do Silício foi agora espiritualmente relocado para Bangalore.

Empresários de uma ampla gama de setores têm começado cada vez mais a identificar maturidade e comoditização como sérios desafios emergentes. Seja em razão da globalização, de tecnologias que amadurecem, da facilidade de imitação, de menores barreiras de entrada, de padrões abertos em mercados de tecnologia ou de pressões dos clientes que estão por sua vez sendo espremidos, o fato é que as empresas sentem cada vez mais a intensidade da competição por preços. Como resultado, as empresas têm sido forçadas a procurar em outros lugares para obter vantagens competitivas.

DA COMPETIÇÃO BASEADA EM PRODUTO À VANTAGEM BASEADA EM CONHECIMENTO

As forças de mercado que têm criado sucessos como a Google, que nos conduziram pela bolha das ponto.com e forçaram a regeneração de antigas gigantes como a Ford e a Xerox, têm se refletido em diferentes teorias de gestão sobre negócios e estratégias. Duas escolas de pensamento alimentam as discussões sobre como as empresas alcançam vantagens competitivas, uma com foco externo, outra com foco interno.

A maioria dos manuais de MBA costuma começar com as ideias seminais de Michael Porter sobre o impacto que a estrutura do setor tem em determinar a capacidade de uma empresa obter lucros acima da média. A abordagem de Porter caracterizou a economia de mercado tradicional com sua forte dependência na avaliação do ambiente competitivo por meio de uma análise SWOT – forças, fraquezas, ameaças e oportunidades. O número de concorrentes, a escala do investimento necessário para participar do negócio e a densidade de clientes eram fatores que podiam influenciar a lucratividade de um mercado. Em seu livro *Estratégia Competitiva: Técnicas para análise de indústrias e da concorrência*, publicado originalmente em 1980, Porter sumarizou as estratégias de negócios em três opções genéricas: liderança por custo, diferenciação e segmentação (ou foco) de mercado. No entanto, tudo isso se assentava em duas suposições básicas: que o mercado poderia ser definido dentro de limites específicos e que as empresas eram de fato entidades homogêneas em termos de capacidade produtiva e competências.

Hoje, a complexidade da situação produto-mercado é exemplificada pelo iPhone da Apple. Em 1997, as vendas unitárias de telefones celulares totalizaram pouco mais de 100 milhões, e em junho de 2007 a Apple lançou o iPhone. O novo produto representou uma significativa mudança na abordagem estratégica da Apple, saindo dos limites estritos do computador para os domínios mais vastos de eletrônicos para o consumidor e de estilos de vida digitalmente conectados. Em 1997, os telefones celulares haviam evoluído pouco além de seu design tipo tijolo. Hoje a tecnologia está sendo implantada num equipamento de estilo de vida, com ofertas de serviços que vão além das telecomunicações e com lucros substanciais vindo do download de música e vídeos. O mercado de telefonia móvel em geral explodiu, mas, para o iPhone, a Apple fez um previsão relativamente modesta de vender 10 milhões de unidades até o final de 2008, o que iria corresponder a cerca de 1% do mercado mundial de aparelhos. Mesmo antes do lançamento do iPhone, o mercado já estava discutindo o próximo conceito, os upgrades que iriam se seguir e os produtos de empresas concorrentes, como a Sony, que iriam tentar tirar partido do lançamento do iPhone e restringir seu crescimento e predomínio. Desde seu lançamento, surgiram soluções rivais da Sony, Nokia, Motorola, RIM e outras, à medida que o mercado de comunicações entra em choque com o mercado de entretenimento e impacta radicalmente o setor da música.

Conforme a globalização e a comoditização de produtos se tornam mais dominantes, surgiu uma escola de pensamento alternativa que adotou uma perspectiva diferente. Ela desviou o foco da análise externa para a avaliação interna da habilidade da empresa em usar o que ela possui (recursos e capacidades) de modo a superar seus concorrentes. Dois dos principais criadores desse foco internalizado foram C. K. Prahalad e Gary Hamel.

Os recursos (pacotes de ativos) são a fonte das capacidades de uma organização (o quanto ela faz bom uso de seus ativos) e determinam a diferença de desempenho entre uma empresa e outra. São considerados recursos os ativos genéricos negociáveis que podem ser divididos em três: tangíveis (infraestrutura, recursos naturais e dinheiro), intangíveis (imagem, reputação, mercados e marcas) e humanos (especialistas).

As capacidades são distintas e únicas da empresa (habilidades de organização, P&D, vendas e trabalho em equipe). Elas se desenvolvem ao longo do tempo e exigem considerável dedicação e perspicácia para serem acumuladas e alavancadas. Para que uma capacidade seja "distinta" ela tem que ser difícil de imitar e precisa envolver o aproveitamento de uma combinação de recursos de todas as partes da organização e também daqueles que podem ser terceirizados ou funcionar em rede. A gestão estratégica, portanto, estende-se a RH, gestão financeira, desenvolvimento organizacional, desenvolvimento tecnológico e implementação, para criar pacotes de capacidades únicos a partir de todo o amplo espectro de interesses da empresa. Para enfrentar as condições internas e externas de incerteza, complexidade e conflito, aplica-se *expertise* gerencial para criar e implantar esse mix como uma fonte sustentável de vantagem para a empresa.

Inicialmente houve um grande crescimento em patentes (solicitações e litígios) à medida que as empresas procuraram documentar e proteger suas vantagens potenciais. Isso foi seguido por acordos de licenciamento cruzado entre empresas, o que estimulou novos setores como o "*edutainment*" (*education + entertainment*, ou educação + entretenimento), além de revigorar o mercado de PCs e criar tecnologia como estilo de vida (cujos melhores exemplos são o iPhone e, é claro, o iPod). As empresas agora reconheciam os benefícios de trabalharem juntas para construir e criar valor em suas ofertas de produto, a fim de evitar o "inferno das commodities".

AMPLIANDO AS FRONTEIRAS DA EMPRESA

Da década de 1850 à de 1950, os negócios eram tipicamente feitos por empresas de porte e complexidade cada vez maiores. Apenas na década de 1980 é que emergiram novas estruturas organizacionais, baseadas menos numa integração vertical e em processos do mercado, e mais em processos administrativos e negociação.

AIRBUS

Foi durante esse período que a Airbus Industries emergiu como um consórcio que refletia essas tendências estratégicas e organizacionais. O estatuto da Airbus Industries buscava estabelecer a empresa como um concorrente europeu de credibilidade, para fazer frente a empresas dos EUA como Boeing, McDonnell Douglas e Lockheed. A fabricação europeia de aviões estava fragmentada, e a competição era movida por interesses nacionais que deixaram a Airbus como um adversário caro, peso-leve, contra os ágeis pesos-pesados dos EUA. Em meados da década de 1960, foram iniciadas algumas negociações para uma abordagem europeia, colaborativa, na qual os custos de capital pudessem ser compartilhados e o *know-how* fosse comercializado. Boa parte da década iria transcorrer até que a aliança se tornasse uma força efetiva, que nessa época compreendia empresas francesas, alemãs, espanholas e britânicas, todas encarregadas da fabricação de elementos do Airbus 300 – a primeira aeronave bimotor de passageiros do mundo *wide-bodied* (fuselagem larga – com 8 fileiras de poltronas).

Apesar dos vários obstáculos, desavenças internas e interferências governamentais, o A300 fez seu voo inaugural em 1972 e entrou em serviço comercial em 1974. O A300 não foi um sucesso da noite para o dia, mas o lançamento do A320 em 1981 estabeleceu firmemente a Airbus como *player* importante no mercado da aviação. Por volta de 2007, a Airbus havia se "metamorfoseado" numa *joint venture* que atualmente emprega cerca de 57 mil pessoas em 16 localidades de 4 países europeus. Apesar das consideráveis dificuldades e turbulências internas, ela lançou o Airbus A380, que acomoda 845 passageiros e é o maior jato comercial de passageiros do mundo. Desde seu lançamento, o A380 enfrenta contínuos e problemáticos atrasos para ser entregue, que tiveram impacto particular na versão de carga conhecida como A380F.

Havia uma tendência paralela de as empresas procurarem ganhar capacidades adicionais externas ao próprio time, seja para complementar sua oferta, seja para criar algo inteiramente novo. Na década de 1990, a Benetton era o expoente arquetípico da criação de uma cadeia de valor de capacidades. Suas facções trabalhavam em regime de tempo parcial, terceirizadas, e seus varejistas eram principalmente franquias. A Benetton implantou o sistema de logística *just-in-time*, o acabamento/armazenamento de roupas, o posicionamento de marca/mercado e a publicidade, bem como o uso pioneiro de sistemas de informação alimentados por EPOS (Ponto de Venda Eletrônico). Essa mostrou ser uma combinação vencedora que, na época, era difícil de imitar. Hoje, a Nike Inc, empresa esportiva sediada nos EUA, é um ótimo exemplo da empresa virtual na qual os sistemas de informação são usados para coordenar cada passo das suas atividades de longo alcance, que vão de fornecimento e manufatura de material, a marketing e varejo. Essa união de empresas em relacionamentos interorganizacionais, sejam eles alianças estratégicas ou parcerias, terceirização ou comanufatura, pode ser vista como reação direta às mudanças nas condições do mercado que foram descritas.

As ideias de Oliver Williamson a respeito de uma "economia dos custos de transação" constituem um dos paradigmas de gestão mais importantes para explicar as razões para esse fenômeno, e nos ajudam a entender a mecânica de empresas trabalhando colaborativamente. À medida que as empresas procuram maneiras de reduzir ou de cortar custos de seu negócio, uma análise da cadeia de valor revela que certas atividades primárias são cruciais para o negócio; essas são suas capacidades. Quando a empresa tem uma capacidade ou aptidão única, faz sentido continuar a manter isso dentro da organização (*in-house*). Mas quando a atividade é menos central para o negócio é possível fazer uma avaliação para ver se é mais eficiente em termos de custo envolver uma terceira parte para desempenhar a tarefa. É essa a decisão entre "fazer ou comprar" que muitas empresas chamam de "análise de investimento". É também a base da teoria dos custos de transação, mas, e isso é muito importante, ela leva em consideração uma visão mais abrangente dos custos.

Um elemento importante é o custo para a empresa de coordenar ou gerir a atividade *in-house* em comparação com a opção de comprá-la. Nesse sentido, os custos externos incluem negociação, contratação e controle da atividade de encomendar e adquirir esses bens ou serviços do mercado. São os chamados "custos transacionais". Internamente, esses custos estão associados a aprendizagem, organização e gestão de atividades como design e produção. Williamson não se restringe a uma visão puramente econômica dos custos. Ele também considerou os custos de gestão e os riscos associados às pessoas envolvidas. As ideias dele não davam muito crédito pessoal (a você ou aos parceiros) em termos de confiabilidade. Ele acreditava que era inevitável que os indivíduos procurariam oportunidades de obter vantagens da organização ou de outras pessoas; era algo naturalmente competitivo que seria de esperar e necessariamente carregava um custo de gestão.

Custos de gestão são, portanto, uma parte significativa da equação, seja quando se trata de redigir contratos ou de colocar salvaguardas organizacionais como departamentos de *compliance*. Apesar disso, um meio adicional de reduzir as tendências de as empresas agirem de modo egoísta é ambas as partes investirem em seu relacionamento, contribuindo, por exemplo, com *know-how*, tempo e infraestrutura. Esses investimentos (a fundo perdido) constroem compromisso e lealdade e estabelecem uma atitude mais de longo prazo em relação à aliança, e, é claro, constituem alguns dos aspectos adicionais da equação mais ampla de custos econômicos. Em resumo, portanto, nos casos em que esses custos transacionais são altos em relação aos custos de produção, as empresas preferem desempenhar a atividade *in-house*, e vice-versa. De acordo com isso, uma empresa deve empreender atividades que possa desempenhar com custo mais baixo, e terceirizar outras atividades ao mercado para obter vantagens adicionais.

Essa tendência a terceirizar foi muito auxiliada pela crescente sofisticação e pelas capacidades da tecnologia da informação. A funcionalidade da TI propiciou um controle maior e mais fácil da operação descentralizada, e em pouco tempo o *outsourcing* (terceirização) virou *offshoring* (transferir a produção ou outras atividades para outro país), conforme as empresas foram realocando funções de retaguarda (*back-office*), bem como montagem e fabricação, em outras partes do mundo que ofereciam custos mais baixos. Apesar dessa dispersão geográfica de atividades importantes, as empresas foram capazes de criar mecanismos rigorosos de controle na forma de contratos e acordos de nível de serviço, para garantir que seus requisitos fossem atendidos. Reuniões regulares para revisão, apoiadas por dados em tempo real de manufatura regulada por computador e outros sistemas, permitem o exame de métricas específicas para avaliar e mensurar o desempenho do fornecedor. Não obstante, desapontamentos e discordâncias eram frequentes e muitas vezes levadas ao conhecimento do público. Muitos dos ganhos da terceirização não foram, portanto, concretizados e mais de 50% dos arranjos parecem ter falhado dentro do prazo de três anos. Um fator crucial para muitos desses fracassos costuma ser a escala do esforço de gestão exigido para comandar e controlar tais operações, por ter sido subestimado ou não compreendido. Isso reforça o pensamento original de Williamson e nos coloca apontando na direção de precisar considerar mais detalhadamente os fatores mais amplos, não econômicos, envolvidos na parceria, nas alianças e na terceirização, a fim de assegurar a entrega bem-sucedida de nossos objetivos.

O VALOR ESTRATÉGICO DE UMA PARCERIA

Para lidar com os desafios de um mercado radicalmente diferente, as empresas vêm admitindo a necessidade de parcerias bem-sucedidas e dos seus benefícios. A Figura 1.1 mostra alguns desses fatores.

Empresas irão se engajar em alguma forma de parceria ou relacionamento de aliança por um número de razões convincentes. Podem querer superar uma fragilidade (por exemplo, baixo desempenho ou alto custo) existente nos recursos que têm disponíveis e estabelecer ou recriar uma posição competitiva. Podem buscar adquirir novas habilidades e ganhar novas competências por meio de aprendizagem interorganizacional, e então explorá-las além dos limites das parcerias ou relacionamentos originais para oferecê-las como vantagens de mercado. Numa frente mais ampla podem também procurar ganhar aprovação e status dentro de um setor ao se juntarem a uma organização de maior prestígio ou poder. É claro que podem simplesmente buscar aumentar sua fatia de mercado e desempenho de vendas por meio de colaboração e trabalho conjunto. As parcerias podem ainda facilitar a criação pelas empresas de novos valores para o cliente por meio da combinação sinérgica de recursos antes separados, trazendo novas soluções e produtos inovadores que individualmente nenhuma das empresas era capaz de oferecer. Ou as empresas podem se voltar às parcerias a fim de neutralizar ameaças competitivas comuns, ao combinarem recursos para criar escala e musculatura, como no exemplo do consórcio Airbus.

FIGURA 1.1 Fatores que levam as organizações a fazer parcerias

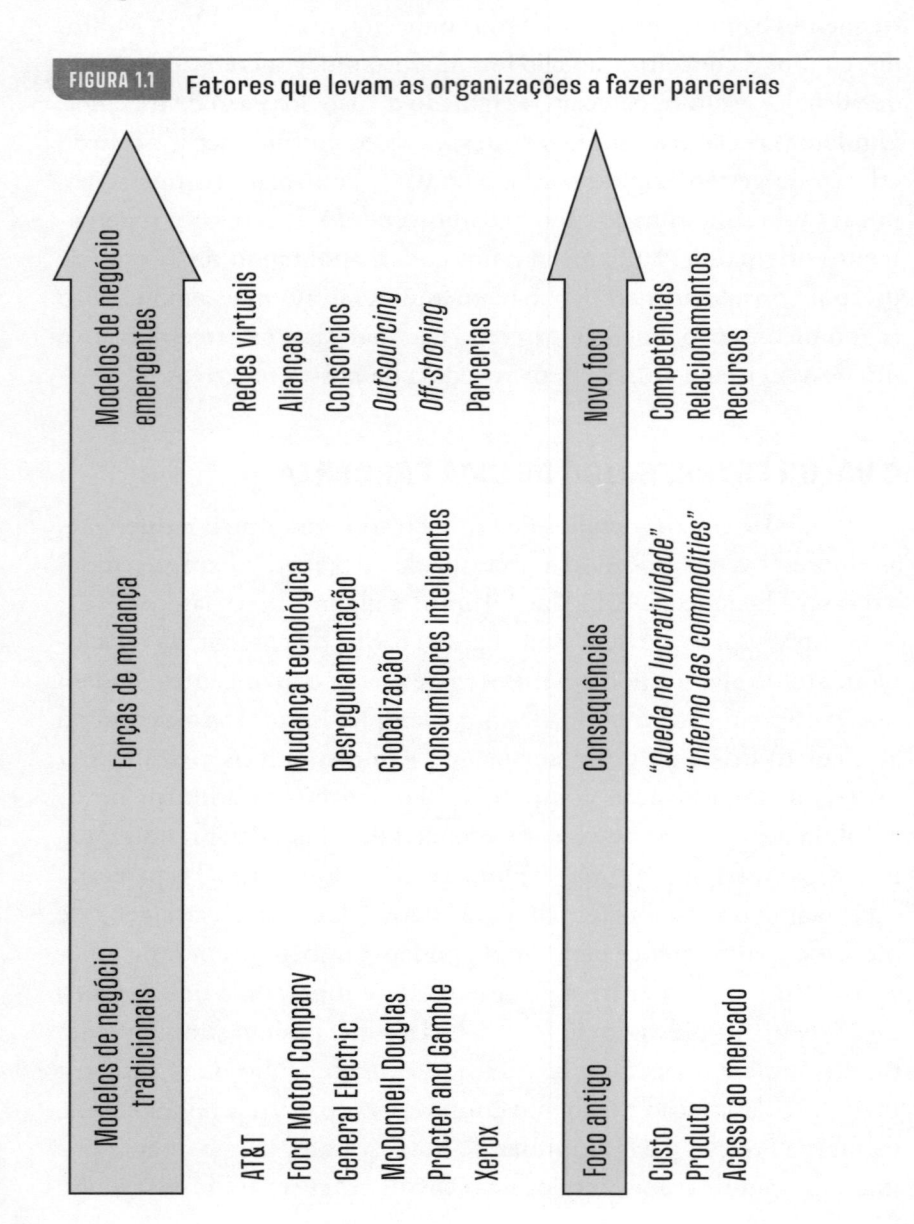

ALIANÇAS ESTRATÉGICAS & PARCERIAS DE MARKETING

Dois destacados acadêmicos da teoria e compreensão das parcerias, Doz e Hamel, apontam seis lógicas estratégicas para entrar em parcerias. Cada lógica pode ser identificada e cada uma delas pode ser isolada para inspeção como a única razão para explorar um relacionamento, mas o mais comum é que se apresente mais de uma em qualquer situação dada. Elas estão na Figura 1.2 e são explicadas a seguir.

◢ Construindo massa crítica

Há muitos bons exemplos de como a entrada em mercados tensos por meio de parcerias pode contornar as barreiras de Michael Porter à entrada. O primeiro deles: a liberalização do mercado de telecomunicações europeu no final da década de 1990 encorajou a Deutsche Telekom e a France Telecom a entrarem em aliança colaborativa, com os "bolsos cheios" e amplitude de recursos para competir efetivamente contra a gigante americana AT&T. O segundo exemplo: a NTT DoCoMo no Japão, uma operadora regional de telefonia móvel, lançou seu acesso por celular ao serviço de internet chamado *i-mode*. A DoCoMo conseguiu uma penetração de 45% no mercado japonês de telefones celulares ao fazer parceria com provedores de conteúdo, em vez de criá-los ela mesma. Isso permitiu que oferecesse rapidamente aos clientes uma massa crítica de serviços e conteúdo que deu uma vantagem crucial sobre os concorrentes.

◢ Alcançando novos mercados

Embora o uso de canais de marketing se reduza às vezes a uma simples questão de custos de venda variáveis, grandes benefícios podem resultar para as empresas que expandem seu alcance de mercado por meio de intermediários. Na década de 1980, a Novell era uma pequena empresa de redes de computadores com base em Utah. Seu produto estava funcionalmente acima da média, embora sujeito a "inconsistências", mas seu principal ponto fraco era a incapacidade de competir com a cobertura de mercado que a (então) totalmente direta IBM e a Digital (DEC) conseguiram manter. No entanto, a Novell percebeu que competiria de forma mais efetiva no fragmentado segmento de pequenas e médias empresas. O desafio era engajar um grande número de clientes nesse segmento de mercado. A resposta foi engajar revendedores locais com valor agregado, treiná-los e credenciá-los, nutri-los e desenvolvê-los, a ponto de Steve Ballmer, então presidente da Microsoft, opinar que a Novell tinha "mais parceiros que a 7-eleven: é mais fácil comprar Netware do que um Big Gulp".

FIGURA 1.2 As lógicas de criar valor em alianças

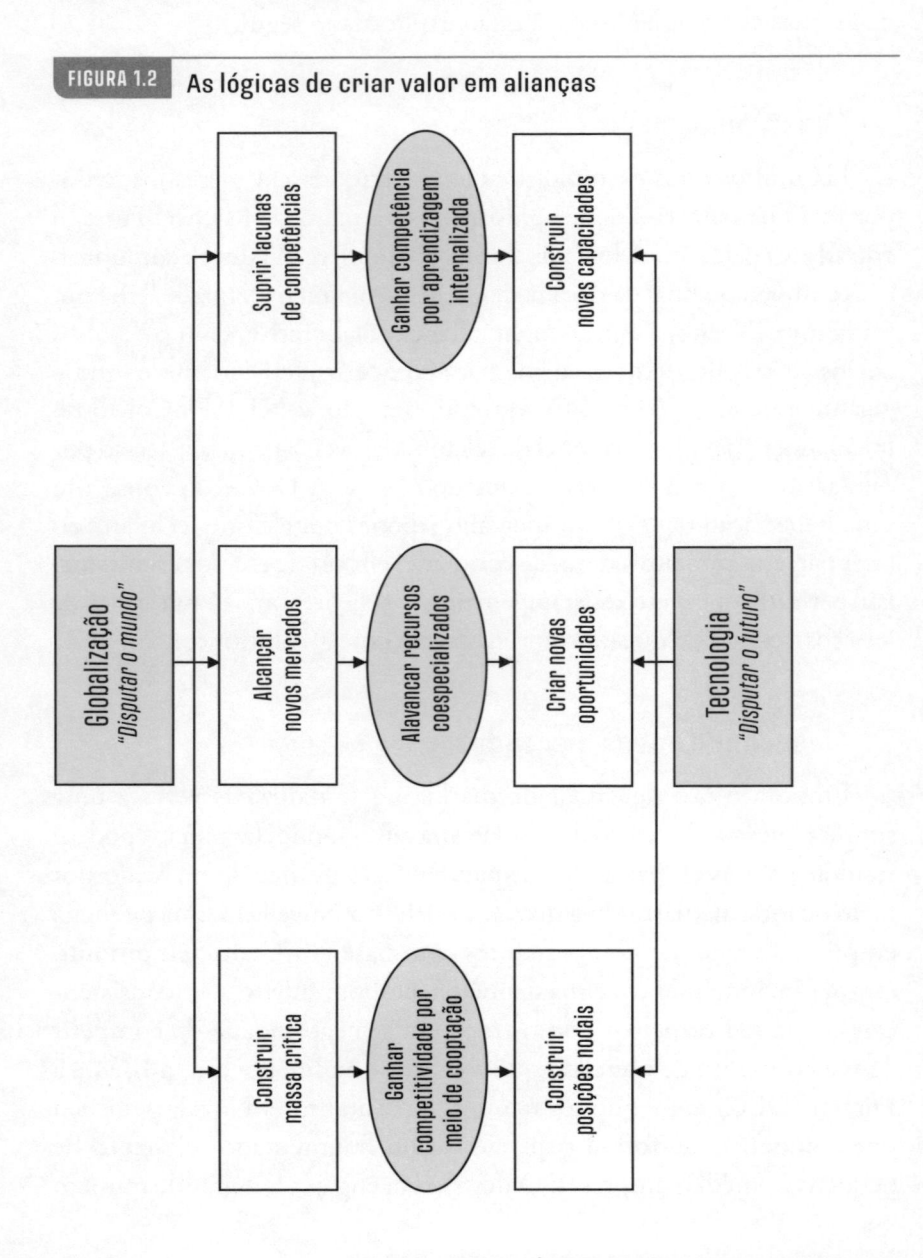

Construindo novas competências

À medida que a mudança tecnológica invade tudo e as empresas buscam reduzir custos e aumentar eficiência por meio de metodologias como a gestão da qualidade total, a reengenharia de processos e a *lean six sigma*, elas também têm reconhecido a importância de introduzir novas habilidades e competências na organização. Em seu livro *A Quinta Disciplina: Arte e prática da organização que aprende*, Peter Senge define a "organização que aprende" como seres humanos cooperando em sistemas dinâmicos que estão num estado de contínua adaptação e melhora.

Uma razão central para entrar em parcerias que costuma passar despercebida é a aprendizagem que pode ser adquirida do parceiro. Uma das "alianças de aprendizagem" mais bem-sucedidas foi a que juntou a Xerox Corporation e a Fuji Photo Film Co. A Fuji Xerox Co Ltd foi fundada em 1962 como uma parceria 50/50 e inicialmente permitiu que a Xerox tivesse acesso ao lucrativo mercado japonês. Mas o real benefício foi mais significativo ainda. À medida que a Xerox entrava num dos seus períodos mais sombrios na década de 1980, altos executivos visitaram o Japão e notaram o foco em qualidade e em ferramentas de qualidade. Aprendendo com a Fuji Xerox, a Xerox foi capaz de redefinir a si mesma como uma empresa de alta qualidade. A partir de 1980, Xerox e Fuji Xerox venceram 25 prêmios nacionais de qualidade em 20 países, incluindo os três prêmios mais importantes do mundo. Nos Estados Unidos, a Xerox ganhou duas vezes o Prêmio Nacional de Qualidade Malcolm Baldrige: com Serviços de Negócios Xerox em 1997 e com Produtos de Negócios e Sistemas Xerox em 1989. A Xerox Europa, antiga Rank Xerox, ganhou o primeiro Prêmio Europeu de Qualidade em 1992. A Fuji Xerox recebeu o Prêmio Deming, a mais alta e mais prestigiosa premiação de qualidade do Japão, em 1980. Tudo isso permitiu que a Xerox resistisse às imensas pressões competitivas que se seguiram à perda de patentes cruciais e à competição baseada em preços, cada vez mais acirrada.

Preenchendo as lacunas de habilidades

Muitas organizações apoiam programas de aprendizagem contínua. Há um consenso de que confiar nas velhas habilidades e metodologias não habilita as empresas a competirem na nova era que se desdobra enquanto você lê este livro. Ser capaz de utilizar a mais recente tecnologia capaz de poupar custos nas funções de retaguarda [*back-office*] ou adotar uma nova abordagem que reduza o *time to market* são requisitos cruciais para muitas empresas. Chega uma hora, porém, em que a empresa reconhece que não consegue acompanhar o ritmo constante de mudança ou que a aquisição de novas capacidades a desvia demais de suas competências essenciais. Nesses casos, a empresa volta-se para fornecedores externos de serviços, com frequência na forma de um arranjo de terceirização, cujos talentos especializados suprem as deficiências da empresa. Essas facilidades terceirizadas permitem que a empresa alavanque toda a tecnologia avançada e as economias de escala do fornecedor sem precisar sair de sua esfera de competência ou de experiência ou investir muito capital.

◢ Construindo posições nodais em coalizões

As coalizões podem levar a estranhos companheiros e isso às vezes é caracterizado pela "coopetição". A coopetição é um conceito de cooperação que ocorre entre empresas que de outro modo seriam competidoras. A coopetição permite que uma empresa gerencie estrategicamente sua potencial concorrente, seja diretamente ou assegurando que uma potencial coalizão competitiva perca sustentação ou seja contornada. Foi assim que a JVC venceu a "guerra do videocassete" contra o Betamax na década de 1970. O Betamax era geralmente considerado um produto superior em muitos aspectos, mas a JVC foi capaz de posicionar o VHS como o padrão dominante por meio de uma estratégia de coopetição e coalizão. Os princípios centrais dessa estratégia foram a criação de coalizões com a RCA nos Estados Unidos e com a Thomson na Europa, que poderiam facilmente ter se unido à Philips e apoiado o Betamax. A RCA e a Thomson trouxeram sua maior cobertura de distribuição, o que permitiu ao VHS introduzir um grande volume de produtos no mercado, ganhar rápida aceitação pelos consumidores, estimular o crescimento da locação de filmes e se tornar de fato o padrão.

◢ Criando novas oportunidades

Quer se trate de uma nova droga farmacêutica ou da entrada num novo território geográfico, as parcerias podem abrir o caminho para compartilhar custos, riscos e *expertise*, especialmente sob condições de incerteza. As alianças têm papel cada vez mais importante na inovação. Ajudam as empresas a examinar seu ambiente atrás de tecnologias promissoras a um custo mais baixo em vez de fazerem isso sozinhas, e possibilitam que a empresa faça a "pré-visualização" de uma variedade de oportunidades tecnológicas sem se comprometer a fundo com elas.

Em relação a novas oportunidades, considere a combinação entre a empresa de automóveis Mercedes e a marca de relógios Swatch para produzir o carro Smart, ou as habilidades eletrônicas da Philips combinadas com a capacidade da Douwe Egberts, que originou a máquina de café SenseoCream. São exemplos de hibridização inovadora em que duas correntes de tecnologia se unem e formam um conceito e um produto radicalmente novos. Ambas as partes reconhecem que adotar uma combinação única de habilidades e recursos pode não só criar uma nova oportunidade, mas, crucialmente, dar a ambas uma significativa vantagem, a do pioneirismo. E em termos puramente de P&D, basta pensar na Xerox Parc, a fonte daquilo que é visto como natural num PC (desde interfaces gráficas à ethernet), que agora tem um relacionamento de muitos anos com a Fujitsu e um pé nas ciências biomédicas em parceria com o Instituto de Pesquisa Scripps, de La Jolla, Califórnia.

PARCERIAS E COMPETIÇÃO ENTRE CADEIAS DE SUPRIMENTOS

Pressões de negócios gerais, como a escassez de recursos, aumento da concorrência, a globalização dos mercados, mudanças mais rápidas e expectativas mais elevadas dos clientes, tudo isso resulta em aumento do foco externo e em "desintegração" vertical, conforme as empresas terceirizam atividades não essenciais. Isso leva ao foco em melhorar a eficiência operacional na cadeia de suprimentos por meio da adoção de suprimento *just-in-time* e do reconhecimento da necessária contribuição de terceiros. Por sua vez, tem criado uma série de iniciativas de processo coordenadas, tanto para cima como para baixo dos canais de suprimento e distribuição. Tais iniciativas de processo têm propiciado uma visão mais ampliada das cadeias de suprimentos, incluindo redes multiorganizacionais, redes de valor, coletivos coordenados e entidades que abrangem vários setores (ao mesmo tempo em que criam um vocabulário totalmente novo). Tudo isso tem a intenção principal de reduzir os custos interfuncionais – especialmente os de estoques.

A capacidade de ganhar flexibilidade por meio de agilidade, e de conseguir um suprimento enxuto por meio da "quase-empresa" significa que a inovação da cadeia de suprimentos continua adotando abordagens mais integradas e holísticas. Além disso, o ritmo de mudança é afetado pela percepção de que o serviço ao cliente resulta diretamente dos esforços combinados de todas as organizações da cadeia de suprimentos. Isso é conhecido como "gestão da cadeia de demanda", que é capaz de prover um tipo único de valor aos clientes. Recentemente, o conceito de John Gattorna de "alinhamento dinâmico da cadeia de suprimentos" entrou em jogo. Ele tem foco em combinar as mutáveis necessidades e desejos do cliente às diferentes estratégias da cadeia de suprimentos. Requer que a empresa segmente seus diferentes clientes e então adapte sua oferta de serviços de acordo. O resultado são cadeias de suprimentos com reposição contínua, nas quais clientes e fornecedores são de fato colaborativos e todas as partes, incluindo terceiros provedores de logística, trabalham juntos para reduzir custos, atender à demanda e melhorar continuamente os tempos de entrega e de serviço. No setor público, as demandas por um melhor custo-benefício e por sustentabilidade têm sido os principais *drivers* da mudança e acarretaram uma revisão igualmente radical do papel e da condução dos relacionamentos na cadeia de suprimentos.

Os relacionamentos na cadeia de suprimentos têm sido descritos como fluxos de transação e vínculos persistentes que ocorrem por uma variedade de razões. Entre elas a "necessidade", por exemplo, de defender uma situação de monopólio na qual há apenas um comprador e um fabricante para um determinado produto, e a "assimetria", quando um parceiro dominante insiste na integração da cadeia de suprimentos. A empresa farmacêutica Pfizer insiste em que seus fornecedores sigam os padrões da sua gestão da cadeia de suprimentos.

Para destacar sua natureza estratégica, esses relacionamentos colaborativos comprador-vendedor têm sido chamados de situação de "codestino" (*co-destiny*), nos quais as partes estão ligadas de modo inextricável. Parcerias são definidas como relacionamentos entre empresas orientados por demandas, integradas, baseadas em colaboração de longo prazo e focadas em resolução de problemas complexos. Envolvem arranjos de negócios sob medida baseados na confiança mútua, em abertura, e no compartilhamento de riscos e recompensas para alavancar as habilidades de cada parceiro e alcançar desempenho competitivo que não seria alcançado pelos parceiros individualmente. Isso tem sido chamado de "*co-makership*", porque representa um canal, sem atrito, de ponta a ponta ou uma corporação virtual entre fornecedor e cliente. Tem por base processos de alta qualidade, cooperação, interdependência, abertura, confiança, compromisso, metas compartilhadas, fluxos de informação abertos e benefícios mútuos de longo prazo. Além disso, em tais parcerias, clientes e fornecedores se comprometem com uma melhoria contínua e a ter benefícios compartilhados por meio da troca aberta de informações e pela resolução de problemas por meio de trabalho conjunto. Em contrapartida, são capazes de se munir com as capacidades únicas da parceria que tornam possível proteger seu empreendimento conjunto de "surpresas" nos árduos mercados globais. Um bom exemplo dessa mudança na abordagem é a maneira pela qual um fabricante visa reduzir os custos de um fornecedor, e não seus lucros, por meio da melhoria de processos. Lançando mão da colaboração e de sistemas de planejamento logístico intimamente integrados, os parceiros procuram alcançar resultados do tipo "ganha-ganha". Grandes empresas no Reino Unido, como a Masterfoods e a Nissan, têm provado que isso é perfeitamente possível.

Pressões comerciais, portanto, têm movido a cadeia de suprimentos de seus dias sombrios de aquisição pelo custo mais baixo para equipes colaborativas, complexas e integradas. O setor automotivo dos EUA, por exemplo, caracteriza-se por negociações movidas a testosterona, mas, sob a liderança carismática de Tom Stallkamp, a Chrysler mudou as regras (pelo menos até sua aquisição pela Daimler). O programa SCORE da Chrysler desenvolveu relacionamentos de trabalho mais próximos com seus fornecedores, incentivou-os a melhorar seu desempenho, compartilhou reduções de custos com eles e no geral aproximou-os das atividades de produção e desenvolvimento. O que foi poupado pela Chrysler por meio do SCORE chegou a bilhões de dólares por um período de tempo relativamente extenso.

A Whirlpool, fabricante de eletrodomésticos da linha branca, atribui as melhorias em produtividade e o sucesso no desenvolvimento de novos produtos a relacionamentos de trabalho mais próximos com sua base de fornecedores. Essa parceria de trabalho mais próxima é condicionada por um nível de confiança e pelo reconhecimento de metas comuns, que propiciam a obtenção de vantagens globais dentro do mercado altamente competitivo da linha branca, com suas estreitas margens.

A capacidade de construir e gerir as redes de relacionamento altamente complexas que formam as cadeias de suprimentos é uma vantagem competitiva significativa, pois fica claro que as cadeias de suprimentos são habilidades estratégicas que sustentam a capacidade de as empresas entregarem valor a seus clientes. Martin Christopher, um pensador inovador e o inventor do termo "logística de marketing", declarou que no ambiente atual "são as cadeias de suprimentos que competem, não as empresas", e que não se trata mais de comparar o produto de uma empresa ao de outra, pois é a cadeia de suprimentos inteira, interconectada, que está na competição. Portanto, compreender como fazer isso melhor que seus concorrentes é uma capacidade que permite conquistar o mercado.

OS PROBLEMAS DE COMPREENDER SEUS PARCEIROS

Duas abordagens estratégicas, quando adequadamente combinadas, permitem que os gestores alavanquem as habilidades e recursos de sua empresa bem além dos níveis que outras estratégias permitem. A primeira é concentrar os próprios recursos da empresa num conjunto de "capacidades essenciais", no qual consigam alcançar um destaque definido e prover valor único aos clientes. A segunda é terceirizar estrategicamente outras atividades – incluindo muitas que são tradicionalmente consideradas parte integral de qualquer empresa –, para as quais a organização não tenha nem uma necessidade estratégica crucial, nem capacidades especiais. A combinação de suas próprias capacidades essenciais com aquelas fornecidas por meio de suas parcerias com outras empresas cria valor à medida que a posição competitiva da organização é definida por uma coleção única de recursos e relacionamentos. Isso leva à proposição de que as alianças estratégicas se tornam uma ferramenta básica para desenvolver as capacidades essenciais de uma empresa e sua vantagem competitiva, e que isso pode ser ampliado para incluir outras formas de relacionamentos interorganizacionais. Assim, fica claro que essas parcerias são recursos disponíveis à empresa e, como tais, podem ser consideradas estrategicamente importantes à medida que dão contribuição substancial ao seu desempenho financeiro global.

Mas parcerias por si só são insuficientes como ativos corporativos. Sabemos que mais de 70% de todas as alianças estratégicas na década de 1990 fracassaram em atingir seus objetivos ou não corresponderam às expectativas de seu potencial. Qualquer ativo precisa ser utilizado e alavancado por meio das capacidades e competências da empresa para que possa trazer ganhos de desempenho ou afetar positivamente a avaliação dos analistas de investimento da empresa. Portanto, não importa tanto a própria parceria ou a concordância ou o memorando de intenções entre as duas empresas, mas a maneira pela qual a parceria é gerida e explorada.

Este capítulo mostrou de que modo as pressões de mercado têm forçado as empresas a adotar estratégias cooperativas por meio de parcerias e como estas podem ser estabelecidas com base em seis lógicas estratégicas que abrangem atividades de cobertura de marketing assim como iniciativas conjuntas de P&D. Foi demonstrado o papel crucial que as cadeias de suprimentos desempenham na estratégia competitiva de uma empresa e como têm se movido das recentes eras de trevas para uma filosofia de gestão mais esclarecida. Portanto, é surpreendente que muitos relacionamentos comerciais não alcancem seu pleno potencial. Os gestores tradicionalmente têm colocado foco na eficiência operacional e mostrado tendência a acolher parcerias apenas quando as iniciativas de poupar custos no processo não detêm retornos em queda. Essa mentalidade de "último recurso" está mudando agora, mas há empresas que ainda fazem parcerias com uma agressividade que instaura um tom de antagonismo.

Em contraste com isso, as transações relacionais são caracterizadas por contratos em menor número, de prazo mais longo, que exigem um envolvimento mais profundo e ajustes culturais para terem sucesso. Em vez de tentarem impor uma à outra um limite definido, muitas vezes de modo enraizado, as empresas precisam levar em conta metas comuns, medições conjuntas de desempenho, vínculos formais de sistema para informação e comunicação, 3Cs (cooperação, coordenação e colaboração) e aspectos mais amenos, como construir confiança e comprometimento. A tarefa de gerenciar contratos colaborativos consome mais tempo, é mais difícil e especializada do que a "coreografia" dos processos internos, organizacionais – um fato que foi notado por Oliver Williamson em suas ideias a respeito de "faça ou compre".

As técnicas estabelecidas de gestão do relacionamento com o fornecedor [*Supplier Relationship Management*, SRM], com ênfase em tempo, custo e qualidade, não entregam valor real sob as demandas de gestão complexa de relacionamentos. Muitas vezes essa situação é exacerbada quando enfrentada por um parceiro que está usando estratégias de KAM (*Key Account Management*, ou gestão de contas-chave) para obter as mais elevadas taxas de retorno de seus clientes estratégicos. Essas abordagens autocentradas são incompatíveis em termos culturais e funcionais. A gestão de contas realizada a partir de posições separadas, entrincheiradas, não entrega o potencial pelo qual a aliança foi originalmente estabelecida, isto é, a criação de valor que nenhum dos dois parceiros conseguiria gerar individualmente.

As técnicas tradicionais de gestão são, no entanto, insuficientes para extrair o melhor desempenho da cadeia de suprimentos e dos relacionamentos nos canais de marketing. A gestão centralizada de relacionamentos precisa ser alicerçada em medições objetivas do desempenho, que irão fornecer o conhecimento adequado necessário para monitorar, conduzir e melhorar as atividades de parceria. Essas métricas de desempenho devem ser usadas para encontrar áreas para uma ação corretiva, em vez de simplesmente formar a base para ações punitivas.

Infelizmente, as medições financeiras comumente usadas, os sistemas de qualidade e métodos de indicadores balanceados de desempenho não são projetados para "prospectar" o complexo coquetel de dinâmicas interorganizacionais, operacionais e interpessoais quando aplicados a configurações de relacionamento de um para um, ou de um para vários, ou entre muitos. Qualquer tentativa de usar essas abordagens tradicionais é bem provável que resulte em pouco ganho ou benefício, e com frequência traz uma visão negativa de encarar os parceiros como "caros e manipuladores".

Foram realizados vários estudos envolvendo consideráveis volumes de modelagens teóricas. Mas, em razão das dificuldades práticas de pesquisar pares ou redes de relacionamentos e do grande número de dinâmicas em jogo, a maior parte desses projetos tem sido genérica (ou seja, pedir que os gestores comentem em termos gerais seus relacionamentos de negócios) ou muito granular e detalhada (examinando os efeitos dos fluxos de comunicação nas respectivas posições de poder). Como resultado, muito pouco foi revelado a respeito do desempenho das parcerias de uma perspectiva integrada e que envolva as diversas partes. Portanto, até agora havia uma escassez de ferramentas úteis para apoiar os gestores, que precisam enfrentar as complexidades práticas de gerir estrategicamente importantes relacionamentos de parceria no dia a dia.

PRINCIPAIS PONTOS DE AÇÃO

1 Quais as mudanças em nível setorial que têm impactado o modelo de negócio de sua empresa nos últimos 5-10 anos?

2 Em que medida seus concorrentes hoje são os mesmos de cinco anos atrás?

3 De que maneira o modelo de negócio de sua empresa sofreu alterações nos últimos 5-10 anos?

4 De que modo o modelo de negócio de sua empresa será alterado nos próximos 5-10 anos?

5 Que iniciativas sua empresa empreendeu para manter/aprimorar sua posição competitiva no mercado?

6 Em quais dos seguintes aspectos você acha que a vantagem estratégica de sua empresa se apoia:

➤ alta capacidade de produção;

➤ engenharia e desenvolvimento de produto;

- acesso ao mercado e aos clientes;
- habilidades e competências;
- estrutura financeira do negócio;
- reputação e credibilidade;
- processos e/ou patentes;
- sistemas e estrutura de Gestão de Informações [*IM systems*];
- arranjos *upstream* (pra trás na cadeia de suprimentos) com fornecedores e arranjos de terceirização;
- arranjos *downstream* (pra frente na cadeia de suprimentos) com distribuidores e intermediários?

7 Levando em conta um ou mais de seus arranjos de parceria, qual é a lógica (ou quais são as lógicas) estratégica(s) que apoia(m) o relacionamento?

8 Qual a porcentagem da receita total de sua empresa que pode ser atribuída ao trabalho com parceiros *upstream* e *downstream*?

9 Qual é o grau de antagonismo de suas negociações com seus parceiros da cadeia de suprimentos?

10 Em que medida seus sistemas de TI têm interface direta com os dos seus fornecedores, provedores de logística ou outros arranjos terceirizados?

11 De que maneira o posicionamento corporativo de sua empresa reflete a ideia de que "são as cadeias de suprimentos que competem, não as empresas?

12 De que maneira você mede hoje o sucesso de suas parcerias?

13 Como você gerencia o sucesso de suas parcerias hoje?

14 Suas métricas de desempenho são as mesmas usadas para gerir o relacionamento?

[...] não importa tanto
a **própria parceria** ou a
concordância ou o **memorando
de intençõe**s entre as duas
empresas, mas a **maneira** pela
qual a parceria é **gerida**
e **explorada**.

Evolução das estratégias de negócios orientadas por parcerias

INTRODUÇÃO

O Capítulo 1 enfatizou a importância de as empresas operarem uma estratégia de parcerias. Este capítulo se concentra no desenvolvimento de relacionamentos de negócios dentro da cadeia de suprimentos e dos canais de marketing. Está concentrado nessas áreas porque elas oferecem perspectivas pragmáticas e operacionais que os gestores acharão úteis quando buscarem soluções para seus próprios problemas de alianças.

É nítido na linguagem dos negócios em geral que os relacionamentos próximos entre organizações podem ser definidos de muitas maneiras, pois as parcerias são agora uma estratégia muito comum tanto no setor privado quanto no setor público. As empresas reduziram significativamente o número de contratos que gerenciam, e aqueles que elas de fato gerenciam são mais próximos, de prazo mais longo e caracterizados por mais trabalho em equipe e confiança. Também é provável que as empresas tenham um portfólio de relacionamentos contratuais que podem ter iniciado separadamente ou em combinação. É provável que assumam diferentes formas e estruturas, como parcerias com a cadeia de suprimentos, alianças estratégicas, parcerias fabricante/intermediário, relacionamentos comprador/vendedor e consórcios para P&D e outros propósitos. No entanto, seu perfil geral provavelmente inclui transações que são frequentes e repetidas, gestores de relacionamento empregados para fornecer uma interface para a empresa, e que o desempenho do negócio seja medido ao longo do tempo.

Este capítulo descreve o desenvolvimento de estratégias de relacionamento *business-to-business*, suas variações e configurações, as razões de sua formação e seus desafios de gestão. Mostra como são capazes de gerar retornos superiores, de longo prazo, e como muitas dessas estratégias se tornaram pedras angulares nas políticas e planos competitivos estratégicos das empresas.

O DESENVOLVIMENTO DA GESTÃO DE CADEIAS DE SUPRIMENTOS

◢ Os primórdios da logística

É provável que os primeiros desenvolvimentos em larga escala na logística tenham se originado de aplicações militares. Seja Aníbal em 218 a.C. cruzando os Alpes com 38 mil soldados de infantaria, 8 mil de cavalaria e 37 elefantes de guerra, seja o desembarque do Dia D em 1944 quando quase 3 milhões de soldados cruzaram o canal da Mancha da Inglaterra até a Normandia, comandantes militares são peritos em movimentações em larga escala e na manutenção das forças, porque sabem que essa é uma estratégia para vencer batalhas. Também desenvolveram organizações especializadas que podiam gerenciar e implementar essas funções de alta complexidade, e, segundo alguns, os fundamentos da moderna logística industrial foram lançados na Segunda Guerra Mundial. Num contexto comercial, esse tipo de operação foi originalmente chamado de processo de planejamento, implementação e controle do fluxo eficiente e efetivo da armazenagem de bens, serviços e informação relacionada, do ponto de origem ao ponto de consumo. Seu objetivo era produzir uma entrega de acordo com os requisitos do cliente – ver Figura 2.1.

FIGURA 2.1 Integração de logística interna

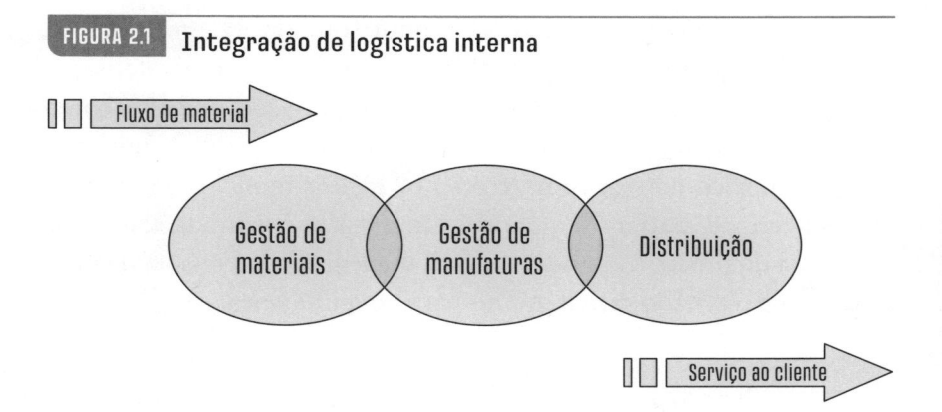

Essas definições de planejamento e estrutura operacional de um negócio provavelmente ainda soam bastante lógicas hoje, mas é bem perceptível que a gestão dos relacionamentos não aparece nelas. Isso porque as interfaces com agentes externos, como os fornecedores *upstream* e os clientes *downstream*, eram vistas como geridas por meio de acordos formais. Esses acordos formais, como contratos, asseguravam que as partes não descumprissem suas obrigações ou não "agissem maliciosamente buscando os próprios interesses". Com frequência confiava-se bastante em cláusulas de penalidades para dissuadir comportamentos ou desempenho abaixo do esperado.

Apesar dessas salvaguardas contratuais, percebia-se que as perdas de valor nessas "junções" entre empresas inevitavelmente levariam a uma redução na eficiência interna e em especial a um aumento dos custos. Isso podia incluir tempo desperdiçado, retrabalho ou a necessidade de manter estoques de reserva caros. Além disso, as estratégias competitivas tradicionais que enfatizavam a importância de empregar "poder econômico" como um objetivo condutor – alcançar uma "posição privilegiada" dentro da cadeia de suprimentos – também acabavam reduzindo os fluxos de valor para os membros da cadeia e causavam uma queda na satisfação do cliente. Esse comportamento ficou caracterizado no setor automotivo do Reino Unido na década de 1980 e início da década de 1990, quando a competição acirrada para obter os menores preços possíveis resultou em relacionamentos distantes e em falta de confiança e antagonismo. Isso ainda é visível hoje, em certo grau, no negócio de automóveis da Austrália. Essa política não só tirou muitos fornecedores do negócio como fez a qualidade do produto cair a níveis muito baixos. Esse efeito negativo na competitividade do setor automotivo do Reino Unido como um todo abriu as portas para importações de países como Japão e Coreia do Sul, e hoje o Reino Unido não tem mais um setor automobilístico nativo, com exceção de alguns modelos em nichos. Reconheceu-se, portanto, que uma estratégia concentrada apenas na eficiência do processo era uma resposta inadequada às pressões de mercado e que o cenário estava pronto para uma mudança.

◢ *Partnership sourcing* (Seleção de parceiros)

O *partnership sourcing* foi desenvolvido por pioneiros como Douglas Macbeth no início da década de 1990, em conjunção com a Confederação da Indústria Britânica. Em lugar da usual abordagem focada internamente, essa tendência apresentou aos gestores de suprimentos a noção de uma "cadeia de suprimentos mais ampla" com potencial de estender as capacidades do negócio num ambiente crescentemente competitivo que se globalizava com rapidez. Isso sugeria basicamente racionalizar os números do fornecedor para alcançar integração do processo e melhorar a consistência da qualidade por meio de relacionamentos de longo prazo. No entanto, de modo significativo, também enfatizava a importância de uma mudança de mentalidade, a fim de alcançar o necessário comprometimento, confiança e melhoria contínua. Essas parcerias de compras precisavam ser pensadas como acordos de longo prazo, baseados em confiança, nos quais riscos e recompensas fossem compartilhados.

O *partnership sourcing* tem raízes em práticas históricas do Japão, como a cultura do *keiretsu*. Após a rendição do Japão em 1945, os Aliados desmantelaram os *zaibatsu*, isto é, os conglomerados que dominavam o país. Em seu lugar, as empresas se reformaram e se associaram em alianças integradas horizontalmente, cobrindo vários setores; essas foram as *keiretsu* originais. Empresas *keiretsu* compartilhavam fornecedores, bancos e outros *inputs* de processo, e seus membros se apoiavam mutuamente, baseados em confiança e perspectivas de longo prazo. O conceito de *keiretsu* é graficamente ilustrado pela política de relacionamento da Toyota com seus fornecedores, que contrasta com a abordagem tradicional das fábricas automobilísticas ocidentais. Embora a montadora controle o relacionamento, as habilidades especializadas do fornecedor (que não estão presentes na montadora) são reconhecidas como tendo importância crucial e, portanto, são feitos investimentos conjuntos em capital, treinamento e infraestrutura, a fim de consolidar a boa vontade e o comprometimento. O *partnership sourcing* afastou-se de uma visão tradicional antagônica da cadeia de suprimentos, mas continuou aceitando que algumas empresas sempre dominariam outras, mesmo que fosse de maneira paternalista, e que a parceria continuaria como uma "rua de mão única".

◢ Cadeia de suprimentos *lean* (enxuta)

A evolução das estratégias de relacionamento da cadeia de suprimentos foi marcada a seguir pelo "suprimento *lean*". Esse conceito inovador passou de uma palavra da moda a uma importante fonte de vantagem competitiva para muitas empresas líderes, como a Tesco e a Dell. Foi desenvolvido por Dan Jones e Peter Hines em 1994 no Centro de Pesquisa Empresarial Lean, em Cardiff, no Reino Unido, e tem no seu cerne o pensamento *lean*, que envolve compreender o desperdício, reduzir a ineficiência e encontrar maneiras de colaborar ao longo da cadeia de fornecedores. Cada passo do processo é dividido e plenamente otimizado com tarefas e complexidade compartilhadas, a fim de criar um fluxo sem atrito de atividades que propiciem valor. O objetivo é usar técnicas radicais para fazer as coisas de jeito diferente, em vez de fazer as mesmas coisas melhor, e remover desperdício por meio de uma produção *lean* em vez de se apoiar em economias de escala.

O suprimento *lean* costuma exigir habilidades de gestão de recursos especializadas para analisar, estruturar, negociar e gerir contratos e relacionamentos. Do mesmo modo que no *partnership sourcing* é essencial que haja uma mudança na cultura para alcançar a necessária mudança gradual, na mesma linha da área relacionada conhecida como "cadeia de suprimentos *agile*". Seus principais pontos, que ficaram conhecidos como os sete passos, são:

1. Substituir estoques por informação;

2. Trabalhar de forma mais inteligente em vez de mais árdua, a fim de eliminar ou reduzir atividades que não agregam valor;

3 Fazer parcerias com fornecedores para reduzir tempos de entrega;

4 Procurar reduzir a complexidade (por exemplo, com plataformas comuns);

5 Mudar a gestão de estoque do fornecedor: em vez de pressionar, negocie melhor a obtenção (de *push-through* para *pull-through*);

6 Concentrar-se em gestão de processos, e não apenas de funçõe;

7 Usar métricas de desempenho adequadas (por exemplo, métricas baseadas em tempo).

FIGURA 2.2 Modelo *lean* de sustentabilidade do suprimento

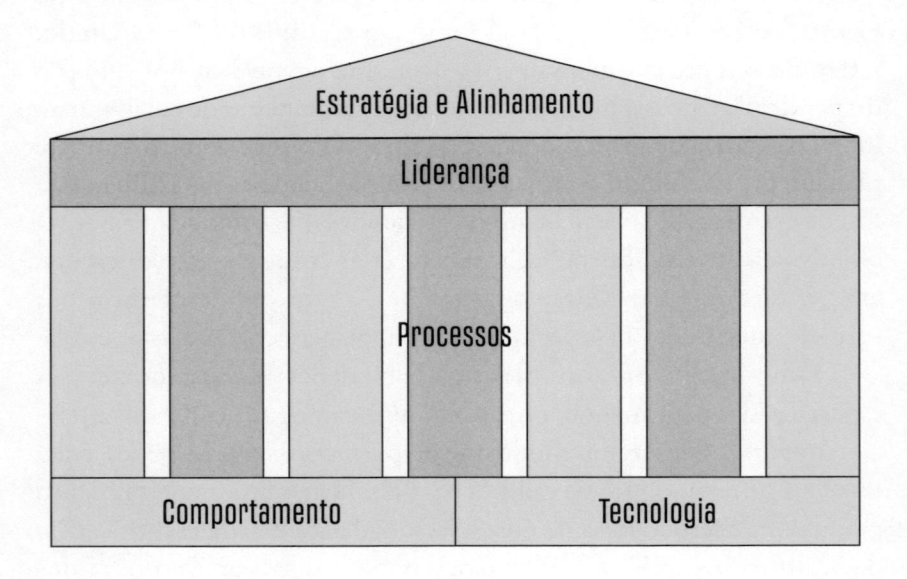

Mais recentemente, o suprimento *lean* avançou e passou a reconhecer a importância de sustentar as melhorias alcançadas na cadeia de suprimentos por meio de uma otimização do processo; muitas iniciativas voltadas à cadeia de suprimentos têm fracassado em alcançar seu potencial ou se diluíram após um ano ou dois. A Figura 2.2 ilustra a combinação de fatores que precisam ser levados em conta para alcançar e sustentar melhorias no processo.

Faça as seguintes perguntas: a estratégia e o alinhamento organizacional estão bem compreendidos, ajustados à realidade, apoiados pelos KPIs corretos e com todos os departamentos e organizações "*on message*", isto é, com suas ações alinhadas às propostas em pauta? O estilo de liderança consegue inspirar o pessoal? Os elos frágeis do processo foram devidamente erradicados? Os comportamentos "vivem" a mensagem e são apoiados por uma gestão visual? Por último, a tecnologia em uso reforça o pensamento *lean* e o foco no cliente? O suprimento *lean* é uma abordagem testada e aprovada, e continuou desenvolvendo-se desde a sua introdução. É simples, acessível, considerada uma ferramenta altamente eficaz e tem muitos apoiadores bem-sucedidos.

Gestão da cadeia de suprimentos (GCS)

As raízes da GCS remontam ao início/meados da década de 1990. Seu desenvolvimento abrangeu grande número de empresas e de pensadores acadêmicos; talvez o mais conhecido deles seja Richard Lamming. A GCS pode ser vista como uma abordagem integrativa e proativa à gestão do fluxo total de um canal de distribuição até o cliente final, atuando como uma "equipe de revezamento bem equilibrada e bem treinada". Outra definição da GCS que destaca sua importância em nível de diretoria é que se trata de uma gestão estratégica da rede de organizações envolvidas na produção *upstream* e nos processos e atividades *downstream* de distribuição, associados à satisfação do cliente e à maximização da lucratividade, tanto atual quanto de longo prazo. A GCS situa-se entre os sistemas verticalmente integrados e aqueles nos quais os membros do canal operam de modo totalmente independente. Seus objetivos são reduzir estoques, aumentar a confiabilidade do serviço ao cliente e construir uma vantagem competitiva para o canal. Fica claro, assim, que os relacionamentos têm considerável importância para uma GCS bem-sucedida.

Um aspecto-chave da GCS é a decisão inicial de reduzir o número de fornecedores na cadeia (eliminar múltiplas fontes), pois reconhece que manter relacionamentos próximos, intensos, pode ser muito caro no esforço de gestão. A intenção é não ter mais "parceiros" do que o necessário e trabalhar mais de perto, com maior eficácia e no longo prazo, com aqueles que têm impacto mais crucial na operação geral. Por exemplo, as primeiras empresas que fizeram grandes mudanças nesse sentido foram as montadoras japonesas *lean*, como a Toyota. Reduziram seus 1.000 a 2.500 fornecedores a cerca de 300. As empresas ocidentais de início foram lentas em adotar essa estratégia, mas agora ela é a norma. Em geral, a ideia é fazer com que as alianças e parcerias mais profundas, interorganizacionais, evoluam e ponham foco na cadeia de suprimentos inteira, para evitar que os esforços de cada empresa se diluam em razão de metas conflitantes.

Acredita-se que aos poucos a atitude esteja mudando e que a GCS começa a proporcionar um ambiente de negócios no qual as empresas são capazes de cooperar de perto em vez de competir para alcançar metas comuns. Com menos parceiros estratégicos e trabalhando de maneira mais colaborativa, há maior incentivo para inovação conjunta, e fica mais fácil compartilhar informações confidenciais sobre a demanda. Isso diminui a incerteza e permite reduzir os estoques de segurança, o que se traduz em redução nos custos e nos tempos do ciclo de pedidos. O uso relativamente recente do comércio digital é um bom exemplo de como a qualidade das comunicações tem facilitado alcançar esses objetivos. Os conceitos operacionais da GCS estão representados na Figura 2.3.

FIGURA 2.3 Integração da logística externa – GCS

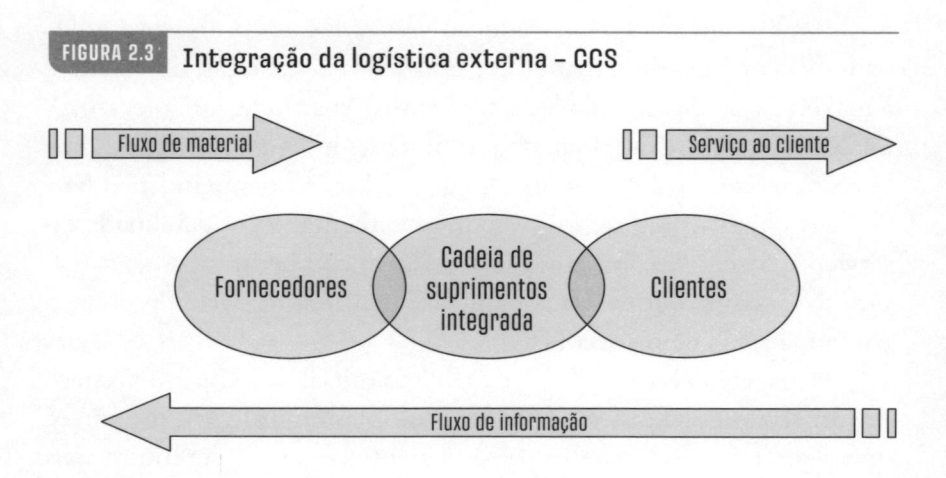

ALIANÇAS ESTRATÉGICAS & PARCERIAS DE MARKETING

A cadeia de suprimentos integrada exige o uso de novos termos que até agora não constavam nas discussões a respeito de processos. Os gestores envolvidos nesses relacionamentos mais próximos precisam considerar temas como confiança, comprometimento, cooperação, coordenação e colaboração, além da mais exigente coreografia de processos complexos, interorganizacionais. Portanto, em geral reconhece-se que a GCS não é apenas uma questão de escala e sim uma mudança mais de escopo.

No entanto, apesar dos tentadores benefícios potenciais da GCS, muitos gestores questionam se é de fato possível implementá-la totalmente. É um pote de ouro no final do arco-íris? Tem havido considerável progresso em TI no que se refere a analisar e controlar processos complexos, utilizar plenamente dados de consumo para gerir processos, compras e previsão, e otimizar sistemas inteiros de sistemas. Mas constata-se que gerir grupos de participantes em cadeias de suprimentos pode consumir muito tempo, gerar desperdício de recursos e acabar puxando o desempenho para trás em vez de promover melhoria contínua. Foi sugerido que alcançar uma verdadeira integração da cadeia de suprimentos é talvez "uma meta muito elevada e difícil" e que as empresas ainda lutam para conseguir colocar seus princípios em prática. A abordagem usual é fazer apenas o que é possível, quando conveniente. Não admira, portanto, que, dadas as limitações normais de gestão em termos de tempo, orçamento e *expertise* dentro das empresas, muitas se decepcionem com implementações que não atendem às expectativas. Parece que as habilidades de gestão precisam mudar e alcançar outra ordem de magnitude para que a GCS funcione de fato. Esse aspecto é comentado mais adiante neste capítulo.

◢ Cadeias de suprimentos no setor público

Até aqui, a análise concentrou-se mais em conceitos desenvolvidos no setor privado, e falou pouco sobre cadeias de suprimentos no setor público. A maioria das organizações do setor público adotou as mais recentes ideias da GCS e muitas delas têm recursos de TI e logística mais modernos que os das grandes empresas. No entanto, o setor público difere de várias maneiras. Basta considerar o setor militar e seus desafios de operar pontos de distribuição em partes hostis e remotas do mundo.

Considere também as repercussões políticas quando um soldado é morto porque não lhe foi fornecida proteção corporal ou recursos adequados em seu veículo para detectar bombas à beira da estrada. Christine Harland estudou o Serviço de Saúde do Reino Unido e listou os seguintes aspectos distintivos das cadeias de suprimentos do setor público:

➤ **Serviço:** operações em escala muito grande lidando com serviços altamente específicos;

➤ **Clientes:** frequentemente os clientes do setor público ficam em locais remotos ou muito dispersos, com necessidades bem específicas, frequentemente sensíveis ao tempo de atendimento, como ocorre com usuários de bancos de sangue;

➤ **Stakeholders:** geralmente são muito complexos, diversificados e difíceis de integrar, e cruciais para o sucesso, como na área de medicamentos: entidades da indústria farmacêutica, órgãos governamentais, fundos de cuidados primários, grupos de pacientes, autoridades locais, a mídia;

➤ **Mercado:** o mercado para fornecimento de produtos usados no setor público é ocupado principalmente por fornecedores exclusivos, como fabricantes de armas, e as alternativas são limitadas – por exemplo, há poucas empresas que fabriquem equipamentos de ressonância magnética para o setor de saúde;

➤ ***Accountability* (Responsabilização):** prevalecem interesses nacionais ou públicos em vez do interesse dos acionistas. Isso significa que uma responsabilização específica se dissemina entre várias entidades e que ela costuma ser difícil de localizar precisamente, mas mesmo assim a influência da responsabilização é igualmente forte;

➤ **Regulamentação:** o governo faz as regras e, quando é do interesse público, pode "acomodá-las". Isso pode incluir o impedimento de exportar tecnologia sensível, contornar regulamentações de saúde e segurança e punir monopólios;

❯ Ciclos de investimento: as finanças do setor público apoiam-se em fornecer valor por dinheiro, mais do que na lucratividade. Assim, os projetos têm períodos bem extensos para gerar retorno do investimento – por exemplo, projetos de ampliação de rodovias; em defesa, são necessários 25 anos para desenvolver uma nova aeronave que terá um tempo de serviço de 40 anos ou mais;

❯ Tema governamental: o suprimento do setor público depende de verbas públicas e, portanto, baseia-se em decisões políticas. Assim, se as políticas mudam, isso pode ter grande impacto nas maneiras em que os serviços são prestados – é o que ocorre, por exemplo, nos programas de desnacionalização que a maioria dos governos adotou nos últimos 30 anos.

Tendo em vista o número de *"players"* envolvidos nos negócios do setor público, é igualmente importante gerir relacionamentos para entregar bens e serviços altamente complexos a clientes muito diversos. Como a GCS visa gerir um número limitado de relacionamentos complexos *business-to-business* a longo prazo, então existem algumas similaridades fundamentais de princípios entre os setores privado e público.

◢ Números reduzidos

Levando adiante essa introdução aos relacionamentos da cadeia de suprimentos do setor público, fica claro que tende a existir naturalmente um número limitado/menor de mercados quando serviços especializados como os de utilidade pública, saúde e defesa são oferecidos para o bem comum. Esses "números reduzidos" ocorrem quando há poucos clientes ou fornecedores, o que produz uma situação em que as pressões competitivas normais são menores ou eliminadas de vez. Essa última posição é comumente chamada de monopólio. No entanto, é sabido que sem a pressão do mercado os monopólios inclinam-se à ineficiência, degradação e flacidez, porque há um controle de custos mais escasso e como resultado a qualidade do serviço é baixa. É por isso que muitos deles têm sido desregulamentados nos últimos anos e formaram-se agências, como as empresas ferroviárias, de água e de telefonia, para expô-los a condições competitivas. Além disso, têm sido utilizadas iniciativas de financiamento privado para espalhar riscos e aproveitar a *expertise* do setor privado.

Apesar disso, todos os principais governos têm leis antitruste, e no Reino Unido o trabalho da Comissão de Competição tem boa divulgação – por exemplo, para analisar as práticas comerciais dos "quatro grandes" supermercados. No centro dessas leis está o conceito de "interesse público", mas como ele costuma ser definido por políticos, e não por economistas, gera mal-entendidos e interpretações errôneas. É consenso que nos modernos mercados é preciso às vezes haver colaboração – por exemplo, em P&D e *joint ventures* –, portanto, alguma redução na competição é aceitável. Assim, apesar das atividades antitruste dos governos nacionais, encontramos exemplos de monopólios e de relacionamentos de forte poder de mercado entre empresas dominantes no setor civil.

GUERRAS DE SUPERMERCADOS

As "guerras" competitivas de preços entre grandes supermercados com suas marcas próprias *versus* marcas de empresas globais como Marlboro, Coca-Cola e Pepsi, e entre grandes *players* do mercado como Wal-Mart e Rubbermaid, no início/meados dos anos 1990, tinham certas características arquetípicas de "mau comportamento" monopolista.

Os detentores de marcas gigantes de início forçaram os supermercados a apoiar os altos preços de seus produtos. Em resposta, os supermercados promoveram o desenvolvimento de alternativas de alta qualidade, como a Virgin Cola e as bebidas carbonatadas da Cott Corporation. Isso acabou restaurando o equilíbrio de poder e impediu que influências destrutivas, antagônicas, acabassem com relacionamentos lucrativos de longo prazo. Embora a Wal-Mart fosse capaz de obrigar a Rubbermaid a desistir de manter o nível de sobrepreço, sem o apoio do mercado da Wal-Mart a Rubbermaid subsequentemente perdeu sua direção e sua fatia de mercado. No final, a Wal-Mart interveio para impedir a falência da Rubbermaid.

Mercados limitados não são áreas que geralmente atraem muita atenção. Mesmo assim, pense num relacionamento colaborativo que a sua empresa tenha estabelecido com outra. Tempo e esforço substanciais terão sido gastos para explorar e definir a proposta do negócio. Infraestrutura e sistemas vêm sendo modificados com muito custo, propriedade intelectual preciosa foi compartilhada, pessoal foi treinado e possivelmente disponibilizado para a empresa parceira, e houve a contribuição de um conhecimento de mercado valioso. O objetivo geral tem sido atraente: juntar um feixe único de recursos e capacidades para produzir um canal de mercado sem atritos, de bom custo-benefício, que irá derrotar a concorrência. Mas um fator crucial de sucesso, a interdependência, na realidade criou uma situação de monopólio bilateral, na qual, embora ambos os parceiros estejam livres para sair à hora que quiserem, o custo e a disrupção dessa ação podem torná-la quase impensável. A interdependência envolve mútua concordância para compartilhar o trabalho e, assim, depender do outro parceiro. Qualquer perda de autonomia é compensada por meio dos ganhos esperados. Desde que o relacionamento seja bem gerenciado e tenha vigor, não surge a necessidade de um "divórcio", mas se a complacência se instalar e não for enfrentada, isso abrirá as portas para a ineficiência, a degradação e a flacidez. Aqui há uma correlação óbvia entre o tipo de situação encontrada num monopólio e aquela que caracteriza um relacionamento de verdadeira colaboração. Esse fator de estar "bloqueado" é, portanto, um desafio adicional para a operação bem-sucedida dos relacionamentos de negócios em parceria.

REDES DE CADEIAS DE SUPRIMENTOS

As cadeias de suprimentos têm sido descritas como relacionamentos lineares, *upstream* para compras e *downstream* para vendas, aos quais a GCS acrescentou uma responsabilidade compartilhada em relação à saúde e desempenho de toda a cadeia de relacionamentos. No entanto, os relacionamentos práticos da cadeia de suprimentos raramente são lineares. As redes industriais, quando vistas do ponto de vista do fabricante, consistem em pares de empresas em um relacionamento estreito formando relacionamentos focais, de valor agregado. Junto com uma rede secundária de outras empresas elas gerenciam o fluxo de bens e serviços em torno de uma oportunidade de mercado específica. As redes podem também ser vistas como estruturas *hub-and-spoke* ["núcleo e raios"], com uma organização líder no "núcleo" [*hub*] organizando os intercâmbios entre as outras empresas [as *spokes* ou "raios", como os de uma bicicleta]. Cada empresa participante é capaz de se concentrar em sua área especial de capacidade e deixar as demais atividades para os outros membros da rede. As condições que dão origem a redes costumam ocorrer quando tarefas muito complexas precisam ser desempenhadas sob pressão de tempo ou financeiras, quando conhecimento especializado é compartilhado entre empresas, ou quando um grupo de organizações precisa se defender contra um competidor muito forte. Às vezes, originam-se de associações comerciais, mas são mais comuns em setores de alta tecnologia, como o de computadores, semicondutores, fabricantes de aeronaves e biotecnologia. A Toyota é um exemplo de uma moderna organização que constitui um núcleo de rede. Cento e oitenta empresas primárias ou de primeira camada fornecem componentes e realizam pesquisas com a Toyota, o que concede a ela "liberdade" para se concentrar no design e manufatura de automóveis.

A dificuldade de gerir arranjos de parceria em cadeias de suprimentos já foi mencionada; em situações de rede, as complexidades têm uma ordem de magnitude ainda maior. Há quatro importantes fatores de integração dentro das redes de cadeias de suprimentos: equipamento e recursos, recursos humanos, material e estoque, e configuração das instalações. Os fatores críticos de sucesso são compartilhamento de riscos e benefícios, resolução de conflitos e compartilhamento de informações. O desafio dos gestores é equilibrar as metas individuais da empresa com as do grupo; no entanto, os contratos não são diretos ou fáceis de fazer respeitar. Manter o foco em objetivos é mais difícil quando as empresas participantes têm razões diferentes para se juntar ao consórcio. Há maior campo para surgirem problemas de comunicação e mal-entendidos. A coordenação será mais difícil de alcançar, e o poder e a política procurarão oportunidades para conseguir alguma vantagem injusta.

Algumas redes têm sido definidas como "constelações de negócios", organizadas por meio do estabelecimento de contratos sociais mais do que por vínculos legais. O resultado de lidar de perto com parceiros ao longo do tempo é que as empresas reduzem a incerteza ambiental, gerenciam sua dependência mútua, ganham eficiência de custo e alcançam satisfação e elogios ao trabalharem dentro de um grupo de pares. No entanto, essas situações não são mais fáceis de lidar do que as estruturas mais tradicionais. A experiência parece mostrar que em vez gerir proativamente, as empresas em rede têm dificuldades para seguir qualquer estratégia de gestão em particular. Preferem, em vez disso, "seguir a corrente" dentro do grupo e lidar com a mudança, sendo reativas.

ALIANÇAS ESTRATÉGICAS

Alianças estratégicas não devem ser confundidas com *joint ventures*. Se o ponto final da parceria pode ser considerado uma integração vertical na forma de uma aquisição, então o passo imediatamente anterior a este pode ser visto como uma *joint venture*. Tipicamente, numa *joint venture* cria-se uma organização separada. Essa organização pode ser preenchida totalmente ou em parte com os funcionários das organizações patrocinadoras, mas geralmente sua característica distintiva é a existência de uma propriedade conjunta pelos patrocinadores. Isso pode ocorrer na forma de uma participação acionária comum, por meio do *leasing* de um local ou de outro capital, tudo isso amparado por uma série de obrigações legais e contratuais. As *joint ventures* são tradicionalmente formadas para explorar uma oportunidade que é levemente periférica ao foco estratégico da empresa. Seu escopo é mais conservador, envolve menos risco, e conta com investimentos e objetivos mais definitivos.

São muitas as definições de alianças estratégicas, mas o consenso geral é que elas têm importância estratégica em vez de tática, e mostram um perfil mais de longo prazo do que outras parcerias. As alianças estratégicas não envolvem a criação de uma nova entidade de negócios. As empresas envolvidas apoiam o arranjo com uma série de contribuições especializadas, tais como *know-how* e força de trabalho (mesmo que haja precedentes de algum investimento em participações acionárias), do mesmo modo que fariam em uma parceria normal. No entanto, a ambição de uma aliança estratégica é tipicamente de importância crucial para as empresas interessadas e muitas vezes envolve um risco significativo em razão dos recursos que elas juntam e das forças externas contra as quais lutam.

Historicamente, as alianças têm sido bipolares; ou seja, duas empresas formam uma aliança estratégica. Mas embora ainda seja essa a forma mais comum, elas estão se tornando cada vez mais multifacetadas – por exemplo, com redes baseadas em alianças formadas por empresas que se combinam com várias outras não concorrentes num consórcio, a fim de alcançar um objetivo comum.

O Boston Consulting Group descreve quatro tipos de alianças:

1 Alianças de *expertise*: nas quais as empresas compartilham *expertise* e capacidades, como ocorre no licenciamento de novos compostos de medicamentos nas empresas biofarmacêuticas;

2 Alianças de novos negócios: parcerias em que empresas não concorrentes buscam explorar um novo negócio ou mercado;

3 Alianças cooperativas: como os grupos de compras, associações comerciais e setoriais ou grupos de *lobby* político, nos quais os concorrentes se unem para alcançar massa crítica;

4 Fusões e aquisições: quando a aliança é um substituto para uma fusão que foi inibida por fatores legais ou comerciais.

Os dois tipos mais comuns são as alianças tecnológicas e de marketing. Alianças tecnológicas envolvem cooperação em atividades como P&D, engenharia, sistemas de informação e manufatura. Elas juntam a proficiência intelectual de duas ou mais empresas e podem se engajar em compartilhamento de custos e riscos, desenvolvimento, aprendizagem e em alcançar maior rapidez para chegar ao mercado. As alianças de P&D costumam juntar pequenas empresas com habilidades técnicas específicas a firmas maiores com experiência em desenvolvimento e manufatura. Ao unirem suas habilidades complementares essas empresas podem lançar um produto mais rapidamente e mais barato do que as empresas isoladamente. As alianças de marketing tipicamente juntam uma empresa que tenha um sistema de distribuição atraente a outra que esteja tentando aumentar as vendas de um produto ou serviço. Por exemplo, uma empresa de alimentos dos EUA pode formar uma aliança com a Nestlé para ganhar acesso aos seus canais de distribuição na Europa. A lógica estratégica desse tipo de aliança para ambos os parceiros é simples: ao achar mais saída para seus produtos, o parceiro fornecedor pode aumentar as economias de escala e reduzir os custos unitários. O parceiro que provê o canal de distribuição beneficia-se acrescentando produtos ao seu portfólio. Alguns estudos têm examinado os benefícios das alianças tecnológicas e de marketing e constatado que no setor farmacêutico a taxa de desenvolvimento de novos produtos de uma empresa está correlacionada ao número de alianças estratégicas nas quais tenha entrado. Nos novos empreendimentos de alta tecnologia foi visto um vínculo positivo entre o crescimento das vendas e o uso de arranjos colaborativos de P&D.

As alianças raramente têm objetivos simples e únicos, bem definidos. Na melhor das hipóteses, permitem que as empresas explorem de modo colaborativo as capacidades e recursos que elas juntam como equipe. Consequentemente, estão cada vez mais focadas em sistemas complexos e soluções que exigem múltiplos conjuntos de habilidades e inovação. Em contraste com outras formas de parceria, os relacionamentos entre as partes envolvidas podem ser ambíguos. Embora seja possível falar em "líder do canal" quando se trata de canais de marketing, ou identificar os papéis desempenhados pelos vários atores de uma cadeia de suprimentos ou de uma parceria fornecedor/cliente, os relacionamentos entre membros de uma aliança de P&D podem ser menos hierarquizados ou departamentalizados. Em parte, isso se dá em razão da forma livre pela qual as alianças são notoriamente difíceis de gerenciar e que, no entanto, produzem os benefícios mais estimulantes e construtivos para as empresas que estabelecem um relacionamento.

CANAIS DE MARKETING

Canais de marketing reúnem conjuntos de organizações interdependentes, intermediárias, envolvidas no processo de tornar um produto ou serviço disponível para uso ou consumo. Eles, portanto, preenchem a lacuna entre a fabricação e o consumidor final. Os intermediários asseguram que produtos e serviços fiquem disponíveis aos usuários finais quando e onde for necessário. Na realidade, isso envolve uma sofisticada estrutura de relacionamentos colaborativos, e é por isso que descreveremos a seguir sua operação, importância estratégica e aspectos de gestão.

Philip Kotler, o guru do marketing, sabia bem que a decisão de uma empresa de empregar canais indiretos e a exigência do cliente de comprar por meio de intermediários se resumem, em grande parte, à eficiência superior desses canais em tornar bens amplamente disponíveis e acessíveis aos mercados-alvo. Essa eficiência superior cria seu próprio valor, que não existiria se o fabricante não colaborasse com o revendedor e se o fabricante não estivesse inclinado a investir nos recursos humanos do intermediário por meio de programas de treinamento, certificação e incentivo.

Fabricantes, distribuidores e varejistas têm reconhecido que a gestão das atividades do canal de distribuição oferece importantes oportunidades para que as empresas criem vantagem estratégica e alcancem um desempenho financeiro extraordinário. As atividades do canal são, portanto, grande fonte de benefícios de valor agregado para os usuários finais, talvez até maiores que o valor agregado por outras atividades de marketing. Especificamente, o que faz a diferença é a maneira pela qual os canais de marketing complementam ou completam o produto oferecido pela empresa fabricante aos consumidores finais. É essa diferença que uma empresa individual teria dificuldade para copiar. Na batalha para prover os consumidores finais com valor superior, os fabricantes estão reconhecendo que os benefícios dos canais de marketing estão não apenas em seu potencial para maiores eficiências ou em sua capacidade de agregar valor, mas em suas habilidades únicas de oferecer aos clientes uma "experiência da transação" que atenda às suas necessidades e exigências diversificadas e amplas. Martin Christopher, da Cranfield School of Management, descreve essa combinação de componentes físicos e intangíveis compreendida num canal de marketing como "logística de marketing".

◢ Intermediários essenciais

Intermediários de canais de marketing têm várias funções; duas das mais importantes são atender e estimular a demanda do cliente.

Os intermediários geralmente proveem esses serviços e funções com maiores eficiência e eficácia que o fabricante. Muitas empresas tendem a focar apenas na eficiência, e o resultado é que os intermediários costumam ser vistos apenas como um elo necessário (e indesejável) entre a empresa e seus clientes. Não confiam nos intermediários, acham que eles apenas reagem à demanda do cliente e que, portanto, são capazes de agir de maneira desleal e tendem a mudar de marca e obter vantagens de curto prazo sempre que possível. Na realidade, são vistos como parasitando os esforços do vendedor de estimular a demanda e a fidelidade à marca. Ou podem também ser vistos como "meras" operações logísticas – uma simples decisão de terceirização tomada pela organização de distribuição e armazenamento da empresa. Embora tais visões não costumem ser expressas abertamente, estão logo abaixo da superfície em muitas discussões de gestão, comprometem a flexibilidade e reforçam os controles restritivos. Tal postura muitas vezes decorre da ignorância a respeito da logística de marketing ou de uma única experiência ruim, que depois é generalizada. A consequência é clara: tratar um canal assim impede quaisquer benefícios que ele possa trazer. E também cria mais comportamentos oportunistas à medida que o canal pode tornar recíproco o nível de desconfiança e amplificá-lo.

Os canais trazem a produção de uma gama de fabricantes para o ambiente no qual o consumidor pode pesquisar, acessar e avaliar antes de comprar. Além disso, poucos produtos ou serviços são comprados ou consumidos isoladamente. Os revendedores, portanto, estendem seu portfólio de ofertas para incluir produtos associados. Por exemplo, uma loja de equipamento esportivo vende raquetes e também bolas de tênis; um revendedor de PCs vende PCs e impressoras; uma butique vende camisas e gravatas. Assim, os intermediários combinam a variedade dos portfólios de vários fabricantes e as necessidades do consumidor, em termos de qualidade, opções e produtos associados.

Os revendedores também influenciam o nível de demanda no mercado. Há duas dimensões nas quais os revendedores podem estimular a demanda do cliente – primeiro, eles geram demanda para certas classes e categorias de produtos, como mais raquetes de tênis ou mais chuteiras de futebol numa loja de esportes; em segundo lugar, podem ser incentivados e motivados a aumentar demanda para uma marca ou modelo específico. Tais serviços poupam o fabricante de uma tarefa complexa que depende de conhecer bem o mercado local e que, se bem executada pelo intermediário, traz receita adicional a todos os participantes do canal.

Para conseguir vantagens de custos ou paridade competitiva os fabricantes preferem que as transações sejam feitas em quantidades econômicas. Os atacadistas e distribuidores mantêm grandes quantidades em estoque e as reduzem a unidades vendáveis individualmente. Cada vez mais os fabricantes empregam processos avançados que lhes permitem customizar as unidades individuais para atender diretamente requisitos específicos dos clientes. Pode ser customizar carros para exigências específicas do cliente, como a cor ou aspectos do interior, ou oferecer um PC com certo software já pré-instalado. Mas em geral é na interface canal-consumidor que essas customizações se tornam realidade.

Intermediários também asseguram que haja aspectos comuns e consistência na maneira em que a efetiva transação de compra é realizada, independentemente da localização geográfica do fabricante, do seu tipo organizacional (com fins lucrativos ou sem, por uma empresa independente ou um órgão do governo) ou de seus objetivos. Intermediários garantem que todas as transações sejam padronizadas, para que o cliente não tenha que considerar nenhuma variação entre os termos e condições de comprar uma marca ou outra.

Como processo, portanto, os canais podem ser vistos como obtendo *input* dos fabricantes, seja diretamente da produção ou do estoque, mantendo-o em estoque ou fornecendo-o de ponta a ponta conforme a demanda do cliente. As funções que desempenham envolvem questões de tempo, localização, alocação, variedade, busca e rotinização. Tais funções são descritas como prestações primárias de serviço do canal de marketing, mostradas na Figura 2.4, mas seu sucesso depende essencialmente dos relacionamentos de ponta a ponta dentro do canal.

O canal também incorpora a gestão de fluxos funcionais como movimentação de estoque ou finanças. Em muitas situações o fornecimento dessas funções é separada de sua gestão, por exemplo, o intermediário pode gerir o processo de pagamento em nome de uma organização bancária (que pode ou não ser a verdadeira fabricante dos bens).

FIGURA 2.4 Resultados dos serviços primários do canal de marketing

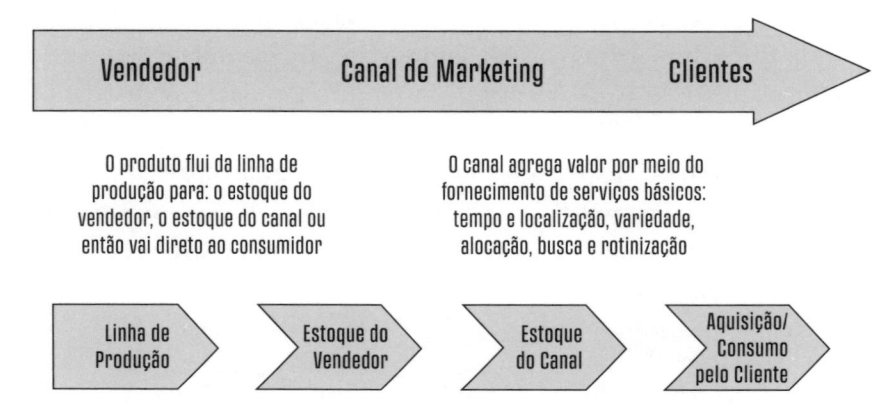

◢ Dinamismo do canal

A complexidade do canal de marketing é hoje em dia associada à velocidade da mudança, que decorre de as bases de poder estarem sendo deslocadas e de surgirem novas rotas para o mercado. Tudo isso aumenta o desafio de prover uma escolha ainda maior ao cliente. O sucesso do canal, portanto, depende da capacidade de os gestores se adaptarem de modo rápido e eficiente.

No passado, os canais eram considerados estáticos e dotados de uma inércia inerente em relação à mudança, decorrente de sua própria complexidade e do padrão estabelecido de fazer negócios entre empresas independentes. Relacionamentos pessoais que haviam sido estabelecidos ao longo de um extenso período tornavam difícil mudar os parceiros existentes no canal. Incorporar novos parceiros exigia uma rodada de reuniões e negociações para explorar tanto as oportunidades de negócios quanto os acordos contratuais que seriam eventualmente assinados. Os clientes eram vistos como tradicionais em seus hábitos de compra, e relutantes em adquirir produtos a não ser de pontos de venda testados e aprovados.

Tudo isso mudou e hoje até mesmo os canais de distribuição mais estabelecidos e tradicionais estão cada vez mais sujeitos a mudanças, se não num ritmo revolucionário, pelo menos com muito maior rapidez do que antes. Em alguns canais, como os de alta tecnologia, de moda e serviços financeiros, as mudanças são muito rápidas. Essa mudança acelerada tem sido possível graças a avanços em tecnologia que facilitam às empresas gerenciar sistemas complexos. A TI pode prover os dados para avaliar o desempenho das vendas dos canais, fornecer informações e facilitar a comunicação, assim como gerir as necessárias operações de logística e finanças.

A importância estratégica dos canais de marketing

Fica claro que os canais de marketing ampliam o escopo de muitos relacionamentos intermediário-fabricante, que embora não sejam efetivamente estratégicos, são formados com um propósito comum e consensual. Também fica muito claro que o sucesso dos canais de marketing depende da soma de suas partes, isto é, o sucesso de cada empresa depende de todos os outros coordenarem seus esforços em direção a um único objetivo de satisfazer os clientes.

Falhar em apreciar o papel do canal pode custar seu emprego; essa pelo menos foi a experiência de Michael Capellas, antigo chefe da Compaq, demitido em novembro de 2002 após a fusão da empresa com a Hewlett-Packard. Uma razão para a sua saída, citada pela imprensa, foi sua falta de comprometimento e de compreensão dos canais; isso demonstra a importância que está sendo colocada nos canais de marketing pelas grandes corporações. Mesmo aqueles cuja herança e sucesso anterior se apoiaram diretamente em grandes organizações de vendas diretas estão cada vez mais adotando canais indiretos, para substituir ou complementar suas forças de vendas diretas estabelecidas. Essa mudança de ênfase estratégica reflete a percepção de que os canais indiretos podem, em muitas situações, fazer as coisas melhor, mais rápido e mais barato do que a empresa fabricante. Além disso, eles são vistos pelas diretorias como componentes centrais na criação de valor econômico e vantagem competitiva. Tais benefícios, no entanto, não vêm sem um aumento na complexidade. A gestão dos canais, de seus processos e relacionamentos, é muito desafiadora, especialmente quando o conceito de gestão do relacionamento do canal não é compreendido ou praticado.

GERINDO RELACIONAMENTOS DE COMPRA-VENDA

Muitas organizações adotaram ideias sobre cadeia de suprimentos e relacionamento com canais de marketing como uma maneira de reduzir custos e melhorar produtos e serviços. Criaram uma série de parcerias que agora constituem ativos importantes, muitas vezes estratégicas para a sua configuração de negócios. Mais adiante neste livro descreveremos várias maneiras pelas quais os gestores podem lidar com a tarefa de obter o melhor desempenho possível de seus relacionamentos. Mas de momento nossa análise do desenvolvimento das parcerias não seria completa se não considerássemos os pontos de vista específicos do vendedor e do comprador, porque no final terão que ser conciliados e geridos.

◢ A perspectiva do vendedor

As mudanças nas organizações têm obrigado as empresas a se afastarem das culturas que atuam como camisas de força, caracterizadas pela ostensiva orientação para vendas e por uma mentalidade ganha-perde. Iniciativas de gestão como a gestão da qualidade total, a reengenharia e a *lean six sigma* continuaram concentradas nos custos do processo de vendas. Embora voltadas para obter níveis cada vez mais baixos de custos de vendas, de gestão e custos gerais [*sales, administration and general costs*, SAG], as empresas estão sendo obrigadas a procurar os benefícios que se tornam disponíveis apenas com uma efetiva parceria e terceirização. Do mesmo modo, as escolas e os gurus da administração têm recomendado aos gestores de vendas que adotem uma abordagem mais analítica e estruturada ao lidar com seus clientes principais. Como os relacionamentos *business-to-business* assumem muitas formas, e as empresas podem estar envolvidas em mais de um ao mesmo tempo, os gestores devem classificar seus clientes por ordem de importância e adotar uma abordagem de portfólio para criar e gerir relacionamentos de maneira adequada, como ilustrado na Figura 2.5.

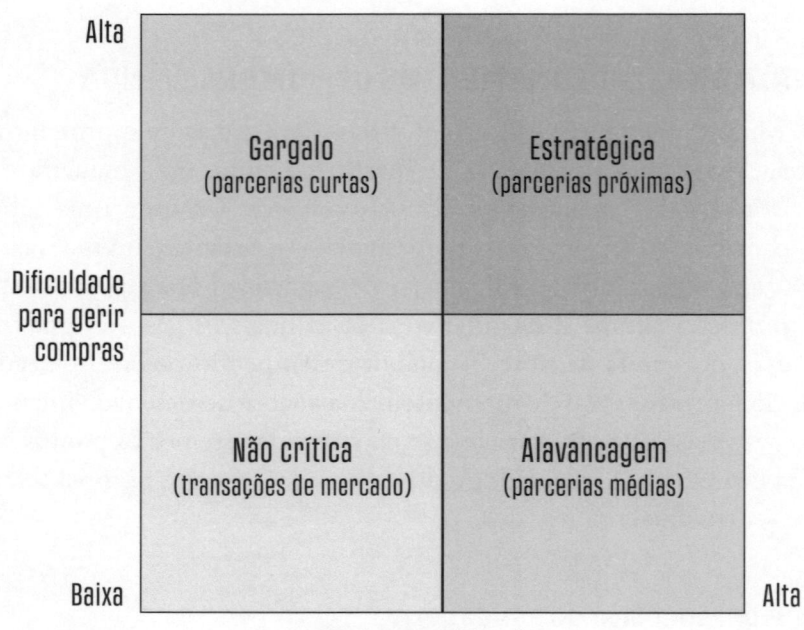

FIGURA 2.5 Modelo de gestão de portfólio

Essa ideia evoluiu para o "novo marketing", que propõe que todas as atividades de marketing se direcionem a estabelecer, desenvolver e manter relacionamentos bem-sucedidos. Isso envolve "conceber e negociar parcerias estratégicas com fornecedores e parceiros de tecnologia por meio das quais a empresa aplica suas capacidades diferenciadas para aproveitar as oportunidades de mercado". Portanto, os relacionamentos, em lugar das vendas, viraram o foco principal. A principal técnica que emergiu do novo marketing foi o KAM [*key account management* ou "gestão de contas-chave"]. Malcolm McDonald propôs que a importância estratégica de construir e manter relacionamentos para a lucratividade de longo prazo de um fornecedor precisava ser reconhecida, para que fossem nomeados altos gestores capazes de fornecer a necessária *expertise* de alto nível e uma perspectiva abrangente em relação às empresas envolvidas. O KAM tem sido implementado com sucesso por uma variedade de organizações, como American Express e Citibank.

FIGURA 2.6 Modelo de desenvolvimento do relacionamento nas *key accounts*

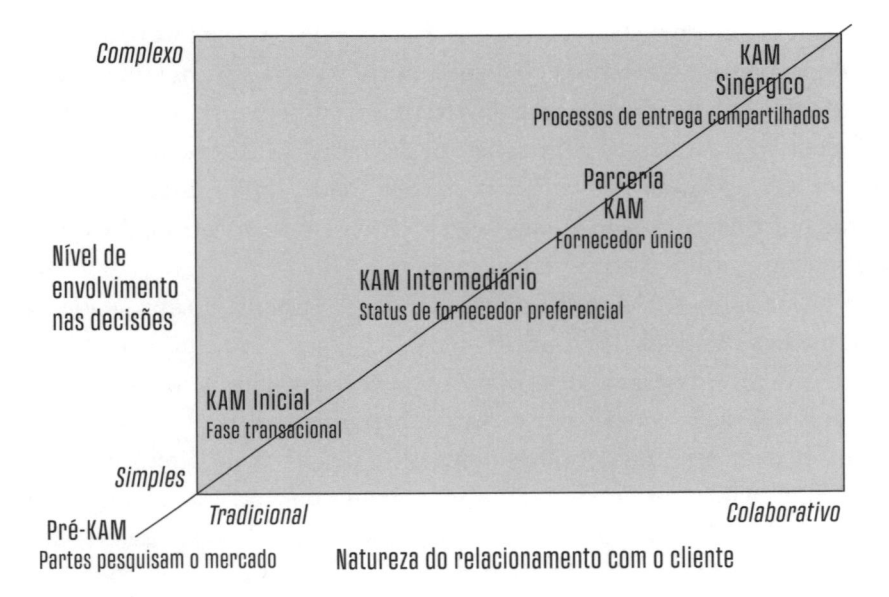

O conceito de KAM ficou muito conhecido por meio do trabalho de Malcolm McDonald e é usado para descrever o espectro dos tipos de relacionamento mostrado na Figura 2.6. Pode ser visto também como um caminho de desenvolvimento à medida que os relacionamentos amadurecem tanto para cima como para baixo da vertente, e as empresas podem formar relacionamentos que entram e saem do gráfico em qualquer nível.

Pré-KAM indica que as partes estão pesquisando o mercado; KAM Inicial é um estágio transacional; KAM Intermediário sugere um fornecedor preferencial; Parceria KAM é quando se trata de um único fornecedor, e KAM Sinérgico refere-se à entrega de processo compartilhado. Portanto, relacionamentos KAM são importantes e complexos, e costumam envolver a customização de produtos e serviços, assim como de preços e funções de distribuição, a fim de desenvolver relacionamentos de longo prazo, colaborativos. Tais relacionamentos rendem receitas mais altas ao fornecedor e taxas de crescimento rápidas, ao passo que os clientes se beneficiam de ter seus objetivos atendidos e de contar com tempos de resposta mais rápidos.

Em muitas situações nas cadeias de suprimentos, a adoção de práticas KAM pelos fornecedores é motivada pelas demandas dos clientes conforme eles racionalizam sua base de fornecedores e aumentam suas demandas sobre os fornecedores restantes. À medida que as capacidades dos fornecedores preferidos se desenvolvem, aumenta o incentivo dos clientes para construir relacionamentos de longo prazo com eles. Quando isso encontra reciprocidade, há um incentivo para que os fornecedores gerenciem seus clientes como *key accounts* e criem situações ganha-ganha efetivas.

Embora o KAM tenha demonstrado claramente a capacidade de aumentar a efetividade da gestão do relacionamento, sua implementação em muitas empresas é aleatória. A decisão a respeito de onde situar a função KAM – como parte de um departamento ou como um grupo autônomo, nas unidades de negócios ou em nível de diretoria, e em nível global ou local – costuma ser tomada por razões irracionais. A função KAM alcança melhores resultados no caso de uma organização independente situada sob uma direção poderosa com um mandato global. Essa situação faz com que ela conte com a necessária informação estratégica, como modelos financeiros e de vendas, que lhe permita compreender plenamente os "custos de servir" e possa assim gerenciar efetivamente a lucratividade do cliente. Ela também será a influência dentro da empresa que assegurará consistência de serviço e de preços ao longo dos domínios das vendas.

O papel do KAM com frequência não é bem compreendido pelas organizações. Algumas empresas, em vez de supervisionarem o portfólio de clientes estrategicamente importantes para gerar retornos de longo prazo, continuam impondo metas de vendas de curto prazo sobre seus KAMs. Isso tem o efeito de "forçar" produtos ou quantidades inadequados e subverter os relacionamentos estratégicos e seus planos de receita a longo prazo.

◢ A perspectiva do comprador

Relacionamentos colaborativos entre clientes e fornecedores tornaram-se um novo tópico quente na formação de estratégias. No entanto, há o perigo real de que os compradores não estejam obtendo o máximo de seus relacionamentos colaborativos por estarem ainda usando abordagens tradicionais de gestão e mensuração que não são suficientemente sistemáticas ou integradas. "Colaboração" significa de fato compartilhar: não apenas a gestão operacional do relacionamento, mas também as habilidades e experiências que geram valiosas oportunidades de aprendizagem. Isso significa que liberar o potencial de valor num relacionamento colaborativo exige novas maneiras de medir a qualidade do relacionamento que vão além dos habituais KPIs financeiros e operacionais. Clientes que ainda tratam seus fornecedores principais como "parceiros júnior" num relacionamento colaborativo e continuam medindo a qualidade do relacionamento com métricas tradicionais de desempenho do fornecedor podem estar deixando de ganhar muitos dos benefícios potenciais.

Em muitas organizações a questão da gestão profissional do relacionamento costuma ser deixada inteiramente ao acaso. Tradicionalmente, a tarefa tem sido "relegada" à pessoa responsável pelas vendas, que deseja manter o cliente satisfeito no pós-venda e está de olho no cliente seguinte. A pessoa de vendas não tem responsabilidade oficial sobre outras partes da empresa, como o setor de design e as operações que contribuem para entregar resultados, e com frequência é vista por tais setores como alguém que está interferindo em seu trabalho. Gerentes de compras enfrentam várias dificuldades adicionais. Apesar da existência de bons contratos, algumas falhas operacionais e deficiências no trabalho em equipe com frequência levam as organizações a focarem em detalhes minuciosos e em comportamentos egoístas em vez de se dedicarem pacientemente a construir valor de longo prazo para o cliente. Uma ênfase tradicional na gestão do tempo, custos e qualidade, que costuma ser chamada de gestão de fornecedor ou de projeto, geralmente ignora a importância do trabalho em equipe entre cliente e fornecedores e dá pouca atenção às causas subjacentes da dificuldade. Tais coisas costumam ocorrer "fora do radar", e quando emergem causam sérios danos ao relacionamento. Além disso, as organizações de fornecedores podem estar operando um sistema KAM. Embora o objetivo seja manter relacionamentos estratégicos a longo prazo, sua abordagem foca na própria "maximização do fluxo de receita", que é essencialmente centrada no fornecedor. Há, portanto, um choque entre atitudes e culturas de gestão. Gestores de compras tendem a ver os sinais de alerta e podem saber o que está acontecendo, mas não sabem por quê. Alguns exemplos disso:

- **Complacência** (aceitar um desempenho mediano e a normalização dos problemas);

- **Falta de confiança** (falhas de desempenho causam comportamentos autocentrados);

- **Oportunismo** (procurar ganhos às custas da parceria);

- **Falhas de qualidade** (problemas não resolvidos de processos conjuntos);

- **Comunicação falha** (canais "confusos");

- **Estouro no orçamento** (otimização interna resultou em aumento dos custos conjuntos);

- **Atrasos na entrega** (pequenos entraves no processo multiplicam-se nas interfaces da organização).

O resultado mais comum é que se gaste muito mais tempo de gestão em apagar incêndios de sintomas do que em lidar com as causas mais profundas, e às vezes há frustração, invocando-se então cláusulas de penalidades com os inevitáveis riscos de diminuir o desempenho conjunto e causar fraturas no relacionamento.

◢ A perspectiva conjunta

Várias organizações de grande porte, como Hewlett-Packard, Xerox e Coca-Cola, chegaram à conclusão de que precisam posicionar suas atividades de aquisição num foco único, com capacidade e status que permitam maximizar a criação de valor a partir da colaboração com clientes e fornecedores. Elas implantaram uma função dedicada de gestão de aliança, que cuida de "institucionalizar" processos colaborativos e difundir *know-how* ao longo da empresa. A função também coordena atividades de relacionamento nos vários departamentos e assegura a provisão dos recursos necessários para apoiar as atividades da aliança. Importante: essa iniciativa também estimulou a criação e o uso de métricas de aliança que permitam que os gestores de alianças avaliem sistematicamente o desempenho. Com isso, empresas como essas têm uma taxa de sucesso 25% maior e geraram quase quatro vezes a riqueza de mercado em comparação com outras.

A função de aliança não funcionará efetivamente se for uma função comercial secundária ou de vendas, e tampouco deve ficar dispersa entre os departamentos. É essencial que tenha um foco estratégico e central, de preferência próximo do nível de diretoria. Um aspecto crucial é que sem uma medida objetiva do desempenho que forneça o conhecimento correto para monitorar, redirecionar e melhorar atividades, o valor de relacionamento que for alcançado estará abaixo de seu potencial.

Várias "dicas" de melhores práticas surgiram do pensamento de compras estratégicas:

➤ Centralizar a gestão de seus relacionamentos com fornecedores-chave numa única equipe profissional;

➤ Certificar-se de contar com gestores de relacionamento experientes, que tenham conhecimento e sejam pessoas de alta integridade; recrutar, treinar e recompensar de acordo;

➤ Manter os gestores de relacionamento no cargo por períodos de tempo razoáveis – não promover a mudança deles para outro projeto enquanto estiverem construindo os vínculos de confiança com o fornecedor, vitais para que seja capturado o pleno valor;

➤ Dar aos gestores de relacionamento a tarefa de alinhar as funções da empresa matriz que promovem seus relacionamentos;

➤ Estimular planejamento colaborativo e previsão com os principais fornecedores;

> Envolver-se em conversas de "adulto para adulto" com os fornecedores; reconhecer que são especialistas naquilo que fazem, e podem ser capazes de resolver seus problemas;

> Introduzir métricas apropriadas para medir e monitorar o desempenho do relacionamento;

> Recompensar comportamentos criativos e de solução de problemas;

> Envolver outros parceiros na cadeia de suprimentos.

CONCLUSÃO

Este capítulo traçou o desenvolvimento de negócios relacionais na cadeia de suprimentos, tanto no setor privado quanto no público. Descreveu a complexidade de fazer parcerias dentro de canais de marketing e avaliou a gestão dos relacionamentos de negócios do ponto de vista do vendedor e do comprador. A necessidade de melhoria do processo dentro das cadeias de suprimentos tem demonstrado que alcançou seu limite, e o mesmo acontece com a maneira pela qual as empresas têm procurado alcançar posições de mercado competitivas duradouras por meio de relacionamentos mais próximos e mais colaborativos com um parceiro ou com redes de parceiros.

Associações relacionais baseadas em operações cooperativas representam agora ativos estratégicos para muitas empresas. Além disso, novas atitudes e técnicas de gestão especializadas são essenciais para colher benefícios. O próximo capítulo destaca os fatores centrais que inibem ou criam obstáculos, e aqueles que promovem ou impulsionam relacionamentos bem-sucedidos.

PRINCIPAIS PONTOS DE AÇÃO

1 Categorize seus relacionamentos comerciais importantes de acordo com seu tipo: cadeia de suprimentos linear, cadeia de suprimentos em rede, aliança estratégica, canal de marketing e compra-venda.

2 Qual é o grau de eficiência no nível de trabalho de equipe nesse(s) relacionamento(s)?

3 Que tipo de gestão você usa para esses relacionamentos? É o KAM, a gestão de fornecedores ou a gestão conjunta (gestão de relacionamento)?

4 Por que você adotou essa abordagem? É por razões históricas, pelo fato de você sempre ter usado essa abordagem?

5 Qual a efetividade dessa abordagem de gestão?

CAPÍTULO 3

Obstáculos e *drivers* das parcerias bem-sucedidas

Se estivermos juntos, nada será impossível. Se estivermos divididos, tudo irá fracassar.

(Winston Churchill)

INTRODUÇÃO

É fato que nem todas as parcerias atendem às expectativas que são colocadas sobre elas. No entanto, é possível aprender lições que aumentem a probabilidade de uma parceria colaborativa ser bem-sucedida. Os ganhos desses relacionamentos bem-sucedidos podem traduzir-se em vantagens competitivas substanciais para a empresa envolvida e assegurar retornos superiores de longo prazo. As capacidades e conhecimentos exigidos e adquiridos ao gerir de maneira bem-sucedida uma parceria são habilidades transferíveis. Empresas bem-sucedidas em gerir um relacionamento têm probabilidade de serem bem-sucedidas em gerir outros. Infelizmente o inverso também é verdadeiro. Temos visto empresas repetindo os mesmos erros em relacionamentos diferentes e então culparem os vários parceiros pelo fracasso em vez de procurarem o denominador comum.

Este capítulo examina alguns dos importantes *drivers* e obstáculos a relacionamentos bem-sucedidos e como uma compreensão desses fatores tem impactado o desempenho do negócio. Tradicionalmente, há três fatores tidos como cruciais para parcerias bem-sucedidas: a capacidade de alavancar ativos, a capacidade de aprender com e de explorar o conhecimento obtido de uma parceria e, fator crucial, as habilidades e competências para gerir a parceria e seus recursos. Argumenta-se que há um quarto elemento, tipicamente ausente em muitas parcerias, que são as medições. As empresas costumam medir *inputs* e *outputs*, mas raramente dão atenção ao processo de parceria em si. Fica claro que uma medição eficaz da parceria é a marca registrada de muitos relacionamentos bem-sucedidos, e este capítulo descreve os desafios de medir na prática esse desempenho e de agir de modo proativo sobre essa informação.

ALAVANCANDO INVESTIMENTOS MÚTUOS

Se estivéssemos fazendo isso sozinhos, gastaríamos no mínimo três vezes mais, além de correr um alto risco.

(Chia Song Hwee, executivo-chefe, Chartered Semiconductor, sobre sua parceria com a IBM e a Samsung)

Os benefícios que as empresas podem obter de suas parcerias são resultado direto do tempo, esforço e recursos físicos que investem no relacionamento. Tais investimentos podem assumir várias formas, como uma instalação física em particular, um sistema de TI ou um conhecimento do mercado. São aplicáveis e relevantes apenas à própria parceria e é improvável que tenham algum valor, ou será um valor bem mais reduzido e fora do relacionamento. Por exemplo, a localização comum de instalações de armazenamento entre um fornecedor e seu cliente fabricante pode reduzir alguns custos da cadeia de suprimentos, como os de transporte. Pode também melhorar a eficiência da cadeia de suprimentos ao trazer maior flexibilidade, assegurar uma entrega mais pontual e criar oportunidades para uma solução imediata de problemas e aprimorar o processo.

A Dell Inc. é um bom exemplo de uso da localização conjunta do armazenamento. Muitos dos fornecedores da Dell estão no Sudeste Asiático, com os consequentes longos tempos de entrega. Para criar um amortecedor contra a demanda, fornecedores mantêm estoque local na unidade de montagem de Austin, Texas, em "estantes de carrossel giratório" (conhecidas como estoque "rotativo"). Esses centros de logística do fornecedor [*supplier logistics centres*, SLCs] são pequenos armazéns compartilhados por certo número de fornecedores, localizados dentro de um raio de poucos quilômetros das fábricas de montagem da Dell. O que é crucial é que a Dell não é dona do estoque, mas o custo de manutenção do estoque na cadeia de suprimentos necessariamente é passado adiante pelos fornecedores e incluído nos preços finais dos computadores. Isso não só melhora o balanço patrimonial da Dell, como assegura que os níveis de estoque sejam geridos mais perto da linha de montagem.

Os investimentos da parceria não precisam ser na forma de capital ou ativos físicos. Ativos humanos podem também ser importantes, por exemplo, no estabelecimento e treinamento de pessoal dedicado às vendas. Mesmo ativos menos tangíveis como competências de processo e bases de conhecimento podem ser investimentos possíveis de alavancar.

Muitas empresas, porém, simplesmente não investem em seus relacionamentos ou parcerias. A ideia de precisar confiar em terceiros deixa muitas empresas ainda mais avessas a correr riscos e menos inclinadas a investir, especialmente em projetos de capital. Além disso, a relutância da empresa em investir envia um sinal ao parceiro (e com frequência também ao mercado) de que falta comprometimento. O resultado é que o desenvolvimento se desacelera, não são gerados lucros na taxa esperada, podem-se perder benefícios de mercado e uma aliança potencialmente bem-sucedida acaba falhando.

Quando os parceiros constroem um nível de confiança, é provável que haja menos "retração". Isso reduz os receios de incerteza e as empresas têm maior probabilidade de sentir confiança para investir. Por exemplo, ao estabelecer um escritório de serviço nas instalações de um grande cliente para lidar com questões e problemas no próprio local e na mesma hora, o fornecedor demonstra comprometimento, garante que os problemas não venham a escalar e, além disso, gera lealdade. Esse tipo de investimento também tem probabilidade de aumentar a confiança e as chances de que a cooperação e o investimento se tornem recíprocos.

No entanto, não é fácil chegar a um caso de investimento, porque precisa ser equacionado à luz da expectativa de que a parceria deve durar, de que vale a pena investir nela, e de que a confiança e o comprometimento estão presentes ou potencialmente presentes de ambos os lados. A iniciativa do investimento deve ter em seu centro a apreciação de seu valor na parceria. As empresas às vezes podem fazer investimentos pautados apenas no próprio interesse e então se queixam de que o parceiro não faz uso deles. O caso de negócios também teria que incluir uma comparação entre o nível de investimento que uma empresa precisaria fazer se quisesse alcançar as mesmas metas finais, mas tivesse escolhido agir independentemente. Isso condiz com discussões a respeito de fazer internamente ou terceirizar, mas pode ser aplicado a investimento interno numa parceria e requer um grau de conjetura embasada em dados, assim como a devida investigação preliminar. A avaliação entre *in-house/outsourcing*, isto é, entre fazer internamente ou terceirizar, pode ser estendida além dos limites de financiamento tradicionais para levar em conta o valor que é criado como consequência da parceria ou aliança. O valor gerado por meio de tais investimentos não é singular e pode ser visto pelo cliente final de maneira diferente em comparação com o fabricante original. Isso fica demonstrado no caso dos programas de credenciamento e certificação da Novell, que criaram valor significativo para usuários finais na forma de aconselhamento, apoio e confiabilidade. Também criaram valor para os parceiros da empresa na forma de fluxos de receita incremental. Para a própria Novell, o valor foi captado na forma de revendedores leais, retenção de clientes e de crescimento da reputação e da fatia de mercado. As empresas podem cometer um erro fundamental ao valorizar o benefício de um investimento apenas a partir de sua perspectiva, ao passo que mudar o foco e avaliar do ponto de vista do parceiro pode ser esclarecedor.

O investimento na parceria pode se complicar quando os ativos ficam "encalhados". Ativos encalhados são investimentos que não representam mais valor para a parceria, ou não têm sido utilizados, ou foram alavancados de maneira diferente do que se pretendia originalmente. Podem ser vistos pela parceria como antipáticos aos seus objetivos ou interpretados do ponto de vista dos receptores como contrários aos próprios interesses comerciais. Por exemplo, um investimento da parte do fabricante em instalações para demonstração para seus parceiros pode não ser utilizado por uma série de razões.

Os parceiros podem se mostrar céticos a respeito dos objetivos do investimento ou achar que a firma anfitriã talvez esteja usando-o para obter uma vantagem vista como injusta – por exemplo, abordar diretamente os clientes trazidos até o *showroom*. Os ativos podem ficar empacados quando os processos de apoio ao redor não são amigáveis ao parceiro ou com frequência são extensões de procedimentos e formatos internos – por exemplo, quando o agendamento de intervalos de tempo e reserva de instalações no *showroom* requer múltiplas autorizações e aprovações.

As empresas podem ainda investir na sua parceria e simplesmente falhar em comunicar que isso está disponível aos parceiros; não é algo incomum em estruturas de parceria mais amplas como os canais de marketing. Em algumas situações esses investimentos podem ser vistos como meras decisões de gestão de pouco valor, ou são mal interpretados – por exemplo, quando os parceiros já têm as próprias instalações de demonstração internas. Nos contratos de parceria, ativos encalhados podem virar motivo de recriminações, como "Nós demos o que eles pediram, e agora eles não estão usando!". Já investigamos situações como essas de não utilização de programas e iniciativas que causaram atritos e ressentimentos no anfitrião. Tipicamente, essa não utilização pode ser atribuída a uma comunicação precária, à divergência de expectativas e requisitos, e a ineficiências no processo de entrega.

NOVELL: UMA LIÇÃO EM CANAL DE MARKETING

Nas décadas de 1980 e 1990, a Novell era uma pequena empresa com sede em Utah que enfrentava as poderosas IBM e Digital com suas hordas de vendedores ao usuário final, e as contínuas pressões vindas da Microsoft. Seu software de rede, o Netware, oferecia recursos e funcionalidades avançados que permitiam aos usuários conectarem PCs e Macs da Apple e até conectá-los a *mainframes*. Mas sua complexidade também significava que não era fácil de instalar e alguns podiam argumentar que tinha a tendência de fazer "cair" o sistema. O terreno que a Novell conhecia era o mercado de pequenas e médias empresas [*small and medium-sized business market,* SMB]. Competir com a IBM e a Digital no espaço corporativo sempre seria seu maior desafio, e com uma rede média de menos de 10 clientes (mesmo que no final o Netware fosse usado para conectar centenas e milhares de PCs), a Novell definiu como alvo o mercado SMB de massa.

A solução da Novell foi se envolver com os parceiros de PC e oferecer um produto que os ajudasse a agregar valor a seus serviços. Igualmente importante foi "produtizar" a *expertise* técnica necessária a fim de que os parceiros pudessem se credenciar para revender e instalar o Netware, o que lhes deu uma vantagem competitiva. O credenciamento para Netware foi muito bem concebido. O credenciamento de parceiros veio como consequência de terem o número certo de membros treinados como Engenheiros Certificados em Netware [*Certified Netware Engineers*, CNEs]. Para isso, a empresa criou centros de treinamento Novell especializados que por si só contribuíam para o lucro. Os CNEs passaram a ter cada vez maior demanda, sendo transferidos de um parceiro a outro e vendo sua receita crescer em função disso. Não era fácil se tornar um CNE; envolvia uma série de cursos que consumiam tempo e dinheiro. Uma vez treinados, os CNEs tinham que garantir que se manteriam atualizados com os novos produtos e revisões.

Ter um CNE era apenas o início do processo. Os parceiros Platinum da Novell, o topo da escala, precisavam fazer investimentos ainda maiores em pessoas e equipamento. Em troca, os parceiros recebiam um apoio da Novell que era imbatível, acesso quase instantâneo aos laboratórios técnicos da Novell, além de *leads* de vendas e apoio de marketing. O canal era gerido quase como uma operação de franquia, e enquanto a Novell continuou a responder com produtos de primeira linha que ofereciam um serviço altamente lucrativo e margens de anuidade, o canal continuou feliz e leal. O sucesso da Novell foi tamanho que em 1991 a IBM abandonou a solução de rede LAN Manager da Microsoft e adotou o Netware como parte da sua oferta de produto.

O investimento da Novell em seus parceiros de canal foi substancial e foi retribuído com os níveis de investimento que os parceiros da

Novell fizeram para manter seu nível de credenciamento. Ambas as partes alavancaram plenamente seus investimentos em benefício de seus negócios e clientes.

APRENDENDO COM O OUTRO

A capacidade da organização de aprender e traduzir essa aprendizagem em ação rapidamente é a maior vantagem competitiva.
(Jack Welch, CEO da General Electric)

Não se pode assumir que os ganhos da alavancagem de ativos irão simplesmente se materializar. É crucial para a criação de vantagem competitiva haver aprendizagem interorganizacional, resultante da colaboração. Essa vantagem competitiva pode se dar por meio da criação de clima e de condições para um intercâmbio substancial de conhecimento. Isso então leva à aprendizagem conjunta e, por meio da capacidade ampliada de alavancar investimentos no relacionamento, à criação de novos produtos, serviços e tecnologias. Assim, estabelecer um padrão regular de interações entre empresas que apoie a transferência, recombinação ou criação de conhecimento especializado tem a probabilidade de trazer consideráveis benefícios a ambos os parceiros. Muitos fabricantes do setor de TI irão prover financiamento pleno ou parcial a uma pessoa dessa área que trabalhe num parceiro revendedor, identificando os ganhos de produtividade nas vendas que podem ser alcançados por meio da experiência no desempenho de tarefas específicas e criando um investimento que possa ser alavancado. Esses indivíduos também permitem transferir conhecimento factual sobre funcionalidade de produto ao parceiro e assegurar que o conhecimento menos tangível sobre "como o negócio é feito" flua entre intermediário e fabricante. Isso também encoraja melhor fluxo de informações e de entrega de serviços ao consumidor final.

A capacidade de uma empresa reconhecer e digerir informação valiosa de um determinado parceiro de aliança é uma função de: a) estabelecer oportunidades frequentes de trocar informações importantes (por exemplo, em reuniões de planejamento, design, marketing e outras) e de apoiar isso com interações sociais que ajudem as pessoas a se conhecerem melhor; e b) a extensão em que os parceiros têm bases de conhecimento que se sobrepõem (você não consegue assimilar aquilo que não entende).

A fabricante de pneus Michelin oferece a seus usuários especializados, como operadores de veículos para movimentação de terra e de veículos militares, treinamento gratuito e atualizações das instruções para manutenção regular do produto. Essas ocasiões permitem que a empresa obtenha um útil feedback sobre como seus produtos estão sendo usados, comentários sobre o design e ideias para aprimorar o produto e a eficácia de seus procedimentos de manutenção. Assim, as empresas precisam se certificar de que os processos e recursos apropriados estão implantados, para a coleta e compartilhamento de dados e processos tangíveis. Também significa que as empresas devem ser capazes de assimilar *know-how* e experiências intangíveis, o que tem uma orientação muito mais cultural e organizacional. Muitas parcerias põem foco no primeiro aspecto do compartilhamento de informações sem considerar o segundo. A capacidade de explorar fontes externas de conhecimento é em grande parte uma função da experiência e de ser capaz de reconhecer o valor de novas informações e depois conseguir derivar benefício comercial disso. Assim se explica por que empresas de mercados e setores muito diferentes com frequência precisam se esforçar muito para convergir de modo bem-sucedido: a falta de uma linguagem comum, de experiências e pontos de referência comuns é um obstáculo à transferência de conhecimento e também reduz a probabilidade de ter sucesso na colaboração.

Empresas que desejam obter ganhos de suas parcerias e alianças precisam, portanto, assegurar que tanto no aspecto cultural quanto no estrutural consigam criar um ambiente no qual a aprendizagem interorganizacional possa florescer. Nesse sentido, "cultura" pode ou não ter a ver com a parte particular do mundo do qual elas provêm e ser mais a respeito de empresas que se juntam com uma visão comum de negócios e o desejo de aprender mutuamente. Tais diferenças culturais ficaram evidentes na aliança Hewlett-Packard/Microsoft, na qual a HP hospedou o MS Exchange em seus servidores. A aliança quase fracassou em razão de um conflito de culturas e de estilos de liderança. A solução foi encontrada quando se identificou que havia abordagens diferentes e foram encontradas maneiras de alavancar e assimilar os estilos alternativos de trabalhar.

Embora os ganhos da aprendizagem interorganizacional possam ser substanciais, poucas empresas parecem obter desses relacionamentos o quanto desejariam ou todo o potencial que eles têm a oferecer. Tradicionalmente, algumas empresas se mostram avessas a buscar novas habilidades e competências de seus parceiros por acreditarem que isso talvez sugira uma fragilidade ou falha que a outra empresa pode querer explorar. Atualmente emergem tendências indicando que as empresas estão menos reticentes a respeito de captar *know-how* e conhecimento de seus parceiros. Em muitas empresas de destaque, os parceiros são agora igualmente uma fonte de ideias, ao lado de seus próprios funcionários, e superando fontes tradicionais como as associações comerciais e até mesmo a academia, a ponto de a inovação criativa estar firmemente estabelecida em bases de aprendizagem interorganizacional e abertura cultural.

RELACIONAMENTOS AUTOMOTIVOS SIMBIÓTICOS

Vamos considerar o caso das fábricas de automóveis dos EUA e do Japão na segunda metade do século 20. Da perspectiva de hoje, parece estranho ver que a certa altura o setor automobilístico japonês estava preocupado com o impacto da globalização no seu mercado e com a força das gigantes automotivas dos EUA.

Logo após o final da Segunda Guerra Mundial, empresas como a Toyota sentiram a necessidade de melhorar sua má reputação de terem uma produção de baixa qualidade e quiseram alcançar os mesmos níveis de eficiência em custos das rivais dos EUA. E precisavam alcançar isso num mercado limitado, com níveis mais baixos de capital e investimento. Os 30-40 anos seguintes viram o desenvolvimento das metodologias de gestão de qualidade total [*Total Quality Management*, TQM], já que a contínua melhoria resultante permitiu às empresas japonesas virarem a mesa e se tornarem concorrentes fortes das americanas, usando capacidades e competências de produção enxuta e ágil. Houve redução de custos, melhor qualidade e inovação, e renome mundial. Como reação aos graves problemas comerciais e financeiros no mercado doméstico, Ford, Chrysler e General Motors buscaram alianças com empresas japonesas a fim de dificultar a entrada delas no mercado doméstico americano. A Ford foi a primeira a se mexer, ao adquirir uma minoria de ações da Toyo Kogyo, dona de marcas como Mazda e mais recentemente Xedos. Em habilidades, a Toyo Kogyo estava à frente das concorrentes locais, apesar da situação financeira delicada que vivia. A Toyo Kogyo desfrutava não só de custos de produção mais baixos, mas, o que era mais significativo, seus custos caíam mais rápido que os das rivais. Nas unidades de Hiroshima e Hama, a Toyo Kogyo ofereceu à Ford acesso às fábricas de automóveis mais flexíveis e focadas do Japão, e oportunidades sem igual de adquirir novas habilidades e conhecimento de processos.

A Toyota fez aliança estratégica com a GM em 1984, que demitira pessoal em várias unidades ao ver reduzida sua fatia de mercado e sua lucratividade. O projeto NUMMI levou as duas empresas a fabricarem carros compactos na GM da Califórnia. Gestores japoneses e dos EUA trabalharam lado a lado, e com isso a GM aprendeu metodologias *lean* de produção de um mestre, e pôde testá-las com a força de trabalho americana. A Chrysler não ficou atrás. Sua aliança com a Mitsubishi permitiu fornecer produtos e componentes com maior eficácia, sobreviver às dificuldades financeiras e aprender novas técnicas. Na década de 1990, a Chrysler era a mais competente desenvolvedora de produto entre as montadoras dos EUA.

Os benefícios não foram unilaterais. As empresas japonesas ganharam a guerra da propaganda. A colaboração com a força de trabalho dos EUA levou-as a ganhar pontos com o público doméstico. Na verdade, o sucesso das várias iniciativas sugeriu que a deficiência não estava nos operários, mas na gestão americana, que era falha, o que aliviou a culpa que havia sido colocada no Japão pela perda de empregos no setor automotivo americano. A Toyota aprendeu práticas de trabalho dos EUA e a Toyo Kogyo aprendeu a projetar para o motorista americano. Mas talvez a lição mais importante aprendida pelas empresas japonesas foi como vender ao consumidor dos EUA e como competir de igual para igual no mercado americano. Lições que as empresas japonesas iriam levar a sério na década seguinte.

GOVERNANÇA

Até aqui demonstramos que a habilidade de uma empresa para desfrutar de "ganhos de relacionamento" – isto é, lucros acima do normal, gerados conjuntamente num relacionamento de parceria e que não poderiam ter sido gerados por nenhuma delas isoladamente, criados apenas por meio de contribuições especializadas de ambos os parceiros da aliança – é função do investimento e da aprendizagem. Esses investimentos complementares de recursos são combinados, não ficam disponíveis fora da parceria, e, o mais importante, são extremamente difíceis de imitar pelos concorrentes. Os benefícios derivados dessas parcerias únicas oferecem não só retornos estratégicos e organizacionais como são poderosa fonte de vantagem competitiva. No entanto, apesar desses significativos ganhos potenciais, as parcerias frequentemente falham em alcançar o que foi prometido inicialmente.

O elemento ausente é talvez o mais crucial e o mais difícil de identificar. O próprio ato de fazer uma parceria leva a um aumento da complexidade e a uma falta de autonomia, que são aspectos fundamentais para trabalhar com outras empresas. Esses fundamentos, que conflitam com a experiência da maioria dos gestores ("comando e controle"), podem ser obstáculos para se alcançar os ganhos que uma parceria envolve. Isso é exacerbado por crescentes mal-entendidos, pela comunicação precária e por um limitado compartilhamento de informações, que podem "corroer" o centro do relacionamento.

Esse é o enigma das parcerias. Elas oferecem grandes benefícios, mas têm um custo: a empresa perde algum controle, ganha outro desafio de gestão, e saberá menos a respeito das operações de seu parceiro do que a respeito de seu próprio negócio. A isso vêm se somar a falta de uma experiência gerencial geral em fazer parcerias e a ausência de ferramentas de diagnóstico e de métricas para gerir o relacionamento em algo mais que nos resultados brutos.

Essas dificuldades podem ser atenuadas por uma habilidade da empresa em buscar e nutrir potenciais parceiros adequados, em primeiro lugar, e ao criar e operar dentro de um ambiente de sistemas organizacionais, processos e culturas complementares. Isso leva a uma situação que permite alavancar os ativos e obter aprendizagem. Subsequentemente, e se for apropriado, a parceria pode ser encerrada de maneira eficiente e efetiva, uma vez que os objetivos tenham sido alcançados. Esta é a tarefa da gestão e, portanto, essas atividades devem ser consideradas parte de uma boa governança, pois impactam tanto os custos transacionais quanto a criação de valor. Assim, a governança é um fenômeno multidimensional que abrange a gestão do relacionamento inicial, final e em andamento entre diversas partes. A governança, ou gestão da parceria ou da aliança, portanto:

➤ Influencia a disposição e a capacidade da empresa de cooperar e, portanto, de alavancar seus investimentos;

➤ Constitui a pedra fundamental para estabelecer um ambiente de aprendizagem;

➤ Oferece o veículo para uma redução da assimetria de informação;

➤ Confronta explicitamente e lida com problemas de complexidade e falta de autonomia.

POLÍTICA DE PARCERIA DA DELL

O que apoia o sucesso de que a Dell desfruta é seu relacionamento próximo com fornecedores e a abordagem adotada para gerenciá-los.

Um recurso fundamental da estratégia original de Michael Dell é a crença de que é melhor fazer parceria com fornecedores de peças e componentes de PC do que integrar de trás para a frente e entrar na fabricação de peças e componentes. A Dell identifica vários benefícios dessa sua abordagem:

- Adotou uma estratégia limitada de fornecedores e trabalhou só com empresas capazes de demonstrar liderança em tecnologia, o que elevou a qualidade e o desempenho dos PCs da Dell.

- A Dell assumiu um compromisso com cada fornecedor de que iria comprar uma porcentagem especificada de seus requisitos de cada um deles. Isso significou que num mercado muitas vezes turbulento, a Dell praticamente garantiu a obtenção dos componentes de que precisava, quando e onde precisasse deles.

- A Dell trouxe seus fornecedores para o seu processo de desenvolvimento de produto, o que permitiu que estivessem à mão nos períodos cruciais de lançamento para resolver quaisquer problemas técnicos ou de qualidade.

- A Dell ofereceu a seus fornecedores uma "janela" para o processo de manufatura ou montagem, de modo que pudessem planejar melhor sua própria produção.

- A Dell compartilhou informação crucial com seus fornecedores em tempo real. A previsão mensal era complementada por um ciclo fechado de informação que não só oferecia à manufatura da Dell detalhes sobre a disponibilidade de produtos, como indicava aos fornecedores o "*pull*" ou demanda de peças.

Este não era um relacionamento próximo, e embora os fornecedores pudessem não gostar dos altos níveis de serviço que a Dell esperava, não podiam alegar que não sabiam o que estava sendo exigido deles.

INFLUÊNCIA DA LIDERANÇA E MECANISMOS DE CONTROLE

Sobrepondo-se a essa discussão sobre governança está a necessidade de considerar os métodos de controle. Há duas abordagens básicas para controlar parcerias. A primeira é externa e enfatiza o uso de regras, procedimentos e políticas formais para monitorar e recompensar o desempenho desejável. A segunda é interna e se apoia em estabelecer normas sociais de comportamento. Quando os diferentes valores e culturas das partes são ajustados, as pessoas têm como se identificar com as metas comuns da aliança, e podem construir laços pessoais e superar tentações oportunistas. É o que se chama com frequência de "controle de clã" e é comumente associado a relacionamentos colaborativos. Sistemas de controle formais e sociais/informais não são mutuamente excludentes, e já se escreveu muito sobre os efeitos da cultura e dos mecanismos sociais nas organizações. Tipicamente, usam recompensas e mecanismos de controle formais – como pagamentos relacionados ao desempenho. Por exemplo, empresas de manufatura oferecem a intermediários recompensas baseadas em desempenho e programas de credenciamento, a fim de incentivar comportamentos apropriados. Controles formais ou informais não devem estar associados a nenhum tipo particular de estrutura operacional, das discretas às altamente integradas, e variações e combinações serão encontradas conforme a situação específica, na maioria das organizações.

Ambos os tipos de controle têm argumentos contra e a favor de seu uso. Foi sugerido que controles formais apropriados podem apoiar o desenvolvimento de relacionamentos confiáveis que não sejam emocionais, que tenham medições e regras objetivas de desempenho, e sejam não só abertos como honestos. Em contraste, a presença de regras e regulamentações pode implicar falta de confiança ou limitação da flexibilidade. Consequentemente, isso pode restringir a inovação pessoal, e o mesmo pode ocorrer com a credibilidade, tanto do desempenho quanto dos sistemas de recompensa baseados em comportamentos.

Seja qual for a forma de governança adotada ou os sistemas de gestão implantados para dirigir os processos, as empresas podem também ser diferenciadas em termos do estilo de liderança que adotam. Métodos de liderança focam nas maneiras em que um líder pode efetivamente trazer colaboração assim como *compliance* para os subordinados. No contexto da parceria, e em particular nas redes, consórcios e canais de marketing, uma das empresas irá emergir e tentar agir como líder ou "capitão do canal". Por muitos anos pesquisadores dos canais de marketing preocuparam-se com questões de controle e poder, isto é, com a capacidade de dominar e exercer influência. No entanto, essas concepções ignoraram os benefícios que poderiam ser alcançados por meio de estilos de liderança não coercitivos. Podem ser considerados em particular três estilos de liderança:

① **Participativo:** líderes participativos compartilham um significativo grau de poder de tomada de decisões com seus subordinados. No ambiente dos canais de marketing, um líder participativo irá fazer consultas com os participantes do canal e solicitar ativamente suas sugestões para usá-las nas tomadas de decisões sobre o design e para introduzir políticas e procedimentos que tenham abrangência em todo o canal;

② **Solidário:** um líder de canal solidário irá considerar outras necessidades dos participantes do canal, registrar suas realizações, cuidar de seu bem-estar, tentar criar interesse mútuo e se esforçar para construir um "clima de equipe";

③ **Diretivo:** o líder de canal diretivo define a necessária distribuição de tarefas a serem desempenhadas, especifica as regras, regulamentações e procedimentos a serem seguidos, esclarece quais são as expectativas, faz a programação do trabalho a ser realizado, cria redes de comunicação e avalia o desempenho dos membros do canal.

Como ocorre com os modos de governança, não existe um "jeito certo" para a configuração de um canal ou parceria particular. Talvez o modo diretivo seja visto como o tipo de liderança de uso mais comum. No entanto, como os objetivos da aliança ou da liderança de canal influenciam as políticas e estratégias de outros membros, é mais provável que os líderes exibam simultaneamente graus variáveis dos estilos de liderança participativo, diretivo ou solidário.

COMPREENDENDO O DESEMPENHO DA PARCERIA

Se você não pode medir, não consegue gerir,
e aquilo que não é medido não é feito.

(Atribuído a Andrew Grove,
presidente e cofundador da Intel Corp.)

Relacionamentos colaborativos começam como estruturas claras, mas rapidamente se tornam mais complexos. Vários fatores podem criar essa complexidade, dependendo, por exemplo, de como os aspectos físicos se desenvolvem e se adaptam, como os processos mudam, como as pessoas se modificam e acrescentam sua própria individualidade às práticas de trabalho, e como as estruturas comerciais e os sistemas de TI tentam acompanhar o ritmo. Podem surgir lacunas de conhecimento entre os vários níveis de gestão, entre funções e entre os elementos de interface das empresas que compõem a parceria. Técnicas tradicionais de gestão que focam na "gestão do fornecedor" (uma visão unilateral) têm a probabilidade de se mostrarem estreitas e dificultar a compreensão dos aspectos centrais de uma gestão conjunta e complexa dos relacionamentos, que exige uma perspectiva recíproca.

Empresas nessa posição costumam se concentrar em gerir seus relacionamentos investindo tempo, custo e objetivos de qualidade de alto nível – métricas operacionais básicas focadas nos *inputs* e *outputs*. Fazendo isso, esquecem que é necessária uma abordagem conjunta mais prática para obter o melhor de uma situação necessariamente fechada e mutuamente confinada. Assim, os pequenos problemas resultantes de atritos interorganizacionais só ficam evidentes quando se tornam sérios o suficiente para penetrar nos sistemas tradicionais de gestão da informação (como *balanced scorecard*, *six sigma* e gestão de projetos), e a essa altura já terá se iniciado a reação de apagar incêndios, e o contrato estará sendo examinado para a aplicação das cláusulas de penalidades. Para muitas empresas, gerir o relacionamento só vira parte da agenda quando a parceria já está desarrumada. O que é mais preocupante ainda é que essa abordagem não consegue ver as oportunidades conjuntas que emergem e que poderiam tornar os processos mais eficientes, melhorar produtos e serviços e explorar novas aberturas de mercado. Esse aspecto da gestão da parceria é insidioso, pois as empresas só conseguem identificar as oportunidades perdidas quando é tarde demais para aproveitá-las – isso quando conseguem identificá-las. Os problemas estão resumidos no Quadro 3.1. A seguir há algumas práticas negativas e citações ilustrativas de gestores, extraídas de pesquisas.

QUADRO 3.1 Governança da parceria

Baixo desempenho do relacionamento	Alto desempenho do relacionamento
• Má gestão de relacionamento • Falta de comprometimento • Práticas conflitivas • Medição inadequada do desempenho conjunto • Medo de criar dependência	• Gestão proativa do relacionamento • Objetivos conjuntos • Alto nível de comprometimento • Cultura de não culpar • Visibilidade das medições de desempenho • Planejamento conjunto • Comunicação aberta

◢ Má gestão do relacionamento

A principal causa de um desempenho ruim em relacionamentos colaborativos de negócios é subestimar a tarefa de gestão. As empresas com frequência fazem o que conhecem melhor, vão levando adiante suas atividades, mas usualmente ignoram ou investem poucos recursos na "coreografia" das complexas relações interorganizacionais:

➤ "Costumamos ter grandes problemas ao contatar os gestores de projeto do cliente."

➤ "No nível da gestão intermediária do fornecedor a mensagem não chegou ao destino e prevalecem ainda a mesma velha cultura e práticas."

➤ "Eles parecem não ser capazes de compreender que um ponto de contato é inadequado para lidar com as questões multinível que acontecem."

> "Simplesmente não temos tempo para assumir uma visão estratégica; estamos ocupados demais cuidando de outros 30 contratos."

Falta de comprometimento

A falta de comprometimento costuma manifestar-se na inadequação do planejamento conjunto, do investimento, da escolha de pessoal e de estruturas de gestão:

> "Acabamos obtendo mais informações sobre suas políticas e planos futuros vendo o site deles do que nos encontros cara a cara."

> "Eles não dão sinais de que pretendam fazer melhor que isso; a gestão deles parece já muito autossatisfeita."

> "Tentamos muito melhorar o relacionamento usando recursos internos, mas agora que já tentamos de tudo não estamos obtendo apoio do QG corporativo."

Práticas conflitivas

Práticas comerciais conflitivas e burocráticas que resultam em atitudes do tipo "eles e nós", ao lado da qualidade precária das comunicações e de comportamentos egoístas, causam elevação dos custos, atrasos e a redução da confiança:

> "Eles não têm 'rostos'. Nós os conhecemos como 'eles'. Não temos uma visão compartilhada do que estamos entregando. Mesmo uma mera revisão anual seria bem-vinda."

> "A visão que eles têm de compartilhar é ficarem com a maior parte e nós com os restos."

> "Houve uma situação em que eles nos cobraram por uma embalagem defeituosa e depois se recusaram a ajudar a resolver o problema com o fornecedor."

> "Temos receio e falta de confiança em relação a adotar um ambiente de dados compartilhados, porque daria ao nosso cliente a oportunidade de ficar 'martelando' isso na nossa cabeça."

> "Eles tiveram essa atitude várias vezes no passado."

Medição inadequada do desempenho conjunto

Sistemas e medição de desempenho conjunto inadequados acabam resultando em objetivos incompatíveis, processos desconectados, qualidade precária, custos maiores e serviço ao cliente de baixa qualidade:

> "Estou preocupado com nossa falta de contato com o cliente final. Precisamos de uma medição ininterrupta do desempenho ao longo da cadeia logística."

> "Conhecemos bem nossas metas e objetivos, mas os dos nossos parceiros da cadeia de suprimentos ainda são um mistério. Com certeza não temos metas comuns."

> "Não temos medições do desempenho conjunto propriamente ditas. Enviamos a eles um relatório mensal dos resultados de testes, mas eles não nos dão nenhum feedback sobre isso."

> "Embora tenhamos hipoteticamente objetivos de desempenho conjunto, conseguir serviços de nosso parceiro é como tirar 'cocô' de um cavalinho de balanço."

Medo de criar dependência

Num relacionamento de negócios colaborativo a liberdade de ação de cada uma das partes fica necessariamente reduzida, e podem surgir sentimentos de incerteza e de risco em razão de sua dependência mútua. Existe um perigo muito real de que pequenos problemas se tornem grandes problemas, e a formação de uma mentalidade conflitiva pode dar início a uma espiral descendente:

➤ "Nos últimos cinco anos, fomos 'tocando o barco' com um único produto. Estamos trabalhando conjuntamente para lançar um novo produto no ano que vem. Isso será um teste real para o relacionamento, porque dependemos totalmente deles para que tenha sucesso."

➤ "Infelizmente a coerência do programa se perdeu ao longo do tempo. Ficou desconectado da realidade e se tornou um evento mensal de gente discutindo aos gritos."

➤ "Eles querem que a gente passe por cima das regras o tempo todo, e, quando não fazemos isso, interpretam como falta de flexibilidade e hostilidade."

➤ "A atitude deles é, 'Vamos dividir tudo o que vocês conseguirem'."

Assim, a maioria dos obstáculos que impede o bom funcionamento de uma parceria tem a ver com um precário entendimento dos importantes *drivers* de desempenho em uma situação de relacionamento específica. Isso em geral se deve à incapacidade dos altos gestores de terem uma visão atualizada, objetiva do empreendimento conjunto, que fica nublada pela usual complexidade e pelos atrasos no tempo.

É possível identificar as melhores práticas que levam a relacionamentos bem-sucedidos. Nossa pesquisa tem mostrado que os relacionamentos que funcionam bem costumam caracterizar-se por certo número de práticas positivas. Elas podem ser exemplificadas pelas citações a seguir de gestores, extraídas de nossa pesquisa.

◢ Objetivos conjuntos

A estrutura comercial para a colaboração deve oferecer objetivos conjuntos difíceis, mas alcançáveis, e também claros incentivos à criação de valor:

➤ "O segredo é harmonizar os principais objetivos. Outros objetivos que não sejam importantes e possam atuar como obstruções devem ser identificados e descartados."

> "O novo arranjo de parceria irá vigorar por 10 anos e inclui esquemas de divisão de ganhos."

> "Podemos agora deixar o contrato para trás e nos concentrarmos juntos nos resultados para o cliente."

> "Este desenvolvimento constante cria valor, e não é que estejamos um caçando o outro, mas sim que estamos nos desafiando."

> "Gostamos de ver o crescimento de cada empresa. É algo especial. Você não vê isso em muitos relacionamentos."

Visibilidade das medidas de desempenho

As partes do relacionamento devem ter uma clara visão dos requisitos do desempenho, de ponta a ponta, de todos os *players* da cadeia de suprimentos, incluindo os clientes finais, a fim de se poder buscar a eficiência geral:

> "Todo mundo tem uma boa compreensão das medidas de desempenho. Todos participam da sua implantação."

> "Trabalhamos conjuntamente para um plano de programa claro, no qual revemos regularmente nossas realizações e planejamos o futuro."

> "Os fluxos de informação são muito bem estabelecidos e regimentados. Isso assegura que não haja ambiguidades quanto às expectativas de desempenho."

Comunicação aberta

Uma comunicação aberta, frequente, interativa ao longo de todos os níveis da interface cliente/fornecedor, especialmente em revisões de desempenho e na contínua melhora de produtos/serviços e processos de negócios, é algo essencial, especialmente ao lidar com problemas imprevistos:

➤ "Todo mês é realizada uma reunião de projeto na qual são expostos os problemas urgentes de saúde e segurança, custos e qualidade. Eles são registrados em ata e definem-se datas para ações corretoras."

➤ "Temos medidas de desempenho abertas, simples, óbvias. Toda semana o fornecedor nos envia uma declaração do trabalho realizado, dos problemas e das previsões, e nós passamos a ele os dados de consumo. As realizações estão abertas para serem vistas por todos."

➤ "Somos muito inovadores e temos muitas ideias a respeito de como podemos fazer as coisas melhor. Por exemplo, introduzimos testes do produto e alcançamos uma taxa de aprovação de 98% em comparação com os 30% de antes. Como equipe, trabalhamos realmente bem."

➤ "Houve boas discussões conjuntas sobre os sucessos e fracassos a partir dos quais é possível aprender, e depois foram apresentadas soluções para resolver os problemas."

◢ Cultura de não culpar e confiança

Uma cultura aberta de não culpar, voltada para a satisfação do cliente e do relacionamento, que tenha foco em relacionamentos pessoais, de confiança, irá assegurar que as partes se concentrem nos principais objetivos conjuntos e não fiquem atoladas em problemas triviais, muitas vezes de fundo emocional e ditadas pelo autointeresse:

➤ "A confiança que foi sendo construída ao longo dos anos é o resultado de trabalharmos juntos para alcançar o fim desejado."

➤ "Se nossos parceiros têm uma queda, eu quero saber a razão; no entanto, se for um problema genuíno, iremos nos esforçar muito para ajudá-los a resolvê-lo, até pedindo ao cliente um dinheiro extra."

➤ "Nosso relacionamento é muito aberto, franco e com disposição de compreender, com muito respeito mútuo. Aprendemos uns com os outros."

➤ "Eles sempre se esforçaram para nos ajudar a resolver imprevistos. Certamente 'faremos o que for possível' por eles."

◢ Planejamento conjunto

Um planejamento conjunto e sistemas de negócios apoiados em um fluxo livre de informações proporcionarão uma operação flexível, eficiente, colaborativa para atender às demandas de mercado:

➤ "Encontros trimestrais de revisão nos quais são discutidos tópicos de destaque têm levado a uma melhora da disponibilidade."

➤ "O fato de termos um membro nosso na equipe deles nos possibilita uma comunicação bem melhor, reduz mal-entendidos e nos dá uma ideia mais clara dos planos do negócio."

➤ "Todas as partes da rede de apoio, incluindo o cliente final, comparecem às reuniões de planejamento para discutir os requisitos, juntar conhecimento e resolver problemas."

➤ "Eu revelo ao meu fornecedor honestamente meu orçamento para o ano que vem, para que ele possa se planejar com antecedência."

➤ "Obtemos todas as informações de planejamento antecipado que eles são capazes de nos fornecer. Há um monte de trabalho que aparece 'do nada' e precisamos ser flexíveis nesse sentido."

◢ Alto nível de comprometimento

Um foco constante em objetivos de alto nível resulta em sucesso, que por sua vez atrai mais sucesso; com efeito, trata-se de se contrapor a quaisquer tendências de comportamentos negativos e gerar uma espiral ascendente de sucesso:

➤ "Agora que temos um arranjo de parceria em torno de uma boa estrutura de contrato, podemos nos concentrar apenas no cliente – não vamos mais nos ater às minúcias."

> "A parceria tem se fortalecido cada vez mais à medida que vamos superando problemas, alcançando nossos marcos e conseguindo ter sucesso."

> "Com algum receio pedimos ao nosso fornecedor de peças que nos ajudasse a projetar o novo produto. Ficamos encantados. O produto é agora mais barato, mais confiável, contém mais recursos e caiu no agrado de nossos clientes. Como resultado, nosso relacionamento floresceu."

GESTÃO PROATIVA DO RELACIONAMENTO

Já foi observado que as práticas tradicionais de gestão vão ficando inerentemente mais reativas diante da complexidade crescente. O padrão da Figura 3.1 é muito comum.

Periodicamente, a gestão vê que os problemas se acumularam a tal ponto que a única opção é fazer uma "blitz" na situação. Isso geralmente envolve trazer consultores, o que gera considerável gasto e disrupção. O trabalho irá focar nos "problemas" e o plano de implementação irá consumir tempo considerável para ser institucionalizado. Quase imediatamente o desempenho começará a ter uma baixa até que uma "blitz" precise ser repetida. A solução é adotar uma abordagem conjunta mais proativa na gestão do relacionamento, que tenha foco em lidar tanto com os pontos fortes como com os pontos fracos e propicie

FIGURA 3.1 A abordagem "blitz" da mudança

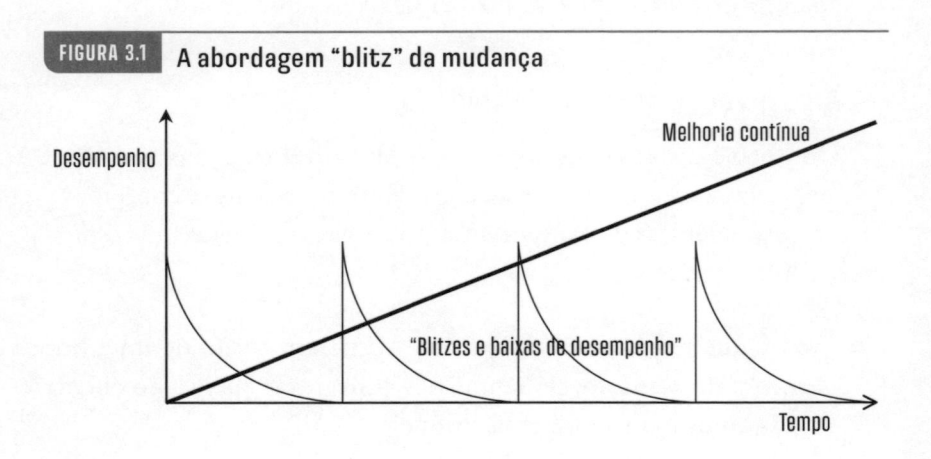

uma melhoria contínua. Isso requer um foco consistente na gestão da mudança: a gestão da mudança, no contexto de implantar uma gestão do relacionamento na parceria, é um elemento crucial para o sucesso. A Figura 3.1 mostra um ciclo de gestão do relacionamento que além de aumentar o controle também assegura que a melhoria seja contínua.

◢ Adaptar

A mudança pode ser exigida por razões internas ou externas, mas costuma ser difícil de alcançar, seja qual for o tipo de organização, mesmo as mudanças urgentes. A questão não é apenas a resistência oferecida pelas pessoas e pelos sistemas, há também a disrupção do negócio, os custos e os esforços que precisam ser feitos pela gestão, que são intimidantes. Numa situação de parceria, o desafio é duas vezes maior ou mais. Somente com a construção de um consenso em torno dos benefícios conjuntos que podem ser alcançados é que se pode avançar de fato. Isso requer uma apropriação conjunta, tanto do alto nível como do nível local dos projetos que deverão ser definidos e postos em prática para que haja avanço.

FIGURA 3.2 Ciclo de gestão do relacionamento

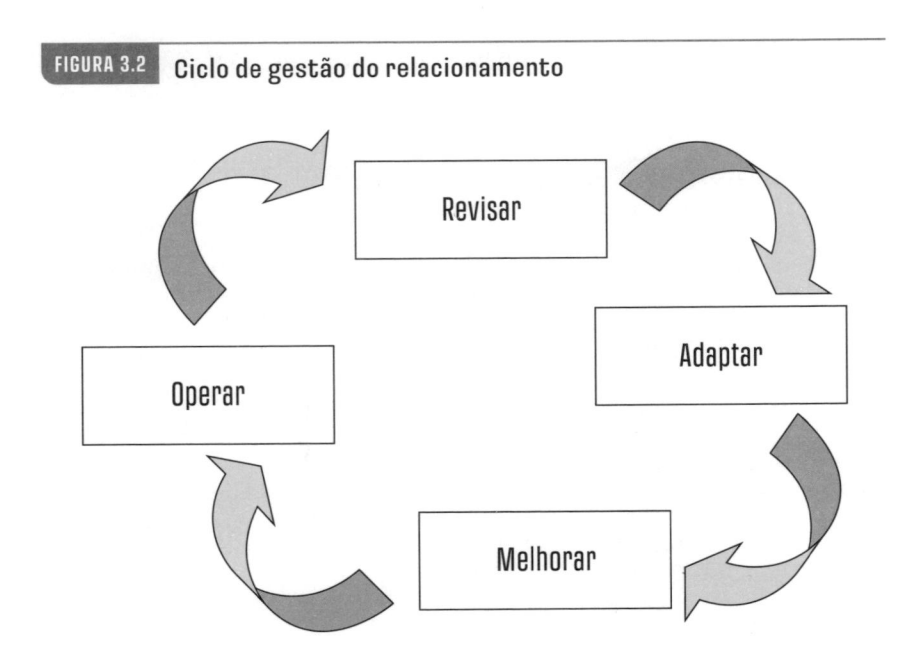

◢ Melhorar

Tradicionalmente as empresas têm se concentrado em identificar problemas e resolvê-los, usando sistemas de gestão da informação projetados para destacar as ineficiências. Abordagens mais modernas de qualidade dos sistemas dão uma nova ênfase em identificar processos a serem melhorados. Muitas organizações formam acordos de parceria sem levar em conta como essas importantes funções serão tratadas. É essencial criar visões compartilhadas do desempenho do relacionamento e implantar mecanismos conjuntos para gerir a solução de problemas e a melhora do relacionamento.

◢ Operar

Muitas organizações não conseguem se reunir com frequência para rever o desempenho e planejar os próximos passos. Todo relacionamento importante deve investir numa reunião regular de revisão operacional (provavelmente mensal), à qual compareçam as "pessoas que fazem acontecer" de ambas as partes, que então deverão cuidar no mínimo dos seguintes aspectos:

➤ Revisar as metas de desempenho do último período e apresentar estatísticas;

➤ Revisar o trabalho/pedidos em andamento;

➤ Revisar a previsão de vendas e de pedidos no período seguinte;

➤ Identificar e resolver problemas;

➤ Revisar planos futuros (incluindo novos produtos) e dar início aos devidos preparativos;

➤ Revisar atualizações do setor e de tecnologia;

➤ Identificar políticas.

Em sua essência, esse processo operacional deve procurar ativamente detectar onde melhorar o processo e então começar a fazê-lo. Deve ser o fórum onde são levantadas as questões em conjunto com a alta administração e onde as ações corretivas recomendadas são desenvolvidas. Esse grupo deve "cortar os problemas na raiz", adaptar o relacionamento à mudança agindo a tempo, e ser o primeiro a destacar novas oportunidades de relacionamento.

◢ Revisar

A maioria das organizações e relacionamentos têm um bom número de medições de desempenho detalhadas que precisarão ser ajustadas para abranger aspectos de ponta a ponta dos relacionamentos na cadeia de suprimentos. Isso, no entanto, não basta para assegurar o sucesso. Precisam ser implantadas medições mais abrangentes do desempenho do "relacionamento", que combinem o atendimento ao parceiro com o alcance de valores conjuntos mais amplos. Muitos parceiros sentem-se inseguros pela falta de uma visão geral do desempenho do relacionamento, o que os leva a manter uma preocupação pouco saudável com as "letras miúdas" do contrato. Em contraste, medir o desempenho do relacionamento muda o foco firmemente para a satisfação do cliente, pois cria, mantém e amplia uma compreensão conjunta que coloca no centro das atenções dos parceiros aspectos como qualidade, inovação, comunicação, redução de custos, entrega pontual, comprometimento, o futuro e a confiança. Por fim, do mesmo modo que ocorre com a medição convencional do desempenho, a medida do desempenho do relacionamento deve conter métricas objetivas que permitam medir o progresso conjunto e definir metas. Em capítulos posteriores veremos mais a respeito desse tópico.

RESUMO

Este capítulo revisou os principais fatores que afetam o desempenho de relacionamentos entre organizações. Descreveu como investimentos feitos por membros da parceria criam a combinação única que gera vantagens competitivas e, fator importante, alicerçam o relacionamento ao construir confiança e comprometimento. Para apoiar esses investimentos, é importante aprender dos parceiros de aliança e ser capaz de usar isso como um multiplicador de benefícios para a vantagem da empresa e da parceria. Também foi examinada a capacidade de gerir relacionamentos e de lidar com estruturas de governança, mecanismos de controle e estilos de liderança apropriados, pois é fator crucial para reduzir o confronto, construir confiança e colaboração e assegurar a manutenção da parceria. O capítulo também revisou os desafios práticos de gestão para compreender o real desempenho e ser capaz de agir proativamente a partir dessa informação. A conclusão é que a efetiva medição do desempenho do relacionamento é crucial para o sucesso do relacionamento; os detalhes sobre como isso pode ser colocado em prática serão vistos em capítulos posteriores.

QUADRO 3.2 Avaliar os comportamentos na parceria

Comportamentos ruins	-3	-2	-1	0	+1	+2	+3	Bons comportamentos
Gestão precária do relacionamento								Cultura de não culpar e confiança
Falta de comprometimento								Alto nível de comprometimento
Práticas conflitivas								Objetivos conjuntos/comunicação aberta
Medição inadequada do desempenho conjunto								Visibilidade das medições de desempenho
Medo de interdependência								Planejamento conjunto

PRINCIPAIS PONTOS DE AÇÃO

1 Considerando todas as coisas, como você avaliaria seu desempenho em gerir parcerias?

2 De que maneira seus parceiros atuais e mais recentes descrevem sua maturidade em atuar dentro da parceria?

3 Liste cinco investimentos que sua empresa fez em suas parcerias que tenham/não tenham produzido os resultados esperados.

4 Quais fatores determinaram que esses investimentos foram "bem-sucedidos" ou não?

5 Liste cinco coisas que aprendeu de suas parcerias nos últimos cinco anos.

6 Que mudanças em seus processos etc. ocorreram em consequência do aprendizado com suas parcerias?

7 Que métricas *"in-process"* você aplicou à sua gestão das parcerias?

8 Como você descreveria seu estilo típico de gestão de parceiros: participativo, solidário ou diretivo?

9 Examinando sua(s) parceria(s), como você avaliaria sua empresa segundo as escalas do Quadro 3.2?

10 Em que medida você segue as etapas de adaptar, melhorar, operar e revisar os passos em sua gestão de parceiros?

Marketing de relacionamento: uma "nova-velha" teoria dos relacionamentos de negócios

O marketing é importante demais para ser deixado
nas mãos do departamento de marketing.
(David Packard, cofundador da Hewlett-Packard)

FUNDAMENTOS DO MARKETING

Uma das primeiras formas de marketing foi o "marketing geren-cial". Ele enfatizava transações discretas, planejamento, controle e maximização do lucro, e seu foco principal era no "relacionamento de troca" com o objetivo de permitir qualquer coisa exceto "matar e roubar". Essa abordagem prosperou em grandes organizações nas dé-cadas de 1970 e 1980 e complementou o então estilo predominante de gestão de vendas assertivo, reforçando o modo padrão conflitivo de fazer negócios. O Grupo de Compras e Marketing Industrial Europeu [*European Industrial Marketing and Purchasing Group*, IMP Group], liderado por Håkan Håkansson em meados da década de 1980, via as coisas de outro modo. Assumiu a visão do tipo "nenhum homem é uma ilha", sugerindo que as empresas não estavam mais resistindo sozinhas à "oposição" e que uma gestão de vendas conflitiva talvez não fosse a única opção, ou mesmo a melhor. Em vez dela, uma empresa podia formar parcerias de valor agregado dentro de redes de relaciona-mento industriais, a fim de gerir os fluxos de bens e serviços em torno de oportunidades de mercado específicas. Tais relacionamentos eram complexos e com frequência muito próximos. Além disso, eram tidos como recursos e investimentos valiosos em si mesmos, que tinham o potencial de aumentar retornos, melhorar a eficiência, fornecer uma importante fonte de aprendizagem e reduzir riscos.

Ao mesmo tempo em que havia maior atenção e maior crescimento das alianças estratégicas e parcerias na década de 1990, uma nova grande mudança de direção acontecia tanto na teoria quanto na prática do marketing. Era a redescoberta do "marketing de relacionamento". Este capítulo examina como esse conceito de marketing aparentemente "novo" fez a visão de gestão passar de uma abordagem de fazer negócios imediatista e de curto prazo para uma que compreendia a importância de estabelecer parcerias e que explorava ativamente essa maneira nova e colaborativa de trabalhar. Ao mesmo tempo em que os gestores de relacionamento eram incentivados a sobrepujar os tradicionalistas, havia também considerável interesse em compreender e modelar parcerias a fim de dar aos gestores a informação com a qual poderiam melhorar seu desempenho. Isso logo levou à noção de que uma gestão acima da média de uma "parceria" poderia produzir retornos igualmente acima da média. Este capítulo conclui considerando três "gerações de excelência" em parceria.

A REDESCOBERTA DO MARKETING DE RELACIONAMENTO

O guru do marketing Philip Kotler descreveu o marketing de relacionamento (MR) como um "conceito novo-velho", porque não se tratava tanto de uma descoberta, mas sim de uma redescoberta de uma abordagem que havia sido por muito tempo a pedra angular de muitos negócios bem-sucedidos. Mesmo assim, o MR permanece um conceito difícil de apreender e foi usado para se referir a conjuntos de ideias muito diversificados, como terceirização relacional, marketing relacional, relacionamentos comprador/vendedor, parcerias de trabalho, relacionamentos colaborativos e alianças estratégicas. Segundo outros especialistas, ele foca em integrar gestão de qualidade, marketing de serviços e economia de relacionamento com o cliente, num "paradigma abrangente". Para o MR é central uma orientação em direção a uma retenção de clientes de longo prazo por meio de um contato contínuo e frequente com o cliente (tanto pré quanto pós-venda), acompanhado por um aumento na importância atribuída a serviços e qualidade.

A lógica subjacente de buscar a retenção de clientes é incontestável, e os reais benefícios de reter clientes em relação a obter clientes novos são as seguintes:

➤ Os custos de adquirir novos clientes podem ser substanciais. Uma maior taxa de retenção implica que será menos necessário adquirir novos clientes;

➤ Clientes estabelecidos tendem a comprar mais;

➤ Clientes regulares fazem pedidos frequentes, consistentes e, portanto, normalmente custam menos para atender;

➤ Clientes satisfeitos com frequência indicam novos clientes ao fornecedor a um custo praticamente zero;

➤ Clientes satisfeitos costumam dispor-se a pagar preços maiores por um fornecedor que eles conhecem e no qual confiam;

➤ Reter clientes torna mais difícil para os concorrentes entrar no mercado ou ganhar novas fatias.

Com o foco do marketing desviando-se de meramente atrair clientes para ir em direção a atividades que dizem respeito a ter clientes e a cuidar deles – a "franquia de clientes[1]" –, surge um novo conjunto de desafios. A franquia de clientes era mais ampla, mais sofisticada e exigia mais, e não podia ser satisfeita com uma oferta restrita. O MR precisou reconectar todas as funções da empresa a um único objetivo de atender às expectativas dos clientes. Afinal, a imagem da marca não se restringe ao nome de um produto ou de uma empresa: abrange uma série de outras atividades cuidadosamente concebidas, tanto de pré quanto de pós-venda, que fazem o comprador reconhecer seu valor agregado único em comparação com produtos e serviços concorrentes.

---

[1] N.E.: Uma franquia de clientes refere-se à imagem cumulativa de um produto, mantida pelo consumidor, resultante de uma longa exposição ou comercialiação do produto.

O objetivo da franquia de clientes e da imagem cumulativa é conseguir obter e manter significativamente uma base leal de clientes. Além disso, é essencial fazer isso da maneira mais eficaz possível em termos de custo, a fim de alcançar o retorno de investimento mais alto.

Logo se reconheceu que as empresas precisavam não só alinhar os próprios recursos, mas que para ter pleno sucesso precisavam melhorar a oferta total. Reconheceu-se também que isso não poderia ser feito sem a total cooperação e apoio de todos os fornecedores essenciais, intermediários e parceiros, cujos papéis passaram a ser vistos então como de contribuidores e agregadores de valor. Como resultado disso, o MR não só gerou um foco crucial na satisfação dos clientes, mas levou as empresas a expandirem o conceito de MR para abranger plenamente o estabelecimento, desenvolvimento e manutenção dos relacionamentos de longo prazo com esses parceiros centrais – ver Figura 4.1. Esse era um âmbito muito amplo que se estendia bem além das responsabilidades usuais do departamento de marketing e, na realidade, estendia-se pela organização inteira e por uma gama de *stakeholders* – fornecedores, intermediários de marketing, o público e, é claro, os clientes, que eram o elo mais importante da cadeia.

Dessa abordagem "revolucionária" emergiu um novo vocabulário, com termos como orientação de cliente de longo prazo, dependência mútua, confiança, cooperação, relacionamentos sociais, responsabilidade social e criação de valor para o cliente. Eles transformaram as discussões sobre vantagem estratégica, afastando-as do âmbito original de custos transacionais, vantagens do produto ou operação de *benchmark*, passando a ver a vantagem competitiva como algo que abrange os processos e rotinas entre a empresa e seus parceiros. Assim, embora "manter seu cliente satisfeito" seja um velho ditado, o novo paradigma do MR obrigou as empresas a estenderem seu escopo a todos os participantes da cadeia de suprimentos.

COLABORE OU FRACASSE

O relativamente recente re-reconhecimento da importância do MR pelas empresas trouxe a compreensão das implicações de perseguir essa estratégia de criação de valor para o cliente. Ficou claro que a criação e entrega de valor ao cliente era um fardo grande demais para uma empresa assumir de forma independente e que ela precisava colaborar com outras para entregar e preencher esses requisitos. Além disso, essa ideia de criação de valor por meio de colaboração em vez de transações simples dependia de uma cooperação séria, usando uma rede de conexões e estruturas operacionais e interpessoais. O MR, portanto, obrigou as empresas a reconhecerem que ser um "competidor" eficaz (na economia global) requer ser um "cooperador" confiável (em alguma rede).

FIGURA 4.1 Mudança do paradigma para marketing de relacionamento

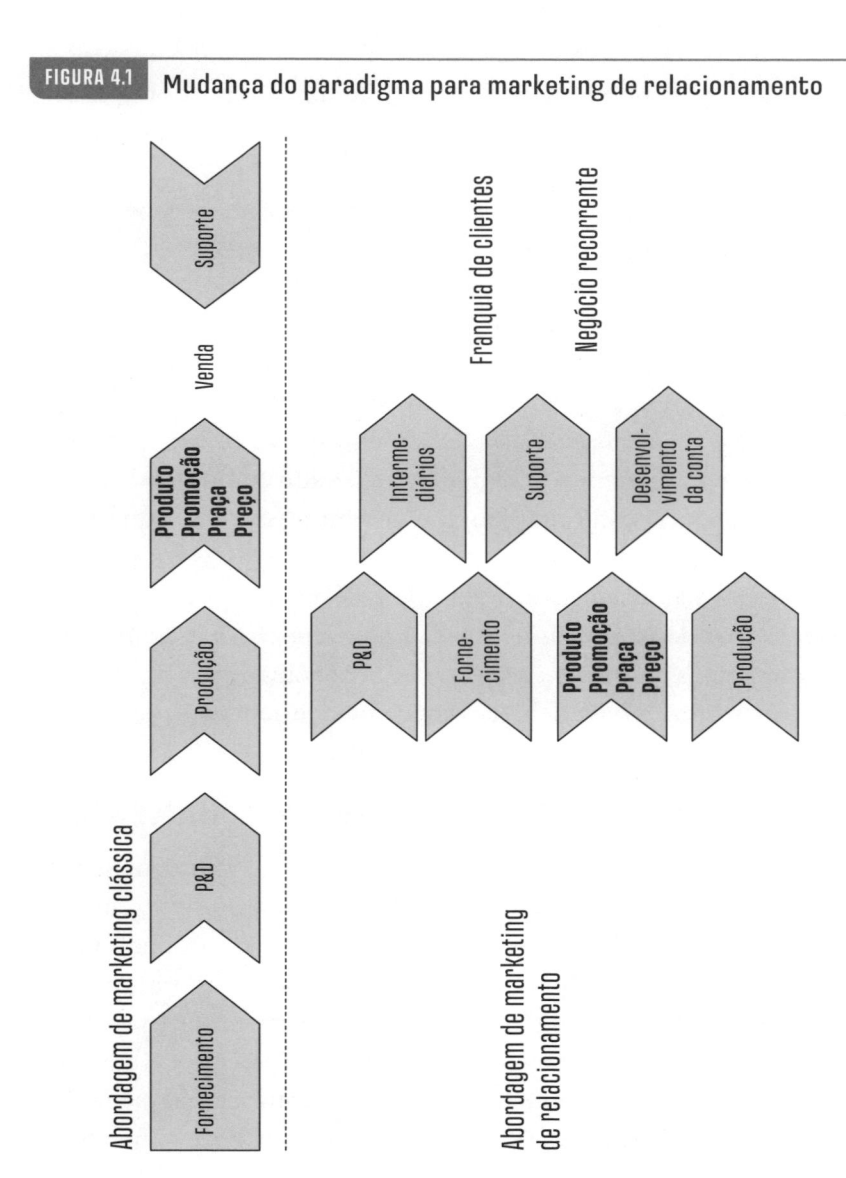

No passado, a colaboração não foi um elemento típico da psique comercial das organizações da Fortune 500. Ela era igualada a "trabalhar com o inimigo" (a definição alternativa de colaboração), e essa atitude mental, junto com a falta de habilidades adequadas, resultou em mau desempenho das parcerias. Como alternativa ao estilo de relacionamento de negócios anglo-americano, competitivo e com frequência conflitivo, o modelo japonês *keiretsu* propõe evitar o confronto como principal maneira de resolver disputas. Isso requer relacionamentos de longo prazo mais próximos entre compradores e vendedores, mas o resultado é uma habilidade de criar maior valor do que qualquer uma das partes conseguiria individualmente.

Assim, empresas que desejem capitalizar plenamente os benefícios de parcerias para atender às necessidades de seus clientes precisam adotar a maneira MR de fazer negócios em relação aos próprios parceiros, caso contrário é improvável que tenham sucesso. Ao mesmo tempo, as empresas que forem capazes de colaborar com seus parceiros estarão em posição de começar a auferir lucros extraordinários, os chamados "rendimentos relacionais". Esses "rendimentos" são os benefícios que se sobrepõem e superam o desempenho esperado como consequência direta da eficiência e eficácia com que as empresas trabalham juntas. Nesse ponto, fica muito clara a importância crucial de as empresas colaborarem de maneira bem-sucedida. Se você não colaborar, a empresa não será capaz de atender às necessidades de seus clientes. Se você não colaborar bem, a empresa não colherá os benefícios de relacionamento capazes de formar a base de uma vantagem competitiva.

DA GESTÃO DO PODER À GESTÃO DO RELACIONAMENTO

As estratégias de marketing relacional têm gradualmente suplantado modos mais ditatoriais e agressivos de lidar com parceiros. No entanto, vemos que prossegue o debate, com base em argumentos econômicos, sobre a necessidade de adotar abordagens mais positivas e autoritárias para controlar relacionamentos. Segundo essa proposta, em última instância haveria necessidade, a partir de considerações de administração e responsabilização (*accountability*) perante acionistas, de usar os contratos para forçar o cumprimento das obrigações, e também por ser lógico e prudente não confiar (o que é próprio de um ambiente e normas dominados por homens). Assim, segundo essa argumentação, se a empresa tem uma posição dominante, deve exercer seu poder para assegurar os retornos que merece, não importa qual seja o impacto sobre seus parceiros – "Afinal de contas, eles devem cuidar de si mesmos; o mundo aí fora não é brincadeira" é um dos discursos dessa argumentação. Nas teorias de parceria em cadeia de suprimentos da década de 1980, isso era conhecido como "ganhar vantagem", mas geralmente resultava numa busca destrutiva por redução de custos, que levou a fazer decair a qualidade e o valor, tendo impacto nocivo na empresa e no setor. Esses impactos refletiam-se em outras parcerias, como as alianças estratégicas, que eram condicionadas e geridas por meio de extensos contratos legais, e em canais de marketing conduzidos (por meio de "recompensa ou punição") por fabricantes excessivamente agressivos.

No entanto, a mudança para o MR foi mais acelerada em consequência das crescentes preocupações com os resultados potencialmente negativos de lidar com parceiros usando a força ou contratos de penalização. Simultaneamente, mudanças nas estruturas do setor, nos padrões de dependência e nas fontes de poder tornaram mais difícil para os "barões ladrões" estabelecidos continuar mandando e exigindo concordância. A esse respeito, o MR promoveu o estabelecimento de padrões aceitos de comportamento segundo os quais as empresas consideram a importância intrínseca do relacionamento e procuram evitar tomar ações que comprometam sua continuidade. Em contraste com as forças do mercado, que operam com estruturas de governança do tipo "comando e controle", hierárquicas, a retomada dessa abordagem é similar ao "mecanismo do clã", no qual os parceiros adotam as normas de comportamento social esperadas de uma aliança e lidam com problemas de maneira autocontrolada.

Dois importantes *drivers* reforçaram essa abordagem. Por um lado, as empresas têm necessidade de trabalhar juntas para melhorar eficiência em cadeias de suprimentos, que são cada vez mais complexas e envolvem numerosos intermediários. Por outro lado, alianças são capazes de enfrentar a concorrência global, a paridade de produto e operacional, e de lidar com necessidades do cliente sempre mutáveis e mais complexas.

Colocada no contexto acima citado, fica evidente que a cooperação tem maior probabilidade de alcançar esses objetivos, porque é inerentemente mais flexível e criativa do que os métodos conflitivos tradicionais. Portanto, o MR tem se tornado agora uma razão principal para que as empresas construam uma associação de longo prazo, caracterizada por cooperação resoluta, apoio mútuo e vínculos tanto sociais quanto estruturais.

O NEGÓCIO DO RELACIONAMENTO

Assim, fazer negócios a partir de uma perspectiva de relacionamento parece a melhor estratégia a ser seguida no atual ambiente de negócios; no entanto, é importante que essa mudança de paradigma seja colocada em prática e não se limite a seguir uma tendência da boca para fora. Para ilustrar seus componentes e potenciais transições, os relacionamentos de marketing podem ser descritos como um conjunto de estágios que progridem de compras no mercado aberto sem nenhum conteúdo relacional até o outro extremo de integração vertical, em que tudo é controlado sob o "teto" de uma única empresa. Isso é mostrado na Figura 4.2.

FIGURA 4.2 Uma gama de relacionamentos de marketing

Transações → Transações recorrentes → Parcerias de longo prazo → Parcerias comprador-vendedor → Alianças estratégicas → Organizações em rede → Integração vertical

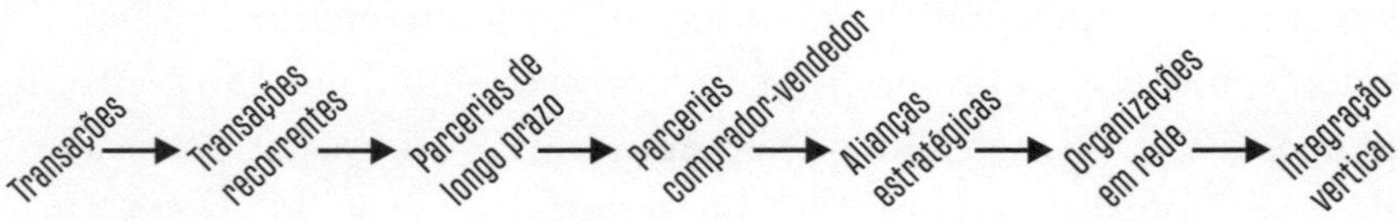

Cada passo está ligado ao passo seguinte à medida que vão sendo construídas as condições apropriadas para a transição. Conforme as empresas (e seus relacionamentos correspondentes) movem-se ao longo desta escala, torna-se necessário maior controle burocrático e administrativo em razão da crescente complexidade e menor influência do preço. As transações de mercado puras são geralmente movidas por preço e por disponibilidade, mas quando são repetidas o engajamento subsequente é condicionado pela experiência prévia e lança "conscientemente" as bases para o episódio seguinte. Num relacionamento comprador-vendedor é provável que o vendedor reconheça essa atividade repetitiva oferecendo descontos no preço e outros incentivos, mas a empresa nem sempre sabe o nome de seus clientes habituais, a não ser, por exemplo, que algo significativo, como o volume, entre em jogo. Fornecedores irão normalmente analisar suas estatísticas de vendas e identificar seus clientes principais e fazer esforços especiais para modelar incentivos ou iniciativas usando técnicas-chave de gestão de contas. Eles esperam transformar esses vínculos em relacionamentos de longo prazo, e é então que a ideia de empreendimento com benefícios mútuos começa a surgir.

Parcerias, portanto, ocorrem quando tanto o cliente quanto o fornecedor desenvolvem um conceito que requer algum tipo de customização na forma ou na entrega. Ambos irão contribuir com algum tipo de investimento, seja financeiro ou de *know-how*, para produzir e vender um produto ou serviço único. Ao fazerem isso, tornam-se dependentes um do outro para efetuar sua contribuição, e como resultado desenvolvem confiança mútua. A essa altura, a capacidade de um contrato cobrir adequadamente as complexidades do arranjo torna-se questionável e os parceiros irão compreender que as cláusulas de penalizações e litígio podem produzir mais danos do que benefícios.

Esse período inicial de exploração e formação é seguido pela mudança na gestão do relacionamento, que passa a ser vista como uma atividade em si, e dá origem à parceria. A diferença entre esse tipo de parceria e uma aliança estratégica é difícil de detectar, particularmente em empresas menores, nas quais uma parceria próxima às vezes assume importância estratégica. Quando empresas formam uma aliança estratégica, cada uma compromete grandes recursos (relativamente) em função de um objetivo que seja estratégico ou, de alguma outra maneira, vital. No caso da construtora AMEC e da empresa de design de engenharia civil Halcrow, sua colaboração incluiu alguns grandes projetos como a rodovia M62 e o Docklands Light Railway de Londres, e se estendeu por sete anos.

Quando as empresas se juntam em múltiplos relacionamentos, parcerias ou alianças estratégicas, a estrutura resultante é uma organização em rede. Dada a natureza global de certos produtos modernos, de seu desenvolvimento, distribuição e vendas, as organizações em rede são muito mais predominantes do que há cinco anos. Muitos produtos eletrônicos, como os consoles para games da Sony e da Microsoft, são projetados nos Estados Unidos, manufaturados no Extremo Oriente (com componentes provenientes de uma ampla gama de lugares) e distribuídos por meio de uma extensa rede de cadeias de intermediários para pontos de venda em praticamente todos os países do mundo.

O auge do relacionamento de marketing é a integração vertical, em que todos os relacionamentos são controlados dentro de um único conglomerado organizacional. No entanto, esse tipo de negócio – do qual tomamos como exemplo no Capítulo 1 a Ford Motor Company no início do século 20 – não está mais na moda nem é prático, por não ter suficiente flexibilidade, por ser grande demais e incapaz de desenvolver ou lidar com o tipo de inovação necessária no atual mundo dos negócios.

Tradicionalmente, esses negócios passavam a encarar seu poder como a chave para manter a ordem e o controle nas alianças. Em vez disso, e considerando que cerca de um terço dos empreendimentos como alianças estratégicas fracassam, nossa pesquisa vem demonstrando que colocar um foco central no MR tem significativo impacto positivo nas parcerias. Ou seja, é possível compreender e determinar o que distingue os intercâmbios relacionais produtivos, eficazes, dos improdutivos e ineficazes. O negócio de relacionamento, portanto, contém aspectos tanto sociais quanto históricos, pois a expectativa é que seus membros cumpram sua parte do acordo, que compreendam que as memórias duram muito tempo, especialmente as que se referem a um mau comportamento e, como membros do clã ou da parceria, compartilhem metas e objetivos comuns.

MODELANDO O RELACIONAMENTO DE MARKETING

O relacionamento de marketing pode ser mais bem compreendido e medido explorando três componentes centrais do negócio de parceria:

1 Confiança e comprometimento;

2 Gestão de conflitos;

3 Colaboração.

Cada um deles desempenha um papel importante para determinar a qualidade do relacionamento, bem como para influenciar os resultados tangíveis e cruciais da parceria em termos de satisfação e desempenho do parceiro.

◢ 1. Confiança e comprometimento

Tanto a confiança quanto o comprometimento são geralmente aceitos como requisitos essenciais para parcerias bem-sucedidas; continuam importantes ao longo de todo o ciclo de vida da parceria, do início ao fim. O nível geral de confiança é representado pela extensão em que um parceiro acredita que uma empresa irá levar em conta suas necessidades e requisitos ao definir e implantar suas estratégias e políticas. Por exemplo, o estabelecimento de uma nova política de preços que aumente os limites de volume além do que pode ser alcançado por muitos canais parceiros reduzirá o nível de confiança num relacionamento. A confiabilidade é um fator importante e faz parte do princípio de "dizer e fazer", isto é, se a empresa realmente faz o que afirma ser capaz de fazer e cumpre seus compromissos e promessas. Outro fator é a reputação e a credibilidade da empresa em entregar o que prometeu. Ou seja, será que a empresa na realidade tem sido capaz de fazer o que promete? Será que o parceiro confia que a empresa tem as habilidades e as competências necessárias para que a parceria seja bem-sucedida?

Às vezes é preciso dar um "voto de confiança" a um parceiro de negócio, especialmente quando o relacionamento é novo e há pouca experiência em trabalhar juntos. Esse risco tem que ser avaliado com cuidado, mas é possível desenvolver um trabalho em equipe realmente sólido a partir de um ciclo de projetos de pequena envergadura que construam confiança até que ela se torne um ciclo virtuoso. Em essência, quando uma das partes tem a crença e confiança de que a outra parte irá agir de maneira confiável, com integridade, no melhor interesse da parceria, a confiança está presente. Quando há demonstração de várias formas de confiança, quando mesmo correndo riscos consegue-se ser bem-sucedido em atender às expectativas, isso sem dúvida fortalece a disposição das partes em confiar uma na outra e, como resultado, a parceria se expande.

A confiança geralmente vai de mãos dadas com o comprometimento, que geralmente decorre de se perceber a importância da parceria.

Tipicamente, o comprometimento pode ser encarado como a motivação e disposição de uma empresa de considerar o relacionamento de longo prazo com seu parceiro ou parceiros como algo que vale a pena e é importante. Os parceiros podem ter metas comuns que não teriam como alcançar separadamente. Uma das empresas pode não ter um ingrediente fundamental, ou uma determinada habilidade, recurso ou capacidade, e precisa então da ajuda da outra. Uma poderosa força que gera comprometimento pode ser uma receita, um lucro ou outro valor significativo que um parceiro consegue captar da aliança, e que o estimula a querer que o relacionamento continue.

Confiança e comprometimento são, portanto, indicadores centrais de que a aliança será sustentada e irá se desenvolver ao longo do tempo, e estão diretamente vinculados ao nível de satisfação medido nas tradicionais pesquisas de satisfação do cliente [*customer satisfaction*, CSAT]. Se não houver confiança e comprometimento, as empresas acharão difícil criar condições para que o conhecimento seja compartilhado e transite entre elas. Confiança e comprometimento são também importantes em termos da capacidade de uma parceria realizar ou capturar o valor que é criado por meio dela. A confiabilidade do parceiro e a importância relativa da parceria são reforçados pelo investimento em recursos principais que tanto o parceiro quanto a empresa fazem. Esses investimentos são vistos como promessas ou sinais de que o relacionamento tem uma substancial razão de ser que fortalece o compromisso. Organizações que desfrutam de altos níveis de confiança e comprometimento irão ver os parceiros de canal fazendo pleno uso dos programas e iniciativas que a empresa anfitriã disponibiliza. Inversamente, quando confiança e comprometimento estão num nível baixo, então o mais provável é que a firma receptora trate o relacionamento como uma oportunidade de curta duração, e consequentemente prefira "selecionar" apenas as oportunidades que mais interessam para colaborar ou mesmo que entre em competição direta com marcas alternativas nas contas-alvo.

◢ 2. Gestão de conflitos

A gestão de conflitos é um fator muito importante para a construção de uma parceria de trabalho eficaz. Assim, é útil compreender as fontes potenciais de conflito que podem minar o desempenho.

O conflito surge quando os objetivos dos parceiros não são compatíveis e quando a razão do relacionamento não está alinhada, em termos de haver concordância entre os parceiros com os propósitos e objetivos comuns de trabalharem juntos. Para evitar essa fonte fundamental de atrito é preciso desenvolver sinergia e interesses comuns entre as empresas, para que seja possível definir a direção do relacionamento desde o início e fornecer o impulso de avanço conforme os objetivos comuns se traduzam em metas de comum acordo. Aliada à necessidade de estabelecer claramente os objetivos conjuntos da aliança há a necessidade de mantê-los à medida que as condições mudam. Por exemplo, o perfil geral do design de entrada no mercado (canais e alianças), as políticas e estratégias que a empresa opera, precisarão ser continuamente renegociados e adaptados. Se isso não acontecer, surgirão divergências destrutivas e intensas a toda hora, que com frequência fornecem os pretextos para encerrar a parceria.

Problemas operacionais estão sempre fadados a acontecer – é parte da natureza de qualquer empreendimento complexo, colaborativo. No entanto, como confiança e comprometimento são *drivers* essenciais do sucesso, não se deve permitir que o acúmulo de "irritações" e "atritos" subverta a aliança. Portanto, é crucial haver procedimentos implantados para lidar com isso rapidamente, de maneira aberta e justa.

Nem todo conflito, porém, é ruim. Pode-se considerar um "bom conflito" quando os parceiros se sentem aptos a se desafiar. Isso talvez produza reuniões acaloradas e às vezes desconfortáveis, mas esse tipo de conflito pode ser a fonte de inovação e criatividade quando dele emerge uma posição em torno da qual haja concordância. Em parcerias de *benchmark*, os propósitos e metas comuns que evitam conflitos destrutivos e dão lugar a conflitos construtivos são complementados e apoiados pelas estratégias e políticas mais amplas da empresa. Isso assegura que o retorno do investimento seja otimizado, e que a disrupção causada pelo conflito seja transformada em oportunidades de aumentar o desempenho da parceria. Assim, a gestão de conflitos é o principal *driver* do desempenho do relacionamento em termos dos resultados tangíveis do processo de melhorar a receita e a fatia de mercado, e de reter e capturar clientes.

◢ 3. Colaboração

A colaboração é crucial não apenas para uma gestão eficiente da parceria, mas para determinar o nível de desempenho dentro de um relacionamento. A atividade colaborativa depende de coordenação e planejamento eficiente, e isso requer comunicação eficaz e atividades cooperativas eficientes. Uma falha comum em muitas parcerias é um foco manifesto em estabelecer uma lista de ações cooperativas, como engajamentos em vendas conjuntas, a partir de perspectivas que não passaram por uma essencial discussão e planejamento prévio.

No MR, a colaboração é um motor-chave para que o negócio conjunto possível escale, e ela está associada a um melhor ROI [*Return Over Investment* – Retorno Sobre Investimento], assim como à redução de conflitos e à construção de confiança e comprometimento. A colaboração acontece quando nos afastamos da mentalidade de "gestão da conta" para passar a uma "gestão do negócio". Esta gestão deve incluir fornecedores e intermediários, além dos clientes. Como consequência dessa mudança, é importante reconhecer que gestores de alianças e parceiros exigem habilidades diferentes das dos gerentes de vendas. Essas habilidades de gestão de negócios são essenciais para uma colaboração eficaz. Nas organizações colaborativas bem-sucedidas, há processos e procedimentos praticados e uma estrutura estabelecida, o que permite que o conhecimento e a *expertise* sejam coletados e transferidos por meio de delegação, oficinas e redes sobre as melhores práticas de comunicação, coordenação e cooperação entre parceiros. O detalhamento dos componentes essenciais de comportamento de uma parceria usando ideias do MR é mostrado na Figura 4.3.

Todos os aspectos práticos de gerenciar operações conjuntas dependem, para seu desempenho, de fatores de relacionamento cruciais, e eles – comprometimento e confiança, colaboração e gestão de conflitos – permitem alcançar os objetivos da aliança. É então possível começar a desenvolver métricas para avaliar cada um, pesar e medir as visões que as pessoas têm da parceria, compreender suas interações e determinar quais são as "alavancas" que mudam o quê, no "painel de controle" dos gestores, para que se possa alcançar o sucesso.

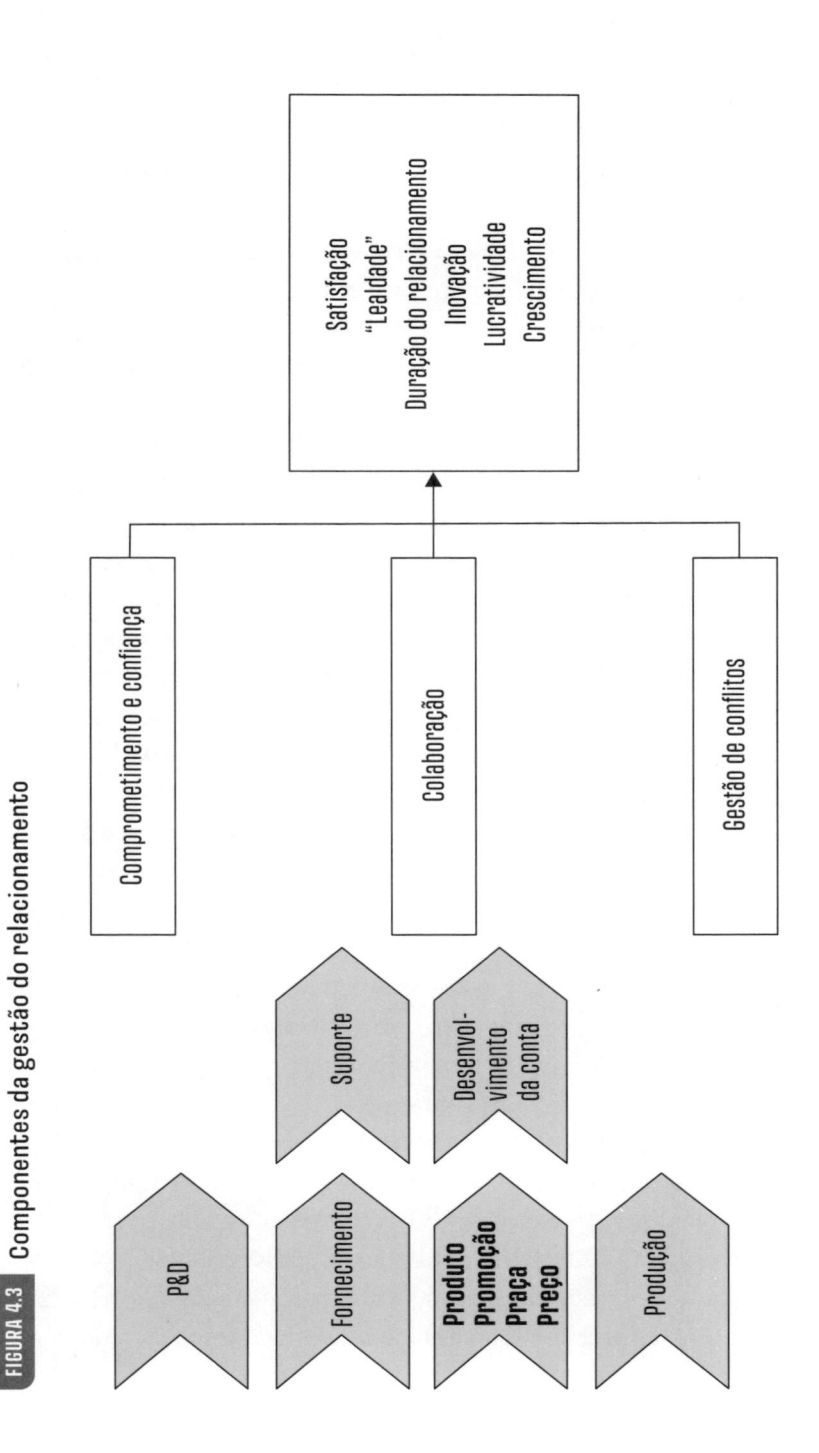

FIGURA 4.3 Componentes da gestão do relacionamento

Satisfação
"Lealdade"
Duração do relacionamento
Inovação
Lucratividade
Crescimento

Comprometimento e confiança

Colaboração

Gestão de conflitos

Suporte

Desenvol-
vimento
da conta

P&D

Fornecimento

**Produto
Promoção
Praça
Preço**

Produção

Marketing de relacionamento: uma "nova-velha" teoria
dos relacionamentos de negócios

ALAVANCANDO O RELACIONAMENTO PARA REENERGIZAR UM NOVO CANAL

Na última década as empresas mostraram uma clara tendência de expandir suas rotas ao mercado a fim de aumentar sua cobertura dos segmentos de clientes finais. A empresa deste estudo de caso tomou essa decisão estratégica na Europa em 2000, e nos 18 meses seguintes recrutou parceiros por meio de uma série de bem-sucedidos programas de marketing. A empresa é uma grande multinacional entre as Top 500 da Forbes, e seus canais de vendas na Europa tradicionalmente incluíam vendas diretas e franquias; portanto, a decisão de aumentar suas rotas ao mercado foi ousada e estratégica.

O Canal de Revenda de TI foi um sucesso em 2000 e 2001. A abertura dos produtos da empresa a um canal independente provou ser uma ação vencedora e criou pouco conflito real com os canais estabelecidos e nenhuma canibalização comprovada dos negócios. Os resultados para 2001 foram bons: 750 parceiros de TI geraram crescimento substancial para o novo canal, as metas de vendas foram ultrapassadas e as taxas de satisfação foram altas. Mais de 1.000 revendedores de TI comercializaram bem em 2002, mas o valor de seus negócios passou a decrescer a cada ano. De início, pensou-se que fosse consequência de queda nos pontos de preços e também do lançamento de um produto básico, mas essa tendência continuou em 2003 apesar de vários programas para aumentar o valor médio de compra. A receita estabilizou-se um pouco, mas o crescimento foi pequeno. A empresa reagiu com uma série de campanhas de recrutamento de revendedores acreditando que o processo de seleção inicial havia sido falho. Conseguiu uma melhora parcial. Os novos parceiros iam bem, mas isso era contrabalançado pelos revendedores existentes, que reduziam ou cessavam as vendas dos produtos da empresa. Não se materializaram compras repetidas dos novos revendedores nos meses subsequentes ao recrutamento.

No início de 2003, foi feita pesquisa da qualidade operacional que revelou que os revendedores de TI estavam satisfeitos com a oferta central do fornecedor. Na realidade, a satisfação com o produto, a força da marca e a lucratividade vinham crescendo. A experiência de compra também era boa. A pesquisa indicou ainda que os revendedores estavam satisfeitos, a ponto de quererem revender de novo os produtos da empresa. O desempenho em nível de serviço era equivalente ao da concorrência. Na verdade, a maioria dos revendedores declarou que sua experiência com a marca e o produto havia sido melhor que o esperado. As introduções de novos produtos no segundo trimestre de 2003 tiveram boas avaliações nos testes, mas o canal de revenda de TI continuou sem se convencer, e as vendas ficaram abaixo das previsões. Embora não houvesse razões conclusivas para a queda nas vendas, não havia fatores identificáveis que oferecessem vantagem competitiva. A pesquisa sugeriu que a razão pela qual os parceiros não estavam recomprando os produtos da empresa para revender era a falta de demanda do cliente. Foram introduzidas promoções de vendas junto com campanhas adicionais de geração de demanda e os negócios tiveram discreta recuperação, mas depois caíram de novo.

Em 2003, a empresa ampliou suas usuais pesquisas de satisfação com uma pesquisa sobre os elementos relacionais da operação. Os resultados não foram positivos. A colaboração era baixa. A confiança e o comprometimento eram fracos em comparação com os da concorrência. Havia significativo conflito e falta de metas comuns. As causas desse desempenho fraco foram constatadas nas declarações de alguns entrevistados:

> "Comecei com uma boa sensação em relação à empresa e treinei meu pessoal de vendas. E então eles vão a campo e recrutam meu concorrente."

> "A empresa tinha uma grande proposição de valor. Mas tudo o que vejo neles agora é uma série de manobras táticas que estão disponíveis a todos."

> "Eu tinha esse negócio, e então ele foi parar num de seus franqueados. Pior ainda, ele ofereceu preço tão mais baixo que o cliente me ligou."

A estratégia original havia perdido o rumo e as ações que a empresa empreendia em benefício do negócio na realidade prejudicavam os parceiros de TI. Uma análise dos atributos do relacionamento mostrou fraco desempenho da empresa também em muitas áreas importantes, e que nos últimos seis a nove meses ela tinha perdido o comprometimento dos parceiros, que não pareciam mais confiar nas intenções dela.

A empresa viu que precisava resgatar o comprometimento e a confiança que havia sido capaz de criar no início. Os gestores do país foram reunidos numa série de fóruns regionais de revendedores que resultaram numa plataforma na qual a empresa montou uma grande iniciativa estratégica de parceiros selecionados, que ela apoiou com um "documento-guia" mostrando sua capacidade e competência. Esses fóruns e um encontro europeu com as 250 melhores revendas, patrocinado por um presidente europeu, no qual a estratégia de canal foi compartilhada e apresentada como evidência de sucesso, também criaram oportunidades para obter feedback diretamente dos parceiros.

Ficou claro que as ações táticas da empresa haviam alterado a percepção dos parceiros a respeito da visão estratégica da empresa. Todos os revendedores foram visitados pelo diretor do canal para o país; a visita foi apresentada como uma sessão de "planejamento de negócios" e os gestores da conta intervieram em seguida com um programa de atividades adicionais de planejamento conjunto. Essas sessões ajudaram a trazer a empresa de volta ao planejamento estratégico e também à agenda de gestão dos parceiros.

Para reforçar tudo isso, foram designados altos gestores para 10 dos principais revendedores de cada país, como patrocinadores ou "padrinhos" internos, com os quais as preocupações mais sérias poderiam ser expostas. Os "padrinhos" ficaram encarregados de realizar pelo menos uma ligação por mês e fazer no mínimo uma visita por trimestre aos parceiros designados. A remuneração dos gestores de conta também foi alterada. Além de uma meta de receita trimestral, foram implantados vários incentivos comportamentais, incluindo retenção de parceiro, amplitude do portfólio vendido por um parceiro e frequência de compras. Ao mesmo tempo, um planejamento conjunto frequente e consistente tornou-se uma métrica do desempenho de um representante de vendas.

Conflitos entre os canais independentes e os franqueados eram inevitáveis, mas concluiu-se que ter os dois canais reportando-se a dois gestores separados em nível de país e de Europa alimentava o conflito. Então a organização dos canais foi alterada para que um único executivo gerenciasse ambos os canais SMB.

O canal extranet foi relançado para assegurar que os revendedores de TI ficassem plenamente cientes da informação que estava sendo fornecida e do apoio disponibilizado. Isso significou que os gestores de conta puderam se liberar de algumas de suas atividades voltadas à solução de problemas e se envolverem mais com o desenvolvimento de negócios. Para apoiar isso, todos os representantes de vendas passaram por treinamento em habilidades de vendas estratégicas e desenvolvimento de negócios e foram retreinados em gestão de negócios.

GERINDO O VALOR DA PARCERIA

O conceito de valor numa parceria de negócios pode revelar-se extremamente difícil de configurar, pois consiste em qualquer número de diferentes elementos, que podem incluir o resultado final, a receita, custos tangíveis e intangíveis, e benefícios. Um dos desafios para muitos gestores de parcerias é reconhecer que os *drivers* de valor para seus negócios provavelmente são bem diferentes dos *drivers* de valor dos negócios de seus parceiros. No entanto, quando falamos com altos gestores de alianças eles geralmente resumem o valor de seu relacionamento com uma declaração simples, subjetiva, por exemplo, "Esse relacionamento é bom para ambos, funciona bem e nossa intenção é que prossiga", ou então há o simples reconhecimento de que "Não conseguiríamos realizar nossos planos se não trabalhássemos com essa empresa". É importante que qualquer pesquisa ou análise dos elementos dos relacionamentos que apoiam essas declarações consiga ir além das avaliações subjetivas para considerar os resultados tangíveis que são impactados pela qualidade dos relacionamentos.

Empresas que entram num relacionamento comprador-vendedor, de parceria em cadeia de suprimentos, arranjo de marketing de serviços ou qualquer outra formação de aliança devem, ao trabalhar juntas, usar seus recursos especializados de maneira inovadora para alcançar operações efetivas alinhadas com suas estratégias conjuntas. Os ganhos de produtividade que serão então gerados na cadeia de valor ficarão acima da média e será alcançada uma "vantagem colaborativa". Além disso, essa posição pode com frequência levar ao desenvolvimento de técnicas, estruturas, habilidades e processos que ofereçam maneiras mais bem-sucedidas de cooperar e novas oportunidades de cooperação. Esses são os objetivos principais da colaboração. Uma colaboração bem-sucedida é altamente dependente de uma gestão próxima e frequente, com comunicação objetiva. A gestão deve assegurar que as medidas de desempenho sejam transparentes. Deve criar as condições para que os problemas sejam resolvidos de modo construtivo e para que a parceria se adapte rapidamente às situações em mudança. Investimentos feitos no relacionamento por ambas as partes sustentam, reafirmam e propiciam a realização de metas comuns, o que estimula a intensidade da colaboração. Então os relacionamentos interpessoais melhoram e os parceiros ficam mais convencidos dos benefícios de longo prazo da parceria, o que reforça os comportamentos cruciais para propiciar valor.

Há uma significativa lacuna no nível de efetividade e eficiência de uma parceria que está diretamente associada à qualidade da gestão do relacionamento em termos de confiança e comprometimento, mutualidade de interesses e colaboração. As empresas devem, portanto, considerar avaliar essas medidas "mais suaves" de habilidades interpessoais nos seus indicadores balanceados de desempenho [*balanced scorecards*] ou métricas operacionais.

CONSTRUINDO CAPACIDADES DE GESTÃO DO RELACIONAMENTO

Neste capítulo, fizemos uma revisão de várias dinâmicas cruciais de parceria e vimos a importância de aspectos como confiança e comprometimento, colaboração, orientação de longo prazo, interdependência, poder, conflito, flexibilidade e comunicação. O foco não foi apenas em compreender e medir o sucesso das alianças, mas também na importância de ser capaz de influenciar positivamente o valor que pode ser alcançado num relacionamento de negócios colaborativo. A partir dessa discussão, o Quadro 4.1 resume várias medidas de gestão que podem ser tomadas para melhorar e sustentar uma parceria de negócios.

No entanto, são exigidas também importantes mudanças na cultura das empresas e estas podem não ser tão claramente definidas ou fáceis de implementar. Há a necessidade de desenvolver uma filosofia de gestão ou ideologia corporativa que valorize as parcerias e na qual as empresas possam operar num clima de confiança e abertura. Realizar uma mudança corporativa, seja de que tipo for, envolve muitas dificuldades. Curioso notar que as parcerias mais bem-sucedidas são as de empresas que estão passando juntas por adversidades. A necessidade de colaborar para sobreviver e prosperar leva a eliminar muitos comportamentos negativos. Isso não quer dizer que mudar a estrutura organizacional ou que recompensar e remunerar mudanças não seja também importante nesse sentido, e que não figure no topo da lista a necessidade de liderança e orientação da alta gestão. Nesse sentido, alcançar os benefícios do alto desempenho exige uma abordagem e metodologia similares às de outros programas e iniciativas de mudança.

Nossa pesquisa sugere que esses benefícios podem ser alcançados num período de tempo relativamente curto. Por exemplo, uma grande empresa foi capaz de melhorar a pontuação de seu "parceiro predileto" com seus intermediários por meio de iniciativas de MR dedicadas num prazo de 18 meses, desfrutando de um correspondente *share of wallet* (fatia da carteira) maior e de retornos de investimento mais elevados.

QUADRO 4.1 As três gerações de excelência nas parcerias	
Geração	**Marcos**
Parceria de primeira geração	• Definir objetivos mútuos • Tomar decisões e resolver problemas abertamente, como acertado no início do projeto • Visar metas que propiciem melhorias contínuas mensuráveis

Geração	Marcos
Parceria de segunda geração	• Desenvolver estratégia em conjunto • Acolher plenamente as empresas participantes • Assegurar igualdade ao permitir que todos sejam recompensados na base de preços e lucros justos • Integrar empresas por meio de cooperação e confiança • Fazer *benchmark* do desempenho com precisão • Criar processos e procedimentos de melhores práticas • Reagir a feedback de modo positivo e rápido
Parceria de terceira geração	• Compreender o negócio do cliente e seus fatores de sucesso • Assumir responsabilidade conjunta pelos resultados centrais • Transformar os processos principais numa cadeia contínua de atividades agregadoras de valor • Mobilizar plena *expertise* de desenvolvimento de parcerias • Criar equipes de especialistas e gestores de contas-chave • Inovar conjuntamente

RESUMO

Este capítulo descreveu as condições que levam empresas a redescobrir a importância de relacionamentos mais próximos entre cliente e parceiro, mas, ainda mais crucial, a importância de focar seus objetivos da aliança nos clientes. O termo que descreve esse ramo da gestão é "marketing de relacionamento". Esse esclarecimento reforçou a discussão sobre como parcerias de trabalho próximas podem ter uma engenharia efetiva e sobre o papel do poder e da influência. Vários comportamentos de parceria importantes e, em particular, a confiança e o comprometimento, foram mencionados como precursores de um trabalho em equipe eficaz. Mostramos como esses fatores cruciais do MR são usados para medir e compreender uma parceria, de modo que seu desempenho possa melhorar e seja possível criar maior valor. Este capítulo mostrou ainda que as mais difíceis motivações de gestão de parcerias econômicas podem ser combinadas com aquelas do MR para propiciar uma associação mais equilibrada e em última instância mais produtiva.

O próximo capítulo mergulha mais fundo naquelas dinâmicas que podem ser chamadas de "*drivers*" do desempenho das parcerias, aqueles aspectos centrais que oferecem medidas do valor geral. Mostra como usá-las para examinar relacionamentos colaborativos substanciais, para derivar métricas de desempenho e fornecer diagnósticos que possam ajudar os gestores a implementar uma mudança construtiva.

PRINCIPAIS PONTOS DE AÇÃO

1 Quanto o marketing de relacionamento se mostra disseminado ou "incorporado" em sua organização?

2 A responsabilização do MR concentra-se num lugar (digamos, no marketing) ou é apenas mais uma maneira de fazer negócios?

3 Em que grau sua empresa ampliou o conceito de "franquia de clientes" para fora dos limites da empresa?

4 Como você classificaria seu desempenho quanto ao nível de confiança e segurança que seus parceiros têm em você em termos de "fazer o que prega", gerir conflitos ou operar segundo metas comuns?

5 Ao examinar sua(s) parceria(s), que geração de parceria você já alcançou?

Compreendendo a dinâmica das parcerias e das alianças

Há uma impressionante falta de consciência a respeito
da rede mais ampla de suprimento/demanda.
(Professor Martin Christopher)

INTRODUÇÃO

Há uns 30 anos, a economia clássica deu um passo radical e foi além da visão então predominante das dinâmicas de relacionamento dos negócios como "forças puras de mercado". Pela primeira vez, deixou-se de encarar as pessoas dentro das organizações de negócios como tendo apenas um papel de "atores econômicos" e reconheceu-se sua influência como indivíduos. Esses indivíduos exibiam comportamentos humanos (idiossincrasias, personalidades e preferências) que não eram sempre perfeitos e podiam, portanto, atrapalhar o fluxo lógico dos negócios e gerar custos adicionais. Para minimizar esses custos e reduzir a incerteza de tais elementos "perturbadores", era preciso gerenciá-los. Portanto, os custos adicionais de gestão e governança para cobrir esses riscos humanos precisam ser incluídos na tomada de decisões de negócios. Muitas escolas de pensamento, entre elas a estratégia de desenvolvimento organizacional, a visão da empresa com base em recursos, o processamento de informação e conhecimento, aprendizagem organizacional, intercâmbio social, teoria dos jogos e alianças estratégicas, têm desenvolvido teorias alternativas (geralmente mais complicadas) para compreender os relacionamentos entre organizações. Apesar disso, essa "nova visão econômica" básica do comportamento humano dentro dos limites fechados de relacionamentos contratuais tem resistido ao teste do tempo como uma "janela" útil para a dinâmica dos relacionamentos colaborativos de negócios.

Este capítulo começa explicando as ideias principais por trás deste incomum conceito de dinâmicas de relacionamento de negócios e destaca sua visão distinta da gestão da organização e do comportamento humano. Tenta compreender o que está acontecendo e por que parcerias de negócios complexas, colaborativas são geralmente consideradas muito difíceis. Demonstra como um modelo simples, integrado, que usa essas ideias de "nova economia" cria um meio poderoso de medir objetivamente o desempenho de uma aliança e compreender as dinâmicas subjacentes em jogo – não apenas o que está acontecendo, mas por quê. Esse modelo constitui uma importante peça na construção de nossa habilidade para especificar os Tipos Genéricos de Parceria G+H, descritos no Capítulo 7. Para concluir o capítulo, apresentamos dois estudos de caso que ilustram como a técnica de medir o desempenho de parcerias forneceu às organizações e a seus altos gestores visões únicas e úteis que permitiram mudar seus negócios para melhor.

UMA "NOVA VISÃO ECONÔMICA" DAS PARCERIAS

Oliver Williamson desenvolveu suas ideias inovadoras sobre os custos humanos nos relacionamentos de negócios no início da década de 1970. Em vez de colocar a oferta e a demanda como os principais *drivers* das estratégias de negócios, ele propôs que a avaliação do investimento era crucial para decidir, por exemplo, se uma empresa deveria fazer o produto ela mesma, juntar-se a um parceiro para fazer o produto ou deveria comprar a *commodity* no mercado aberto. A mudança fundamental em relação à prática padrão foi considerar os custos fixos de gestão de riscos, assim como os custos diretos de produção ou aquisição. Williamson assumiu desde o início que todas as empresas e indivíduos agiam em interesse próprio, inclinados a assegurar vantagens injustas ou a agir de maneira desonesta e, portanto, apresentavam um risco inerente de falta de confiabilidade. Concentrou sua atenção em quatro fatores humanos específicos:

1 O oportunismo promove uma ação autocentrada independentemente do impacto sobre seu parceiro;

2 O impacto da informação é a retenção proposital de informações importantes, ou não contar a verdade inteira ou ainda enganar seu parceiro;

3 A incerteza/complexidade cria a oportunidade de limitar seu comprometimento e assumir uma visão de curto prazo, especialmente no que se refere ao investimento no relacionamento;

4 A racionalidade limitada é a tentação de manter seus objetivos meramente no nível do "bom o suficiente". Isso é especialmente provável quando a pressão é alta em razão do trabalho e dos mercados.

Pelo menos dentro da própria empresa era possível controlar este risco – a um custo. Com parceiros externos, porém, isso era bem mais arriscado, tinha um custo bem maior e geralmente dependia de contratos que eram notoriamente difíceis de redigir e de aplicar. Este último ponto é bem ilustrado pelos problemas de fazer negócios globalmente e de precisar lidar com diferenças financeiras, culturais, legais e de tempo, bem como com as barreiras da língua.

Mesmo assim, como vimos em capítulos anteriores, podem ser obtidos enormes benefícios comerciais ao formar alianças com outras empresas. Há uma possibilidade muito real de combinar recursos e de criar oportunidades únicas de mercado que as empresas não teriam ao seu alcance individualmente. Williamson compreendeu que quando as empresas formavam relacionamentos próximos no atual ambiente de negócios volátil, global, o uso de contratos e regras e regulamentações rígidos para superar os custos humanos era inapropriado, em razão de sua reduzida flexibilidade e limitado poder de inovação. Em vez disso, como mencionado no Capítulo 3, os parceiros investem conjuntamente no relacionamento. Ao fornecer contribuições específicas, irrecuperáveis, como sistemas de informação, treinamento e pessoal, elas não só melhoram a eficiência do relacionamento em alcançar seus objetivos como enviam uma sinalização mútua de seu comprometimento, de sua confiança e disposição de cooperar. Os investimentos representam também uma forma de "vínculo" que aumenta a interdependência das partes e desestimula que ajam de modo egoísta (oportunista), o que comprometeria a parceria (e o "vínculo").

Antes de prosseguir, vale a pena mencionar brevemente a confiança, embora ela seja considerada com mais detalhes em um capítulo posterior. Normalmente a confiança é aceita como elemento essencial de parcerias bem-sucedidas, e tende a crescer à medida que os relacionamentos evoluem por meio de comunicação e experiência. São atribuídos a ela benefícios substanciais. As partes ficam mais dispostas a se ajustar a problemas imprevistos, ela reduz o risco de comportamento oportunista, aumenta a tolerância (paciência), reduz a probabilidade de impacto e conflito nas informações, e convence os parceiros a assumirem uma visão de longo prazo nos períodos de maior incerteza e complexidade. A visão de "nova economia" não era muito simpática a essas noções idealistas. Williamson considerava que na prática as tentações de oportunismo faziam com que a ideia de alcançar relacionamentos de confiança fosse um "sonho utópico" e que "a única motivação humana confiável era a cobiça"! Por outro lado, acreditava que era exigida uma abordagem com visão mais clarividente, calculista, dos contratos comerciais, que se apoiasse em salvaguardas contratuais baseadas em custo-benefício, mais do que na confiança. Além disso, eficiência e credibilidade, incluindo reputação, baseavam-se nessa postura "calculista", na qual falhas no desempenho/ retribuição não eram esquecidas ou perdoadas e resultavam em sanções quando persistiam. O mundo dos negócios era de fato organizado em favor dos "cínicos, não dos inocentes". Embora muitas pessoas hoje possam considerar essa perspectiva excessivamente rigorosa, ela ainda mantém seguidores nas escolas mais duras de gestão pragmática.

Esta seção descreve os elementos interligados de comportamento humano que constituem a dinâmica que afeta os custos de gerir um relacionamento de aliança. Fica claro que uma mudança em determinada área, por exemplo, a de investimento, terá repercussão em outras áreas que podem afetar o desempenho do relacionamento. Na próxima seção, veremos como esse fenômeno se manifesta em dois modelos de dinâmica de parceria, e mais adiante vamos mostrar como são usados para desenvolver medições de desempenho de uma aliança.

PARCERIAS COMO ESPIRAIS DINÂMICAS

Sempre olhe para o lado mais luminoso da vida.
(Eric Idle, A Vida de Brian, *do Monty Python, 1979)*

Vamos voltar à nossa posição inicial neste capítulo: os comportamentos humanos que se traduzem em custos dentro dos relacionamentos de negócios e que precisam ser minimizados por meio de gestão e governança. Essencialmente, a não ser que as empresas recorram a termos contratuais e condições rigorosas e a procedimentos de controle duros, existe uma tendência natural de que os engajamentos com outras empresas se tornem ineficientes e improdutivos. Na pior das hipóteses, o custo de gerir os riscos associados a fatores humanos irá obrigar o relacionamento a se dissolver e terão de ser encontradas fontes alternativas de suprimentos, ou então, se o custo da disrupção tornar isso muito oneroso, o resultado será a manutenção de um desempenho fraco e de uma qualidade pobre. Essas dinâmicas negativas são interessantes, porque a proximidade estreita que uma parceria cria em seus participantes envolve naturalmente a exigência de acomodar suas necessidades e de aceitar a limitação das próprias opções. A crueza na condução dos negócios pode trazer à tona as predisposições de Williamson, de oportunismo, impacto da informação, incerteza/complexidade e racionalidade limitada. Essa situação pode ser representada no ciclo de feedback negativo, também chamado de "espiral do fracasso", na Figura 5.1.

A incerteza ao lidar com um parceiro obriga a empresa a focar os próprios objetivos e procurar tirar vantagem de quaisquer fraquezas ou oportunidades de melhorar sua posição, caso contrário corre o risco de que tirem partido dela. Limitações de experiência e de conhecimento, junto com o medo do desconhecido, irão convencer gestores a manter aquelas práticas com as quais estão mais familiarizados. A tradução disso é que a empresa faz o mínimo possível para se adaptar às condições quando estas mudam, e com frequência faz muito pouco para modificar seus processos e se ajustar ao mundo do parceiro. Ao mesmo tempo, isso torna as empresas mais resistentes a correr riscos, já que tendem a buscar ganhos a curto prazo em vez de se arriscarem com a incerteza de longo prazo, e com isso criam maiores riscos. As empresas então passam a reduzir os níveis de investimento na parceria e a procurar medidas de resultados imediatos, em vez de medidas direcionadas ao processo.

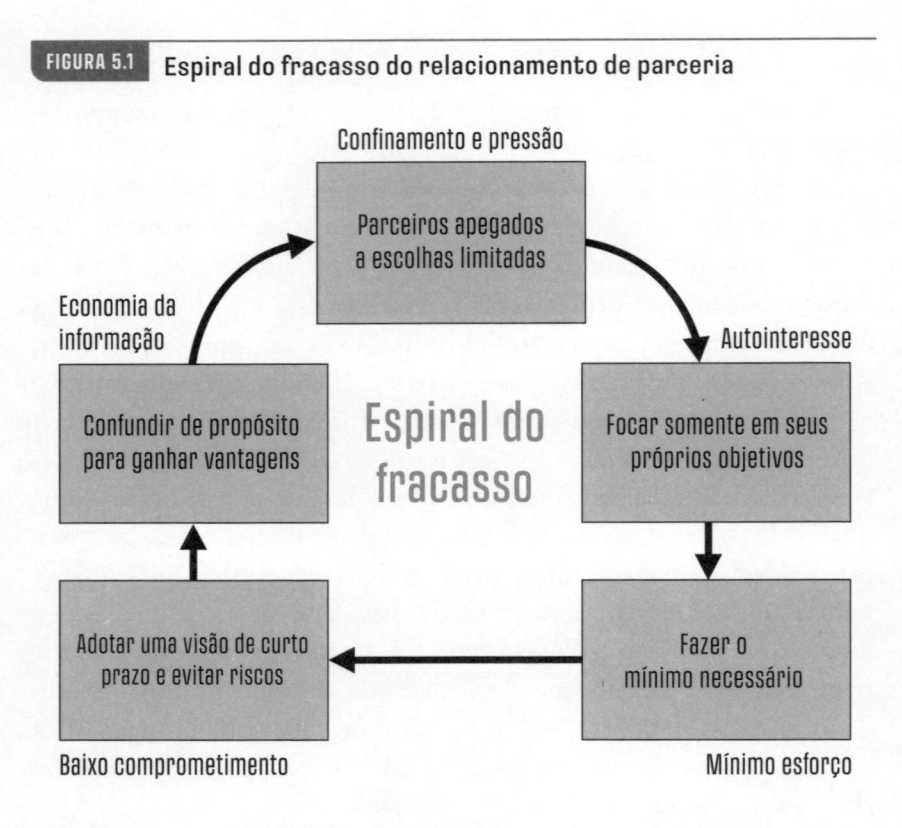

FIGURA 5.1 Espiral do fracasso do relacionamento de parceria

Tudo isso caracteriza a complicação e o custo da gestão, que é endêmico nos relacionamentos de negócios com uma atitude movida por custos. A espiral do fracasso mostra a dinâmica de relacionamento que se instala quando comportamentos negativos são considerados em seu pior aspecto. Obviamente, é possível usar a própria experiência para visualizar as influências opostas que poderiam ser encontradas num relacionamento colaborativo altamente bem-sucedido. Essas "forças" positivas podem ser vistas como o ciclo de feedback positivo, autorreforçante, da "espiral do sucesso" mostrada na Figura 5.2.

Nesta situação, o caso de negócios para a parceria é forte e as partes sentem-se animadas a conseguir seus objetivos conjuntos. Elas se concentram em acertar no produto e na entrega, o que leva a equipe a procurar inovação tanto na oferta quanto na produção dessa oferta. As empresas sentem-se otimistas e investem no relacionamento, acrescentando outros recursos e *know-how*. A comunicação em todos os níveis começa a se desenvolver, e os parceiros acreditam que "apoiam um vencedor". Consequentemente, dedicam-se esforços renovados à operação conjunta… e assim por diante. É crucial recordar que são esses relacionamentos de alto desempenho que estão estimulando retornos acima da média e criando vantagem competitiva. Essas ações não estão sendo empreendidas a partir de uma postura "humanitária", autoindulgente. As empresas envolvidas reconhecem os ganhos que podem alcançar e reconhecem, da mesma forma, que é necessária uma mudança de paradigma para gerir a oportunidade. Alguns podem achar isso utópico e inalcançável, mas os exemplos são inúmeros, como os da Coca-Cola e do McDonalds, destacados por Richard Wilding, e aqueles em canais de marketing apontados pelo falecido professor Erin Anderson.

FIGURA 5.2 Ciclo do sucesso do relacionamento de parceria

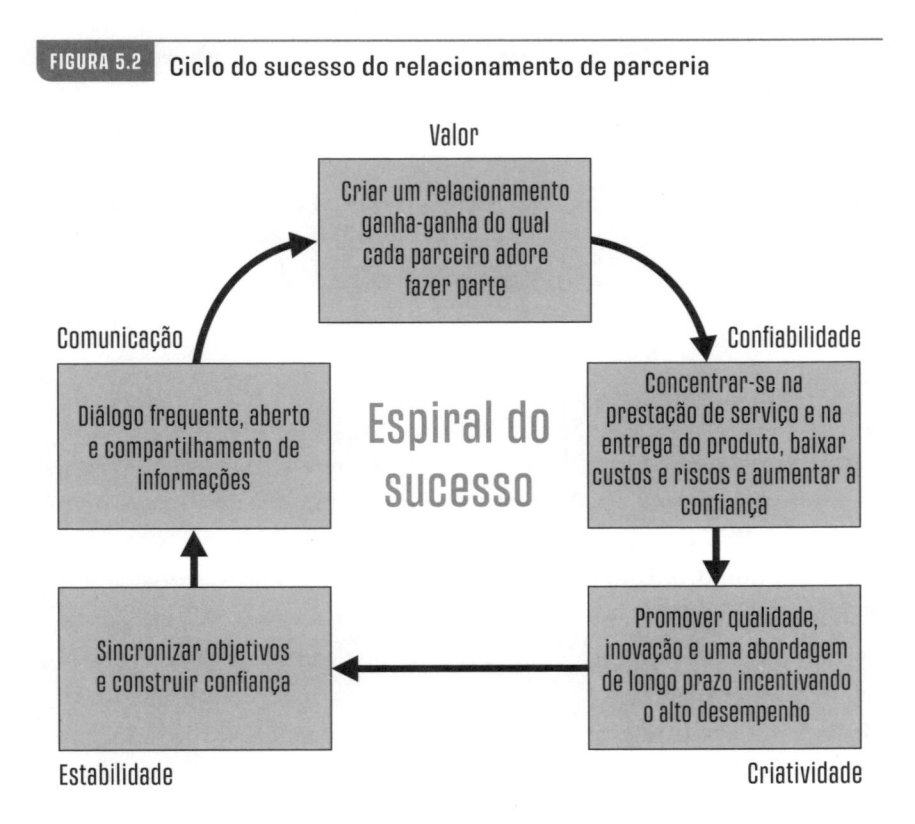

ENCONTRANDO A MÉTRICA DE DESEMPENHO DA PARCERIA

Os métodos atuais de julgar o valor e desempenho de uma parceria geralmente lidam com as perspectivas tradicionais de tempo, custo e qualidade. Utilizam abordagens de *scorecard*, sistemas de qualidade, avaliação de riscos, planos de projeto, análises de cadeias de valor, e recursos financeiros como análises de balanço e avaliações de investimentos. Tudo isso tem foco em aspectos altamente detalhados e com frequência inclui dados históricos e subjetivos. Infelizmente, faltam métodos que incorporem a gama inteira de dinâmicas de relacionamento e suas causas subjacentes, porque geralmente são considerados difíceis demais de montar e entregar. No entanto, as espirais de desempenho tratam dos componentes-chave do sucesso e fracasso de uma parceria, e se as métricas são aplicadas é possível compreender onde as melhorias devem ser introduzidas. Além disso, se for usado para fazer as perguntas certas aos gestores, serão revelados os diagnósticos detalhados necessários para implementar mudanças.

Na realidade, gestores de alianças irão reportar um espectro de dinâmicas de sucesso e fracasso que abrangem seus relacionamentos comerciais. Identificamos cinco métricas de desempenho de relacionamentos que avaliam o viés ou tendência em direção a uma espiral de sucesso ou a uma espiral de fracasso; elas constam na Figura 5.3.

A seguir, descreveremos cada uma das medições principais de desempenho de relacionamento, junto com os tipos de questões colocadas aos gestores para avaliar suas visões, das quais é possível gerar métricas.

◢ 1. Igualdade

As limitações de liberdade e de escolha decorrentes de um relacionamento colaborativo podem engendrar sentimentos de confinamento e pressão. Isso é próprio de uma filosofia do tipo "perde-ganha"; as empresas têm que fazer esforços para superar sua reticência natural em discutir oportunidades e contribuições mútuas. Isso pode ser derrubado incentivando um relacionamento de qualidade no qual os ganhos sejam ao mesmo tempo compartilhados e altamente compensadores. Podemos identificar negociações bem-sucedidas nos casos em que as empresas exploram, detalham e documentam seus respectivos modelos

FIGURA 5.3 Medição do espectro da espiral de desempenho

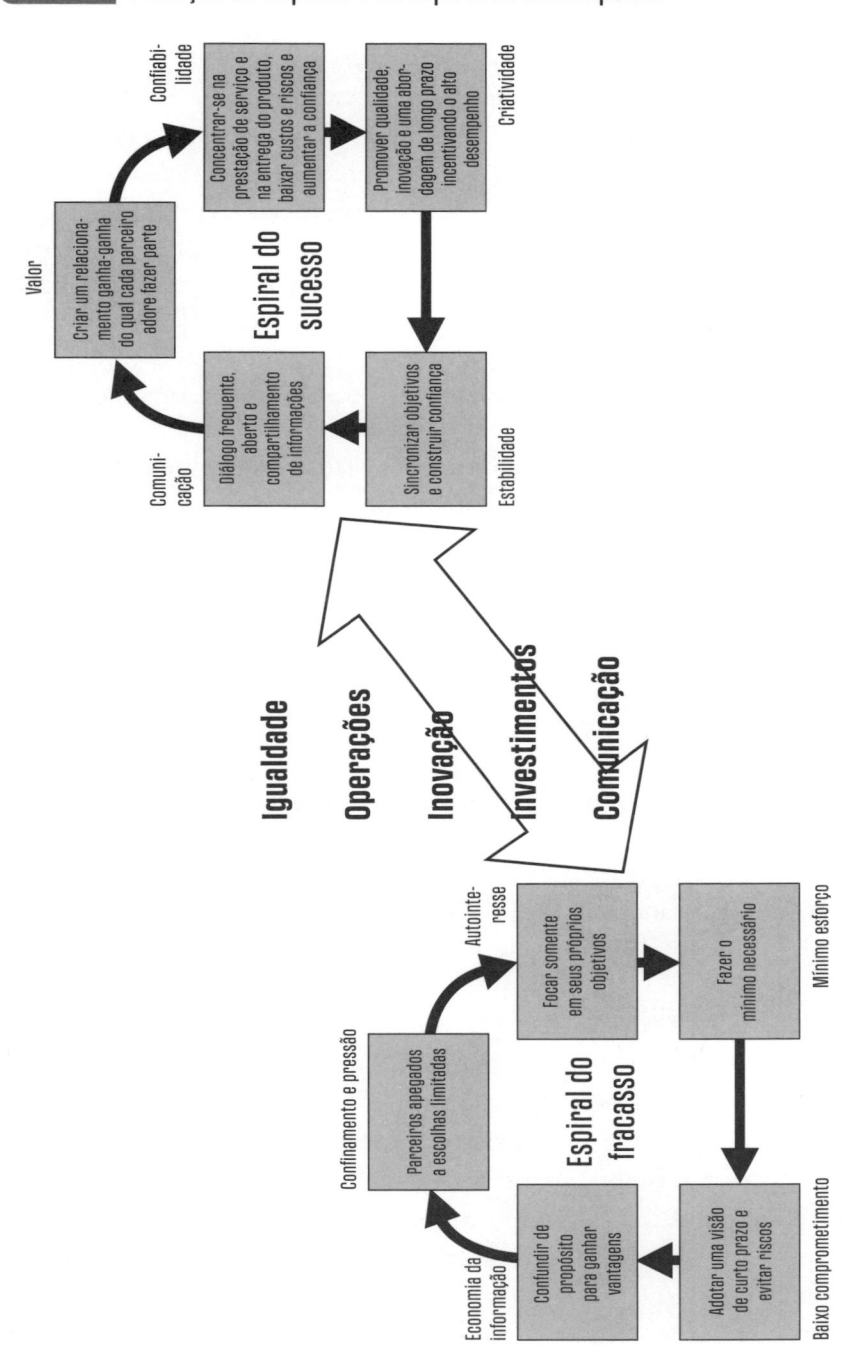

CAPÍTULO 5

de custos e lucros, facilitando com isso as discussões e propiciando que sejam pactadas soluções criativas. Num ambiente ganha-ganha, os parceiros sentem-se empoderados a se esforçar dinamicamente para o bem comum e, acima de tudo, uma paridade verdadeira no relacionamento irá se sobrepor a qualquer desequilíbrio de poder. A essência é criar um relacionamento ganha-ganha do qual cada lado sente satisfação em ser parte, o que pode ser avaliado empregando-se os critérios a seguir:

➤ Os ganhos deste relacionamento são igualmente compartilhados entre ambas as partes;

➤ Não nos sentimos aprisionados dentro do atual relacionamento;

➤ Estamos dispostos a investir mais, isto é, mais dinheiro, tempo, informação e esforço, no atual relacionamento;

➤ Estamos satisfeitos em ver nosso futuro vinculado ao sucesso de nosso parceiro de relacionamento;

➤ Nós nos sentimos totalmente comprometidos com este relacionamento;

➤ A outra parte tem uma genuína preocupação de que nosso negócio dê certo;

➤ Ambos os lados estão trabalhando para melhorar este relacionamento.

◢ 2. Operações

No lado do fracasso, o oportunismo se dá quando uma empresa busca de maneira inescrupulosa atender aos próprios interesses à custa do parceiro. É uma tendência perniciosa, mas pode ser revertida ao fortalecer o relacionamento e criar uma infraestrutura de negócios mais confiável. É crucial ter um foco na qualidade dos resultados do relacionamento, incluindo a eficiência operacional, assim como é crucial ter clareza sobre os limites do relacionamento. Uma abordagem criativa ao conflito e à solução de problemas ajuda a sustentar o ímpeto. Finalmente, cria-se um ciclo virtuoso ao desenvolver boa vontade, confiança e comprometimento à medida que pouco a pouco as realizações vão se acumulando por meio do comprometimento de recursos. Assim, a ênfase aqui é concentrar-se na entrega de serviço e produto, baixar os custos e riscos conjuntos e construir confiança:

➤ A qualidade dos resultados do contrato, isto é, peças de reposição, reparos e serviços, é totalmente satisfatória;

➤ A qualidade da entrega de serviço, isto é, os tempos de entrega, cobrança e pagamento, é totalmente satisfatória;

➤ O relacionamento é caracterizado por uma contínua melhoria do *ethos* de qualidade;

➤ Os problemas são resolvidos de maneira conjunta, aberta e construtiva;

➤ A boa vontade no relacionamento chega ao ponto de a outra parte se dispor a aceitar a mudança constante de nossas exigências;

➤ Confiamos que a outra parte está agindo levando em conta nossos interesses;

➤ Compartilhamos a responsabilidade de assegurar que o relacionamento funcione;

➤ A outra parte nos oferece uma útil redução de custos, além de ideias para melhoria da qualidade;

➤ A outra parte é sempre totalmente aberta e honesta conosco;

➤ A outra parte sempre faz o que diz que vai fazer.

◢ 3. Inovação

A racionalidade limitada é o conceito de que indivíduos são seres racionais e lógicos, mas só até certo ponto. A partir dele, as ações racionais são superadas por comportamentos emocionais e condicionais, assim como pela limitação de seu processamento de informações e de suas habilidades de comunicação. Esses comportamentos podem levar a decisões irracionais ou ilógicas, especialmente em situações de pressão. A influência negativa pode ser revertida ao dar espaço para criatividade mútua por meio de abordagens como contratos abertos, inovação conjunta, formulação de metas flexíveis, foco em qualidade, assegurar que as disputas sejam resolvidas rapidamente e de maneira justa, equitativa, e assumindo uma visão de longo prazo do relacionamento. Esta é a "centelha" que cria empolgação para inovar e disposição para fazer aquele "esforço adicional":

➤ O relacionamento incentiva ambas as partes a alcançarem alto desempenho, isto é, entrega pontual e previsões corretas;

➤ O relacionamento nos incentiva a inovar na maneira pela qual fazemos negócios;

➤ A medição do desempenho é usada para elevar os padrões;

➤ Disputas e problemas são resolvidos rapidamente;

➤ Disputas e problemas são resolvidos de maneira justa;

➤ A outra parte é confiável e consistente ao tratar conosco;

➤ A outra parte se esforça para que nosso negócio seja bem-sucedido;

➤ Quando surge um problema imprevisto, ambas as partes preferem buscar uma solução em vez de pressionar o outro a cumprir os termos do contrato original.

◢ 4. Investimento

Os fatores de incerteza e complexidade têm um efeito desestabilizador nas atitudes dos parceiros. A principal consequência da incerteza ambiental é a adaptação às circunstâncias em mudança e a superação da inércia e dos custos associados. Por exemplo, um fabricante que, em razão da entrada de um concorrente, tenha que modificar o design de seu produto, pode também precisar modificar o design dos componentes comprados que fazem parte do seu produto final. A não ser que um contrato abrangente possa ser redigido com seu fornecedor, especificando de antemão os designs de componente exigidos e os termos associados de comercialização, o fabricante pode ficar envolvido em negociações custosas que minem seus esforços de progredir no novo mercado. Esse comportamento negativo é usualmente acrescido do problema de descobrir se o seu parceiro fez o que disse que faria. Por exemplo, um fabricante pode ter dificuldades em descobrir se um distribuidor está fornecendo os necessários serviços de pré-venda aos clientes. Mesmo que os relevantes aspectos das operações de um distribuidor possam ser medidos, a coleta de informações e os custos de processamento para o fabricante podem ser substanciais.

Numa parceria, quando há "ênfase em números", ao se alcançar estabilidade de relacionamento e criar uma estrutura para negócios bem-sucedidos é possível construir uma proteção muito eficaz contra a incerteza. Isso envolve trabalhar mais de perto com menos parceiros e buscar objetivos mútuos por meio da criação de valor, de investimento conjunto e de processos harmonizados. É necessário gerir ativamente a interface do relacionamento por meio de uma gestão de relacionamento proativa, usar processos de compra inovadores e, por meio de comportamento cooperativo, criar interdependência entre os parceiros. Ao sincronizar objetivos e investir em pessoas, processos e infraestrutura, podemos estabelecer os fundamentos de um relacionamento bem-sucedido, que são:

> ➤ A outra parte mostra uma compreensão saudável, estratégica, de nosso negócio;

> ➤ Os objetivos de ambas as partes são claramente formulados;

> ➤ Os objetivos de ambas as partes são totalmente compatíveis;

> ➤ Ambas as partes cooperam de bom grado;

➤ O relacionamento proporciona um ambiente de negócios dinâmico dentro do qual ambas as partes podem buscar recompensas cada vez maiores;

➤ Existe total confiança nas intenções da outra parte.

5. Comunicação

O impacto da informação ocorre quando uma parte tem acesso à informação e ao conhecimento relacionados à parceria que não poderiam ser adquiridos pela outra parte sem um considerável custo e esforço, mas usa isso em proveito próprio e não para uma vantagem conjunta. Essa situação pode ocorrer em razão de cobiça ou falta de confiança, e compromete seriamente a eficiência da gestão e o crescimento da aliança. As possíveis consequências podem ser neutralizadas criando um ambiente de comunicação otimizado para o sucesso. Isso envolve implementar múltiplos vínculos de comunicação em todos os níveis entre as empresas, incluindo uma sistemática gestão de relacionamento, sistemas de informação, compartilhamento de dados de negócios e design, medições objetivas de desempenho, transparência na gestão conjunta de riscos e reação rápida às necessidades do parceiro. Não se trata só da frequência e qualidade da comunicação: exige também criar um ambiente aberto no qual "trapacear" seja desestimulado em razão da dificuldade de esconder as coisas:

➤ Quando a outra parte tem informação proprietária que poderia melhorar o desempenho do negócio conjunto, ela é disponibilizada livremente;

➤ Achamos bem-vindo um ambiente de dados compartilhados no qual informação sobre planejamento, aspectos técnicos e de preços seja abertamente disponível;

➤ Compreendemos os requisitos de informação de todos os participantes na cadeia de apoio, dos subcontratados ao usuário final;

➤ O intercâmbio de informações nesse relacionamento acontece com frequência e de modo informal, e não apenas dentro dos acordos estabelecidos;

❯ A medição objetiva do desempenho é parte importante desse relacionamento;

❯ Temos consciência dos requisitos de desempenho para todos os participantes na cadeia de apoio, dos subcontratados ao usuário final;

❯ Fornecemos à outra parte informações regulares, incluindo previsões de longo prazo, para permitir que ela conduza melhor seu negócio.

Nas seções a seguir, são apresentados dois estudos de caso para ilustrar como a abordagem para compreender os relacionamentos de parceria pode ser usada para auxiliar gestores a ter uma boa ideia da considerável complexidade, a fim de focar seus esforços na melhoria efetiva do negócio. O primeiro estudo de caso demonstra o poder da nossa abordagem para a compreensão da dinâmica da parceria, ao oferecer uma visão geral do desempenho estratégico de um grande número de importantes relacionamentos comerciais dentro do setor público.

PORTFÓLIO DE RELACIONAMENTOS DA DEFESA DO REINO UNIDO

Em 2000, as equipes de apoio dos sistemas de armas de defesa do Reino Unido e seus parceiros industriais colaborativos vinham trabalhando há três anos para melhorar a eficiência de seus relacionamentos colaborativos, por meio de um programa chamado "Aquisição inteligente" ["Smart acquisition"]. Uma parte importante dessa iniciativa foi estabelecer trabalho conjunto dentro de equipes de projeto integradas. Essas organizações asseguravam que as armas e equipamentos das unidades da linha de frente da Marinha, Exército e Força Aérea (navios, tanques, aeronaves etc.) tivessem apoio adequado de peças de reposição, reparos e modificações. Esses relacionamentos entre o Ministério da Defesa do Reino Unido e as maiores empresas de Defesa do mundo eram estrategicamente importantes para manter e aprimorar a capacitação da defesa nacional e, além disso, envolviam considerável gasto de dinheiro público – cerca de 12 bilhões de libras em 2001.

FIGURA 5.4

Visão geral do desempenho das compras da Defesa do Reino Unido

Influência negativa

Drivers	Comportamentos	Avaliação da Defesa do Reino Unido 0%	25%	50%	75%	100%	Comportamentos	Drivers
Problemas situacionais	Racionalidade limitada				X		Inovação	
Produto antigo	Incerteza/complexidade				X		Investimento	
Alto risco	Impacto da informação				X		Compartilhamento de informações	
Falta de investimento								
Políticas de investimento	Oportunismo			X			Operações	Valor e ganhos econômicos
Políticas de financiamento								
Políticas de RH	Números baixos				X		Igualdade	
Cultura pobre								

Influência positiva

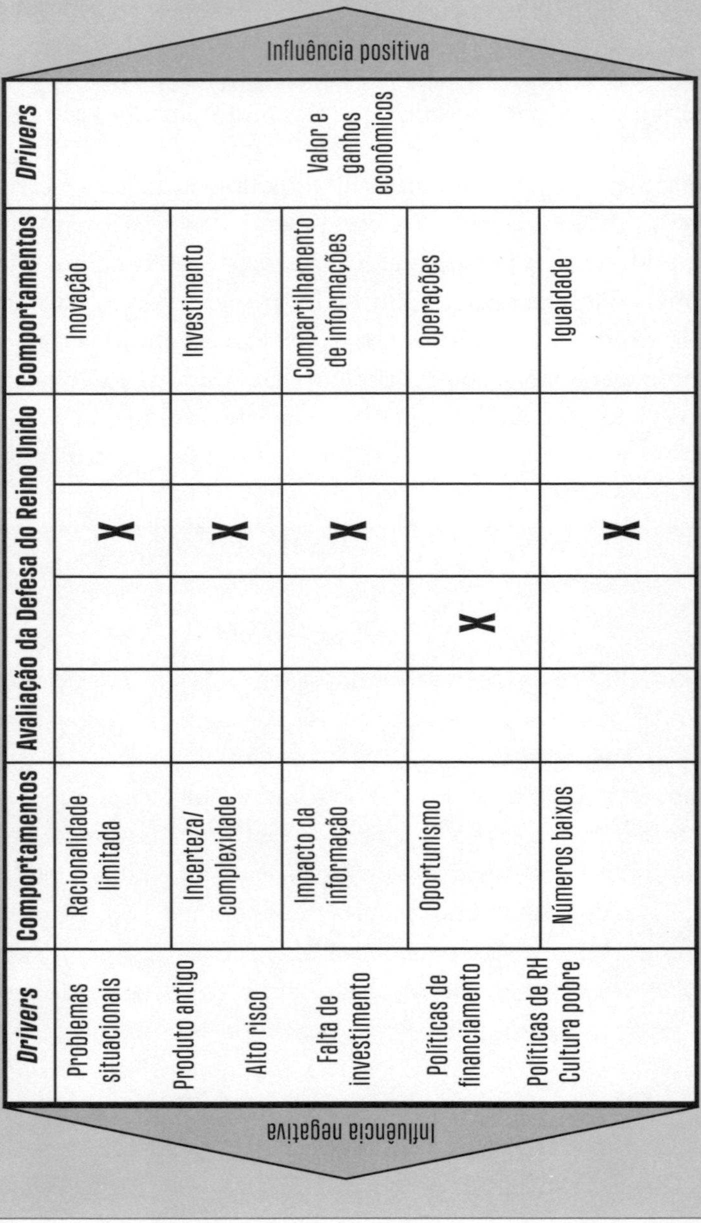

No passado, havia a percepção longamente sustentada pelo governo de que tais relacionamentos não geravam o melhor valor pelo dinheiro, e a causa eram práticas conflitivas e oportunistas. Algumas falhas de alto perfil, como as dos tanques e rifles que emperraram com areia durante a primeira Guerra do Golfo, enfatizaram as preocupações políticas e do público em relação ao negócio de equipamentos para a Defesa. Da perspectiva da indústria, era um negócio imensamente custoso e arriscado, com retornos que levavam anos para se materializar. Os problemas eram exacerbados por um cliente que não entendia a tecnologia, mudava de ideia com frequência e desconfiava das motivações de lucro dos fornecedores.

Um estudo de 11 meses de 54 desses relacionamentos usando as medições de desempenho de nossa espiral de sucesso e fracasso gerou a visão geral mostrada na Figura 5.4.

De cada lado do espectro havia o positivo e o negativo, atraindo influências que conduziam a dinâmica do relacionamento. Os ciclos de sucesso e fracasso da cadeia de suprimentos estão na coluna "comportamentos". A classificação do desempenho do relacionamento se baseia na avaliação estatística das percepções dos gestores.

1. IGUALDADE

A igualdade foi a melhor área, com avaliação de 68%: apesar de vários problemas culturais, os gestores eram movidos por forte desejo de melhorar o desempenho conjunto e ter maior igualdade. Perceberam juntos que dentro do mercado limitado de equipamentos de Defesa, apesar da "atmosfera de relacionamento", a única opção era perseverar com otimismo, pois o "divórcio" não era opção. O comprometimento, portanto, era geralmente forte.

2. OPERAÇÕES

A avaliação de desempenho foi de apenas 58% para operações, e a entrega de serviço mostra especialmente que era o pior aspecto do desempenho. Isso era causado em grande parte por dificuldades ambientais, como tecnologias antigas, altos riscos de negócios e investimento insuficiente em TI, o que tornou a GCS (Gestão da Cadeia de Suprimentos) difícil de implementar. Por exemplo, uma empresa ofereceu alugar um terminal de computador na organização do cliente para que os pedidos fossem feitos on-line, mas o departamento de segurança do cliente vetou. A frustração por esse tipo de medida deu margem a comportamentos oportunistas e a falta de confiança e de cooperação.

3. INOVAÇÃO

A classificação de desempenho para inovação foi de 66%. Sem dúvida, vários relacionamentos no portfólio orgulhavam-se de suas realizações técnicas, em especial de sua disposição para resolver problemas difíceis rapidamente. Isso era constatado com frequência quando falhas imprevistas de equipamentos eram detectadas ou quando graves lacunas de capacitação eram reveladas em contato com forças inimigas. No entanto, raramente viu-se o mesmo entusiasmo e criatividade para a construção de relacionamentos.

4. INVESTIMENTO

A classificação de desempenho para investimento foi de 59%. Comportamentos oportunistas, de curto prazo, como confundir "mais barato" com "bom custo-benefício", e a falta de flexibilidade nos preços reduziram a confiança conjunta em várias parcerias. Numa delas, o cliente levou um ano para obter um preço do fornecedor, e era três vezes maior que o preço originalmente pago. Por outro lado, clientes geralmente são vítimas das visões culturais tradicionais a respeito de seus fornecedores, acreditando que eles têm a intenção de "passar a perna". No entanto, os dois lados muitas vezes reconheceram a necessidade de objetivos conjuntos e claros, e de cooperação, a fim de reduzir custosas medidas de gestão de contrato.

5. COMUNICAÇÃO

A classificação de desempenho da comunicação foi de 66%. Ficaram bem evidentes os problemas para revelar informação e o equilíbrio de poder implícito em relação à informação proprietária, em especial quando o cliente sentia que tinha pagado pelo design embora o dono fosse o fornecedor. A falta de acordo com a medida de desempenho conjunto e a reticência em relação à extensão em que isso deveria ser transparente muitas vezes fizeram o desempenho cooperativo cair a níveis bem baixos. Mesmo assim, o compartilhamento livre e frequente de informações e os consideráveis investimentos em relacionamento, como nos ambientes de dados compartilhados, também foram evidentes em alguns relacionamentos.

Os principais problemas específicos que emergiram neste caso foram os seguintes.

Financeiro

Os orçamentos fixos, definidos anualmente, e os sistemas de contabilidade do governo não foram projetados para lidar com contratos novos, relacionais, estruturados. Isso gerou severas dificuldades de gestão para as equipes do cliente e do fornecedor e tendeu a minar o *ethos* de "aquisição inteligente". Por outro lado, a falta de arranjos estáveis de financiamento do cliente em razão de flutuações do orçamento por questões políticas impediu que os fornecedores fizessem um efetivo planejamento de investimento, e gerou outros custos de longo prazo que inevitavelmente foram passados ao cliente:

> "Nosso medo é a situação de banquete ou fome dos gastos da Defesa. Há épocas em que temos que parar o trabalho, demitir pessoal experiente e depois correr para funcionar bem de novo. Receio que não conseguiremos reagir com a devida rapidez e que isso afete negativamente nosso serviço ao cliente final."

> "Restrições de orçamento no Ministério da Defesa reduzem o relacionamento a apagar incêndios. É impossível planejar com antecedência."

> "Estamos a ponto de assinar um contrato incentivado, e se ele (o contratante) for bem irá receber mais, mas eu não tenho esse dinheiro extra no meu orçamento. A aquisição inteligente não prevê esse tipo de flexibilidade."

Comercial

Havia uma variedade de tipos de governança em uso, desde contratos com estruturas de desempenho muito flexíveis, de longo prazo, incentivados, até arranjos bem detalhados, prescritivos, com cláusulas de penalização para desempenho fraco. Em geral, os relacionamentos mais antigos baseavam-se em regulamentos (contratos com redação rigorosa), e embora alguns tenham sido bem-sucedidos, a maioria não foi, e líderes de equipe relutavam em adotar contratos de longo prazo mais flexíveis, por não confiar que a outra parte seria capaz de entregar um serviço eficiente. Na realidade, era uma decisão autodestrutiva (espiral de fracasso), porque uma razão dominante para os problemas era a incapacidade de esses relacionamentos se adaptarem a mudanças de circunstâncias. O pessoal ficava empolgado com novos contratos relacionais, de longo prazo, porque continham aspectos inovadores que incentivavam o desempenho e ofereciam um evidente compartilhamento de benefícios. Mas, num caso em que o arranjo vigorava há cinco anos, foram encontrados consideráveis problemas (incluindo perda de confiança) quando foi necessário um ajuste a turbulências ambientais imprevistas. Práticas comerciais e atitudes conflitivas, burocráticas, ainda existiam tanto no Ministério da Defesa quanto nas culturas das indústrias de defesa. Isso muitas vezes aumentava os custos do projeto, causando atrasos e reduzindo a confiança:

> "O maior obstáculo para melhorar o desempenho nos negócios é o departamento comercial. Há uma grave escassez de recursos, aversão a riscos e falta de flexibilidade, gerando um significativo esforço e atraso em chegar a um acordo nos contratos."

> "Um fator principal do sucesso foi a incomum combinação de pessoal comercial de ambos os lados com um pensamento lateral e aberto a novas maneiras de fazer negócios."

> "Eles têm um ar de arrogância – como quem diz 'é pegar ou largar, nós somos o único fornecedor'."

"Construímos um 'primeiro passo' de boa vontade para fazer esse contrato funcionar, a despeito dos problemas tradicionais, que não serão eliminados."

Equipe

Operacionalmente, os dois lados perceberam a importância das contribuições pessoais para o desempenho do relacionamento, mas as políticas corporativas do RH em geral não estavam em sintonia. Faltou investir em pessoal de alto nível e relutou-se em abandonar os tradicionais encargos de dois anos. Em projetos de longo prazo, altamente técnicos, uma rotatividade anormal da equipe principal impedia o desenvolvimento de relacionamentos pessoais e o acúmulo de aprendizagem e experiência, resultando em processos de negócios ineficientes. A falta de entrosamento de culturas gerou atitudes do tipo "nós e eles", reconhecidas como um problema antigo; a necessidade de uma cultura aberta, que evite culpar os outros, voltada ao cliente e à satisfação no relacionamento, também foi reconhecida. Mas pouco esforço foi feito para lidar com esses problemas fundamentais:

"A rotatividade regular do pessoal não favorece construir relacionamentos de longo prazo que desenvolvam práticas saudáveis de trabalho e inovação."

"Ao colocar um membro próprio na equipe deles conseguimos ter uma comunicação bem melhor, reduzir mal-entendidos e formar uma ideia mais clara dos planos para o negócio. Fizemos isso apesar de nosso escritório central."

Desempenho

Em geral, havia uma percepção muito fraca de como o desempenho da cadeia de suprimentos de ponta a ponta devia ser medido, e eram poucos os objetivos de desempenho claros, visíveis, com os quais todos os *players* da cadeia de suprimentos, incluindo os clientes finais, concordassem. Também era raro haver comunicação aberta,

frequente, interativa, cobrindo todos os níveis da interface cliente/
fornecedor, em especial sobre revisões de desempenho e sobre a
contínua melhora de produtos/serviços e de processos de negócios:

> "Há uma lacuna de percepção entre os lados a respeito de de-
> sempenho, que se estende à linha de frente (cliente final). Sem
> uma compreensão comum sobre como estamos fazendo as
> coisas e o que temos que alcançar não conseguiremos avançar."

Em nosso segundo estudo de caso, o foco é num par de Pequenas e Médias Empresas (PMEs). Embora já tenhamos visto vários exemplos de dinâmicas em alianças maiores, há benefícios em examinar o microcosmo de um pequeno negócio, pois coloca em grande relevo vários pontos que são genéricos a todas as parcerias.

SONATEST E PARAGON

Este estudo de caso descreve como a Sonatest NDE Group plc, fabricante de eletrônicos, e a Paragon Electronic Components plc, fornecedora de componentes especializados, recorreram às medidas centrais de desempenho de parcerias usando as espirais de sucesso e fracasso para avaliar a qualidade e o valor de seu relacionamento. O exercício revelou que o sistema existente de gestão do relacionamento do fornecedor não havia otimizado os retornos do relacionamento. Portanto, cliente e fornecedor foram capazes de fazer substanciais melhorias no seu resultado. Também aprenderam pela primeira vez como gerir um relacionamento de parceria de modo mais eficaz para assegurar benefícios de longo prazo.

A Sonatest tem sede em Milton Keynes, no Reino Unido, 150 funcionários e receita de 18 milhões de libras. É líder no campo de equipamentos de testes não destrutivos (NDT na sigla em inglês) e usa altos níveis de investimento em pesquisa e design para fabricar e distribuir alguns dos melhores produtos NDT a partir de seis locais ao redor do mundo. Sua base de clientes cobre setores como petróleo, ferrovias, manufaturas e aeroespacial. A Sonatest tem como característica uma cultura de engenharia empreendedora e inovadora.

A Paragon é parte de um grupo de empresas que fornecem serviços especializados em gestão de cadeia de suprimentos de eletrônicos e em serviços de fabricação de produtos eletrônicos. Com receita anual de mais de 30 milhões de libras, a Paragon emprega mais de 300 pessoas e é reconhecida como a empresa líder no Reino Unido nesse campo. Um de seus pontos fortes é atender empresas que produzem produtos complexos, de volume pequeno a médio, com todos os kits de componentes fornecidos "prontos para montar" e sob medida para requisitos individuais. Seus serviços incluem compras e acompanhar o progresso por inspeção, e controle contábil e de estoques, o que libera os recursos de seus clientes para atividades mais estratégicas. Tem foco em precisão, planejamento e aquisição.

O relacionamento de 10 anos entre essas duas PMEs foi visto por ambos os seus CEOs como bem-sucedido. No entanto, a avaliação revelou um potencial inexplorado. Ambas as empresas experimentaram um divisor de águas em seu desenvolvimento em razão do rápido crescimento nos seus respectivos mercados, portanto, os CEOs das duas decidiram nomear novos diretores de gestão. Além disso, como planejavam colaborar no desenvolvimento de um novo produto de peso, os CEOs decidiram configurar o valor do relacionamento entre as duas organizações. Queriam ter uma visão objetiva da eficácia de sua colaboração de negócios e buscaram recomendações sobre como melhorar o desempenho conjunto. Usando uma série de *benchmarks* baseada nas características dos melhores relacionamentos colaborativos, essa parceria revelou várias áreas cruciais para melhoria do trabalho em equipe, como mostra o Quadro 5.1.

CAPÍTULO 5

QUADRO 5.1 Mapeamento do relacionamento Sonatest/Paragon em relação aos melhores da categoria

Benchmark	Avaliação
Inovação conjunta	Sim, com espaço para melhorar
Foco no cliente	Sim

Benchmark	Avaliação
Resultados de alta qualidade	Sim, com espaço para melhorar
Melhores práticas	Sim, mas não integradas
Melhoria contínua	Parcial, mas não integrada
Estruturas comerciais flexíveis	Acordo verbal
Medida objetiva de desempenho	Sim, mas não integrada
Previsão de negócios melhorada	Sim, com espaço para melhorar
Processos coordenados	Sim, com espaço para melhorar
Comunicação honesta e aberta	Sim
Fluxo de informação de mão dupla	Sim, mas não integrado
Clara gestão do relacionamento	Parcial, mas não integrada

O relacionamento Sonatest/Paragon foi mapeado como melhor de seu tipo em apenas duas áreas: foco no cliente e comunicação honesta e aberta. Em outras áreas – inovação conjunta, qualidade dos resultados, previsão e processos coordenados –, havia espaço para melhorar. Individualmente, os parceiros tinham algumas práticas entre as melhores da categoria, como medidas de desempenho, gestão de relacionamento e comunicação formal, mas não estavam integradas o suficiente. Os fluxos de informação dentro da Sonatest, e entre ela e a Paragon, tendiam a ser descoordenados. Isso às vezes resultava em pedidos de componentes feitos em cima da hora, e falta de confiabilidade no planejamento, previsão e tomada de decisões, feedback e disseminação inadequados de informações, compartimentalização de informações importantes, e insuficiente conhecimento das capacidades e limitações do parceiro. Como um gestor da Paragon comentou: "Eles mantêm uma certa distância entre engenheiros e outros departamentos, como compras, P&D e o comercial. Às vezes, nós, o fornecedor, temos que preencher essa lacuna por eles".

Outra área em que o valor não foi maximizado era a das metas claras de desempenho conjunto. Por exemplo, havia metas compartilhadas de desempenho definidas para disponibilidade de componentes, resultados de testes, retornos de clientes e reduções de custos correntes.

Essa escassez tendia a aumentar estoques, custos de retrabalho e atrasos, e podia impactar a satisfação do cliente final e a lucratividade do negócio. Um entrevistado da Paragon apontou: "Eles faziam pedidos sem definir data de entrega e requisitos. Melhores previsões significariam que todos poderiam ser mais enxutos".

Além de metas compartilhadas integradas, o terceiro problema significativo estava ligado à gestão do processo. Era evidente que, com o tempo, os processos operacionais conjuntos haviam ficado mal definidos, indicando que não havia ponto central de responsabilidade para manter a coerência. Com isso, os indivíduos haviam desenvolvido as próprias práticas, criando lacunas e sobreposições e aumento nos custos e nos riscos. A análise revelou o potencial para maior integração geral a fim de aumentar o valor gerado pelo relacionamento.

Lynette Ryals, da Escola de Administração Cranfield, propôs que, quando os gestores de compras (GCs) estão tentando uma posição mais estratégica, eles precisam ver a si mesmos como gestores de relacionamentos (GRs). Integrar as empresas do fornecedor e do cliente é provavelmente uma das áreas mais difíceis de implementar, apesar de seu grande potencial de gerar valor. Metas compartilhadas são um pouco mais fáceis, apesar de exigirem que o PM [*project manager*, "gerente de projeto"] tenha visão estratégica e também confiança no fornecedor. Os problemas de gestão do processo são bem conhecidos dos PMs, e uma função importante é fornecer (e impor) um contrato centralizado e um conjunto de processos. O relacionamento Sonatest/Paragon ilustra bem as oportunidades para criação de valor das melhorias operacionais e além delas.

Os altos gestores de ambas as empresas ficaram surpresos com os resultados da avaliação, que revelou vários problemas operacionais importantes dos quais não tinham conhecimento. Embora houvesse um claro entendimento entre as empresas no nível mais alto, nos níveis mais baixos isto não era visível. Apesar desses problemas, a colaboração trouxe às duas empresas bons benefícios de negócios, e havia um comprometimento muito forte de todo o pessoal das duas empresas com o relacionamento e seu futuro sucesso. Como um entrevistado da Sonatest apontou: "De todos os nossos parceiros, esse relacionamento ainda tem magia. Provavelmente não iríamos procurar outro em nenhum outro lugar. Temos muito investido no relacionamento e um bom retorno dele".

A análise não só revelou áreas onde o relacionamento poderia funcionar melhor em nível estratégico. Ficou claro também que o fornecedor tinha muito mais a oferecer do que o cliente reconhecia; uma oportunidade para criação de valor havia sido perdida com a subutilização de seus recursos e talentos. Também ilustrou o perigo dos sistemas de gestão do relacionamento com o fornecedor, quando existem. Eles tendem a medir desempenho histórico em vez do potencial futuro, e concentrar-se num nível baixo de detalhamento que falha em "tocar" a saúde do relacionamento como um todo. O segundo problema é que a percepção do relacionamento fica difusa ao longo das duas organizações e com frequência não há um foco central conjunto para a gestão do relacionamento.

A avaliação do desempenho deu às empresas uma visão objetiva de seu relacionamento, em vez de uma visão cheia de opiniões individuais e de medo de perturbar o *status quo*. Um representante da Sonatest comentou: "Não resolvemos todos os nossos problemas, mas agora temos um relacionamento que nos permite levantá-los e discutir uma maneira de avançar sem conflitos". Uma vitória rápida da revisão foi a economia anual de 40 mil libras em testes *in-house* na Sonatest, por saber que as placas fornecidas pela Paragon já vinham totalmente testadas e certificadas.

A avaliação recomendou implantar uma estrutura conjunta de negócios mais robusta para apoiar melhor a complexidade do relacionamento. As empresas concordaram em formalizar processos e fazer reuniões regulares de planejamento que também fizessem a revisão do desempenho, do trabalho em andamento e das vendas em relação a pedidos. Para melhorar a comunicação, decidiram que os representantes técnicos da Paragon passariam mais tempo na fábrica da Sonatest.

Como resultado da colaboração mais estreita entre as empresas, uma equipe conjunta trabalhando no projeto de novas versões dos principais produtos da Sonatest transformou o processo de desenvolvimento e reduziu o tempo de lançamento no mercado de cinco anos para um. Como parte disso, a Paragon propôs vários serviços adicionais, como design-para-manufatura e design-para-teste. Essas medidas melhoraram o resultado da primeira manufatura de cerca de 50% para mais de 95%; propiciaram o uso de componentes mais baratos e confiáveis e com maior funcionalidade; e melhoraram o tempo de entrega ao cliente final de quatro para duas semanas. Além disso, considerou-se ativamente voltar ainda mais a fabricação para a Paragon, assim a Sonatest poderia focar em seus pontos fortes de design de novos produtos estratégicos, marketing, distribuição e serviços ao cliente. Como um participante da Paragon expressou: "Juntos temos um novo modo de trabalhar que permite foco mais claro nos clientes".

A interação aprimorada levou os parceiros a compreenderem que o uso de tecnologia datada e de informação de consumo duvidosa exigia armazenagem excessiva e custosa. A revisão resultou em estoques mais relevantes e no descarte de itens redundantes. Além disso, a melhoria nas previsões a partir de revisões regulares da carteira de pedidos a serem atendidos e dos requisitos da cadeia de suprimentos resultou em disponibilidade bem melhor a um custo menor. A Sonatest concluiu que seus sistemas de TI eram fragmentários e não forneciam adequada informação à gestão. Os diagnósticos da revisão permitiram definir com precisão os requisitos de um novo pacote de TI a ser usado para integrar produção, pedidos de estoque e Gerenciamento de Relacionamento com o Cliente.

Nos três anos seguintes as receitas do cliente aumentaram 38% e as do fornecedor, 100%.

CONCLUSÃO

Este capítulo mostrou que é possível identificar os principais fatores do relacionamento, que estão no centro da interação dos parceiros de negócios. Com isso, podem ser propostos ciclos (espirais) de feedback positivos e negativos de comportamento, e as visões dos gestores de alianças descritas nesses dois estudos de caso revelaram como eles podem ser usados em avaliações objetivas das dinâmicas da parceria. Tais avaliações chegaram a um grau de detalhe que permitiu aos gestores visarem as áreas adequadas, cruciais, a serem melhoradas. Como os atuais sistemas de monitoramento e medição do desempenho da gestão ainda têm foco nos fatores tradicionais de tempo, custo e qualidade, com sucesso meramente variável, constata-se a revolucionária importância de contar com uma técnica de avaliação de fato objetiva dos relacionamentos comerciais.

O próximo capítulo reúne as principais correntes de discussão vistas até agora para descrever um modelo que representa o desempenho da parceria em termos de três conjuntos críticos de comportamentos e atividades. A partir deste modelo é possível considerar as implicações e consequências de demonstrar que esses comportamentos e atividades têm desempenho bom, ruim ou médio, de modo que os gestores tenham uma ferramenta em relação à qual as parcerias possam ser avaliadas e comparadas, a fim de identificar ações para corrigi-las ou remediá-las.

FIGURA 5.5 Autoavaliação da parceria

Drivers	Comportamentos	Sua empresa				Comportamentos	Drivers
Influência negativa	Racionalidade limitada					Inovação	Influência positiva
	Incerteza/ complexidade					Investimento	
Problemas situacionais	Impacto da informação					Compartilhamento de informações	Valor e ganhos econômicos
	Oportunismo					Operações	
	Números baixos					Igualdade	

0% 25% 50% 75% 100%

PRINCIPAIS PONTOS DE AÇÃO

1. Avalie seus relacionamentos comerciais mais importantes à luz das principais métricas de desempenho da espiral de sucesso/fracasso mostrada na Figura 5.3.

2. Para cada um desses relacionamentos faça a si mesmo as perguntas listadas neste capítulo para cada métrica principal de desempenho – igualdade, operações, inovação, investimento e comunicação. Coloque seus resultados na Figura 5.5 para ter um vislumbre do quanto você acha que cada aspecto está tendo bom desempenho.

3. Melhor ainda, faça as mesmas perguntas ao seu colega na empresa parceira e compare as respostas dele com as suas.

4. Levando todos os aspectos em consideração, a(s) sua(s) parceria(s) ou aliança(s) está(ão) numa espiral de sucesso ou de fracasso?

5. Usando a Figura 5.5, identifique em que grau sua empresa exibe comportamentos negativos em relação ao(s) seu(s) parceiro(s).

6. A partir de sua avaliação, que posição você prevê para os próximos seis a nove meses?

7. Que consequências você vê dessa melhora/declínio?

Trabalhando duro nos fatores *"soft"*

*É a qualidade do relacionamento que conta: e
também o esforço que você coloca em fazê-lo funcionar.
(Michel Clement, vice-presidente, Oracle, EMEA)*

INTRODUÇÃO

Até aqui, mostramos como os gestores reagem ao crescente ritmo
de mudança que tem afetado seus esforços ao longo dos últimos 50 ou
60 anos. Muitas das abordagens mecânicas para melhorar a qualidade
e o serviço ao cliente renderam consideráveis dividendos, mas, nos
últimos tempos, foram necessárias novas iniciativas para satisfazer o
mercado. Elas têm girado em grande parte em torno de melhorar o
trabalho em equipe na cadeia de negócios. No passado, trabalhar com
concorrentes não era uma opção; afinal, eram nossos "inimigos mor-
tais". Hoje, e de maneira bastante contraintuitiva, as empresas estão
aprendendo a gerenciar uma ampla gama de alianças simultaneamente,
às vezes incluindo seus concorrentes, outras vezes indo contra eles.
Saber como gerir esses relacionamentos, como medir seu desempenho
e como extrair o melhor deles são habilidades cruciais para o sucesso
futuro nos mercados cada vez mais turbulentos.

Vários fatores-chave, como cooperação, interdependência, comprometimento e confiança foram identificados, e fica claro que exercem
influência no desempenho da aliança por meio das espirais de sucesso e
fracasso. Este capítulo vai mostrar como esses principais fatores podem

ser articulados num modelo abrangente usado para descrever e avaliar o desempenho da parceria de negócios. Três agrupamentos definem a maneira pela qual as empresas desempenham e demonstram suas habilidades de parceria: inovação colaborativa, qualidade da parceria e criação de valor. O modelo fornece uma estrutura dentro da qual as variações aparentemente aleatórias no comportamento de parceiros podem ser consistentemente interpretadas e compreendidas, quer seus relacionamentos sejam parcerias na cadeia de suprimentos, nas contas principais, canais de marketing ou alianças estratégicas. Permite identificar tipos de relacionamento característicos com base em parâmetros provados e, criticamente, oferece claras indicações táticas e estratégicas sobre a melhor maneira de dar o próximo passo. Este capítulo, portanto, é sobre reunir ideias a respeito de dinâmicas de parceria que afetam o desempenho final. Depois deste, o Capítulo 7 irá mostrar como este modelo é usado para gerar oito arquétipos, os Tipos de Parceria Gibbs+Humphries.

AVALIANDO O DESEMPENHO DA PARCERIA

Normalmente, as empresas irão considerar a excelência operacional e seus elementos como os grandes objetivos da parceria: produto, qualidade, preço, serviços, apoio e distribuição física. Subjacente a eles pode haver uma orientação para o mercado ou para o cliente e o suporte de um design de processo, gestão e medição de desempenho. A importância e intensidade da gestão da parceria não pode ser subestimada e a qualidade do relacionamento terá impacto não apenas no custo da gestão, mas também nas contribuições e resultados operacionais [*inputs* e *outputs*]. Assim, avaliar se um relacionamento entre um fabricante e um intermediário pode ser considerado bem-sucedido significa rever todos os aspectos do relacionamento, ou seja, o desempenho total do relacionamento para o revendedor. O mesmo vale para a cadeia de suprimentos e para os parceiros de alianças estratégicas: é o desempenho global que importa.

Embora exista um foco de gestão "natural" nos resultados tangíveis da parceria, existe tipicamente menos foco naquilo que podemos considerar como resultados afetivos ou indicadores principais. Isto é, os fatores que influenciam a produtividade e eficácia, ou seja, a qualidade da "parceria" em si.

O desempenho da parceria é caracterizado por fatores relacionais como proximidade, interdependência e a presença de uma série de normas e práticas sociais. Também é possível considerar extremos em que fatores relacionais positivos contribuem para o alto desempenho em comparação com os negativos, que contribuem para um desempenho ruim. Assim, é importante notar que:

➤ As organizações podem identificar e de fato identificam fatores específicos que afetam o desempenho relacional no seu trato com outras empresas;

➤ Parcerias e alianças variam em termos do desempenho percebido de seus fatores relacionais;

➤ O desempenho relacional pode ter influência importante no resultado comercial do relacionamento.

O descrito acima pode ser resumido em avaliar a qualidade do relacionamento. Mas há diferentes ideias sobre o que está compreendido na qualidade desse relacionamento ou no "desempenho percebido do relacionamento". Esses conceitos sobrepostos incluem:

➤ Confiança, comprometimento e ausência de oportunismo (egoísmo), que afetam o "clima" de um relacionamento;

➤ Fatores básicos do sucesso de uma parceria, como lucratividade, aprendizagem e oportunidades de mercado;

➤ Um pacote de intangíveis, como reputação e *know-how*, que é acrescido a produtos e serviços;

➤ A capacidade de alcançar os benefícios adicionais que decorrem de relações sociais prolongadas, como vemos em alguns provedores de serviços em comparação com o relacionamento competente de um fornecedor profissional tradicional;

➤ A interação entre comprador-vendedor melhorada, em que o desempenho do relacionamento resulta de confiança e satisfação;

➤ A avaliação do trabalho em equipe feita por altos gestores de ambas as empresas da parceria, quando também comparam seu relacionamento com potenciais alternativas usadas como *benchmark*.

Pesquisas extensivas ao longo dos últimos 10 anos identificaram fatores que geram desempenho e culminam em excelência de parceria, que tem como consequência os extraordinários ganhos e benefícios de parcerias *business-to-business* bem-sucedidas. Os três "super" fatores de sucesso em parcerias expostos a seguir têm sido sintetizados por meio de pesquisas, e quando combinados oferecem uma medida abrangente do desempenho da aliança:

1 **Inovação colaborativa:** as condições que descrevem a eficácia do relacionamento e permitem que a parceria seja inovadora e reaja a oportunidades;

2 **Qualidade da parceria:** a qualidade da troca no relacionamento, incluindo comprometimento e confiança;

3 **Criação de valor:** a eficácia da parceria em criar e capturar o potencial valor que a parceria oferece.

Esses fatores têm demonstrado ser "lentes" por meio das quais é possível explorar as atividades e comportamentos que promovem o sucesso da parceria. Permitem que as empresas determinem se estão na espiral de declínio ou de sucesso. Com isso, as empresas são capazes de identificar seus pontos fortes e fracos e dar início a ações corretoras para assegurar o sucesso da parceria. A Figura 6.1 coloca esses relacionamentos e fatores operacionais num modelo unificado que representa o desempenho da parceria.

A seção a seguir descreve e ilustra cada um desses "super" fatores, considerando as oportunidades e desafios que eles oferecem.

FIGURA 6.1 | Desempenho da parceria: uma combinação de fatores operacionais e de relacionamento

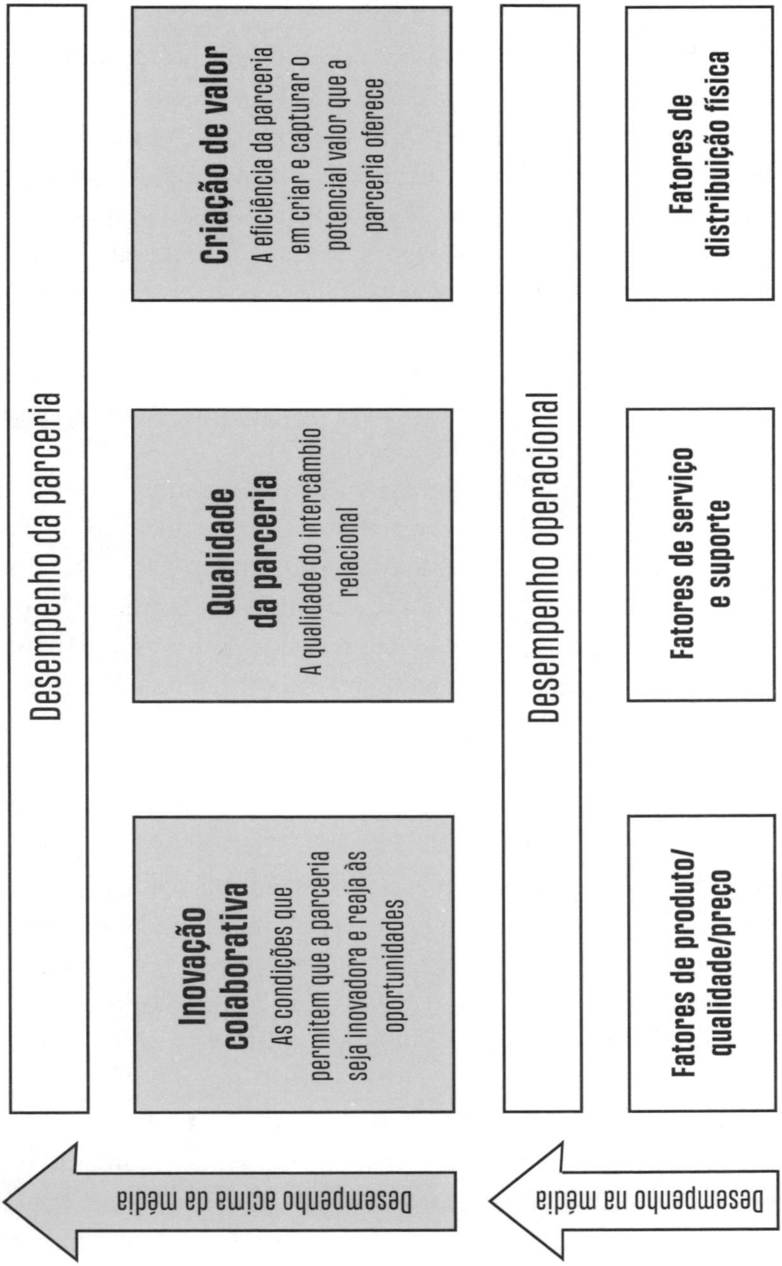

Desempenho acima da média

Desempenho na média

Desempenho da parceria

Inovação colaborativa

As condições que permitem que a parceria seja inovadora e reaja às oportunidades

Qualidade da parceria

A qualidade do intercâmbio relacional

Criação de valor

A eficiência da parceria em criar e capturar o potencial valor que a parceria oferece

Desempenho operacional

Fatores de produto/ qualidade/preço

Fatores de serviço e suporte

Fatores de distribuição física

CAPÍTULO 6

OPORTUNIDADES E DESAFIOS CRIADOS POR MEIO DA INOVAÇÃO COLABORATIVA

A inovação colaborativa diz respeito às ações promovidas e incentivadas como consequência de atividades de parceria satisfatórias em trabalho conjunto e iniciativas comuns. É esse aspecto de um bom relacionamento que costuma ser pensado como uma parceria que envolve trabalho árduo. Este é o "motor" do sucesso, mas, sem persuasão e incentivo, as parcerias geralmente empacam e não se animam. A inovação colaborativa pode ser pensada como a eficácia do relacionamento à medida que produz resultados tangíveis como um *share of wallet*, crescimento e escala/frequência de projetos e iniciativas conjuntos. A inovação colaborativa permite que parcerias alcancem suas metas e objetivos fundamentais.

"Trabalho conjunto" ou "trabalho em equipe" é um requisito fundamental de uma parceria efetiva, e considerando que cooperação, coordenação e colaboração estão intimamente relacionadas, elas podem ser agrupadas e chamadas de "comportamento 3Cs". Este comportamento consiste em trabalhar conjuntamente para colocar vários recursos no relacionamento em pauta, a fim de alcançar operações eficazes, em harmonia com as estratégias e objetivos das partes envolvidas. A importância de perseguir interesses mutuamente benéficos não pode ser subestimada, e também enfatiza a natureza essencialmente cooperativa das parcerias caracterizadas por equilíbrio e harmonia. Sob essas condições positivas, o feedback "entra em cena" e relacionamentos produtivos podem com frequência levar à descoberta de outras maneiras bem-sucedidas de cooperar e de novos objetos de cooperação. Em outras palavras, um bom comportamento terá uma retribuição e faz com que uma espiral de sucesso seja possível e se acelere.

O comportamento 3Cs pode ser usado para chegar a processos, estruturas, habilidades e inovação aprimorados. Numa abordagem orientada a produto, compradores e vendedores se juntam para inovar e entregar produtos competitivos, de qualidade, e podem cortar ou restringir custos pelo tempo que for possível. Na cadeia de suprimentos, o precoce envolvimento da *expertise* do fornecedor na fase de projeto trará benefícios conjuntos significativos. O comportamento 3Cs é, portanto, fator essencial na contribuição para o sucesso prático dos relacionamentos *business-to-business*. Ele significa que há esforços conjuntos para alcançar objetivos comuns e um relacionamento bem-sucedido. Permite desenvolver soluções criativas, inovadoras, que geram valor, produtos e processos novos e, no final, cria um valor intangível muito poderoso na forma de "vantagem colaborativa".

Outro componente importante da inovação colaborativa é a capacidade da parceria de se adaptar a mudanças nas circunstâncias internas e externas. Produtos, procedimentos, gestão de estoques, atitudes, valores e metas podem todos precisar mudar para manter a competitividade da aliança. Tais mudanças serão impactadas pelo tipo e complexidade do produto/serviço, pela profundidade da informação trocada, pela extensão dos contatos operacionais e sociais da organização e pelo grau de cooperação exigido. Uma estrutura comercial flexível é um bom facilitador de adaptação, porque leva as pessoas a se concentrarem nos resultados e no cliente, em vez de nos detalhes do contrato. É uma verdade aceita que as cláusulas de penalização nunca criam satisfação do cliente.

A comunicação vem a seguir e é um requisito de uma parceria de trabalho bem-sucedida, portanto, faz parte do modelo de espirais de comportamento. De muitas maneiras é o que propicia todas as atividades de inovação colaborativa. Ela contém canais honestos e abertos para lidar em conjunto com planejamento e definição de metas nas situações em que há expectativas mútuas e medidas estabelecidas, e dá amplitude e profundidade à complexa interação a ser gerenciada. Em nível operacional, linhas de orientação claras sobre o compartilhamento de informação proprietária e de tecnologia têm influência positiva no desenvolvimento de produto, custos, vendas e receitas. Também aumentam o comprometimento e a confiança. No geral, o grau de transparência alcançado numa parceria ou aliança irá inevitavelmente compor o cenário para o sucesso. O Quadro 6.1 resume os principais componentes da qualidade da parceria.

| QUADRO 6.1 | Principais componentes da inovação colaborativa |

Adaptabilidade	Inovação	Comunicação	Cooperação
Capacidade de a parceria se adaptar às mudanças nas condições	Grau em que a parceria incentiva a inovação e o alto desempenho	Qualidade, relevância, pontualidade e abertura da comunicação	Grau em que os parceiros cooperam efetivamente
A capacidade da parceria para manter e aprimorar sua posição competitiva por meio de melhoria dos processos e iniciativas de custos		A capacidade da parceria de coordenar e executar trabalho em equipe para alcançar os objetivos definidos de comum acordo	

DISTRIBUIÇÃO DE TI

Fusões e aquisições no setor de TI, como em muitos outros, são frequentes e geralmente traumáticas. Neste estudo de caso, uma organização de distribuição e logística espanhola foi adquirida por uma organização de distribuição maior, multinacional, com sede fora da Espanha. O distribuidor espanhol vinha sendo uma rota importante de atuação no mercado de um fabricante global, e havia grande risco de que os revendedores abandonassem o novo proprietário e transferissem seus negócios para outra empresa distribuidora. Havia também o risco de que as revendas deixassem o fabricante e passassem para outras marcas concorrentes, já que a organização anterior tinha ótima reputação pelos serviços de valor agregado, enquanto o novo proprietário tinha foco maior em rapidez e eficiência, sem supérfluos. Para os novos proprietários o lado negativo era o risco de que o fabricante reduzisse a importância da franquia e desviasse as vendas para um segundo e terceiro distribuidores já operando na Espanha.

Após uma série de revisões que ajudaram a ajeitar melhor o atual contexto comercial da parceria, as empresas envolvidas equacionaram o problema em termos de retenção, expansão e satisfação da base de revendedores existente. Como pano de fundo, o novo proprietário expressou sua intenção de reformular radicalmente os atuais sistemas de TI e processos críticos, visando eliminar custos "desnecessários" e aumentar a rotatividade do estoque. Ambas as empresas reconheceram que era desejável manter a parceria de negócios, mas estavam preocupadas com a viabilidade das necessidades operacionais aparentemente contrastantes dos revendedores, com a estratégia mais enxuta proposta pelo distribuidor e com os pré-requisitos dos produtos do fabricante.

As duas empresas montaram uma série de *workshops* para rever as implicações da nova organização na comunidade das revendas. Houve uma série de intercâmbios formais de informações detalhando os produtos, suas necessidades de configuração e as dinâmicas da cadeia de suprimentos, junto com as mudanças de infraestrutura propostas no distribuidor.

Foram implantados procedimentos de gestão de mudança para motivar as equipes e assegurar um foco nos objetivos de médio e longo prazo da transição. A equipe gestora da mudança também assegurou que os revendedores seriam reconhecidos como os principais *stakeholders* e incluídos nas discussões como apropriado. Esse engajamento dos revendedores permitiu identificar seus requisitos em termos de facilitadores cruciais de negócios, como a disponibilidade de crédito, serviços de configuração e políticas de devolução. O fluxo de informação foi crucial para todos os parceiros e foi criado um *bulletin board* na web permitindo revisões nas atividades e no plano do projeto, que serviu como repositório central de dados e informações.

Um investimento importante das duas partes foi estabelecer links para interfaces eletrônicas de dados [*electronic data interfaces,* EDI], que permitem o processamento eletrônico de pedidos e faturamento. Isso também agilizou os pagamentos pelo distribuidor referentes a quaisquer preços especiais ou promocionais que o fabricante tivesse definido para os produtos. O investimento em TI também se ampliou para fornecer informação em tempo real sobre estoque local e central e remessas. A criação de um estoque virtual de segurança no armazém do distribuidor possibilitou uma rotatividade rápida dos pedidos do revendedor e maior disponibilidade de produtos e configurações. Isso era um compromisso de ambas as empresas, que tinham posições

CAPÍTULO 6

diferentes em termos do nível de estoque exigido para atender à demanda corrente.

Os novos arranjos trouxeram com eles a necessidade de reformular as medidas cruciais de sucesso do relacionamento. Enquanto o relacionamento anterior havia tido foco quase exclusivo na atividade (número de unidades despachadas), a nova parceria trouxe com ela uma série de métricas mais amplas que foram revisadas e monitoradas em relação a *benchmarks* pré-definidos conjuntamente. Revisões de negócios associadas e maior alavancagem de dados permitiram às empresas elevarem o nível de precisão de suas visões, melhorando a lucratividade geral e estimulando as empresas a lançarem uma série de bem-sucedidos programas de recrutamento de revendedores.

Sintomas típicos de inovação colaborativa ineficaz

Para compreender os benefícios da inovação colaborativa é adequado considerar algumas situações típicas em que ela obviamente não está funcionando. Elas dizem respeito principalmente à gestão das operações:

➤ Responsabilidades são esquivadas;

➤ Não há compartilhamento eficaz das informações;

➤ Bolsões de compreensão – mentalidade do "círculo interno";

➤ "Bisbilhotice intelectual" – um dos parceiros coleta informações informalmente;

➤ O foco é no produto, e não na solução para o cliente;

➤ Gestores de conta tornam-se "solucionadores de problemas" ou "gestores de consultas";

➤ Número grande de ciclos de venda transacionais, de baixo valor ou infrequentes;

- Desconexões nos processos básicos – por exemplo, quando processos internos são usados para gerir parceiros externos;

- Falta de proatividade, com excesso de dependência do anfitrião para iniciar atividades e apresentar ideias;

- Clientes são "produtos mal vendidos";

- Há falta de talentos de vendas estratégicas, tornando os benefícios do produto dominantes nas atividades de marketing e vendas;

- Satisfação do cliente em queda porque os comportamentos adequados não são exibidos por um parceiro;

- É difícil recrutar parceiros;

- Gestores de parceiros têm muitas responsabilidades conflitantes;

- *Workshops* de planejamento são dominados por revisões de negócios;

- Sessões conjuntas de planejamento são cascatas de tarefas/metas.

OPORTUNIDADES E DESAFIOS CRIADOS PELA QUALIDADE DA PARCERIA

A qualidade da parceria é o segundo *driver* central do sucesso geral de um relacionamento comercial. Ela forma a base sobre a qual a produtividade da parceria se assenta. A qualidade da parceria não é simplesmente uma contribuição passiva às alianças, mas algo que influencia diretamente fatores importantes, como a duração e longevidade do próprio relacionamento. Este "super" fator está também associado à satisfação geral e forma um vínculo forte entre o desempenho operacional do negócio e a avaliação eficaz do sucesso da parceria. A qualidade da parceria é também diretamente associada à capacidade de uma empresa em capturar o valor que é criado por meio de uma parceria efetiva, que leva os ganhos e benefícios ao fundo ou ao topo do demonstrativo de Perdas e Lucros.

É importante que a qualidade da parceria se desenvolva ao longo do tempo e seja um importante fator na construção e nos primeiros estágios da parceria. A confiança e comprometimento numa aliança ou em outro relacionamento *business-to-business* depende muito das percepções mútuas, e às vezes é preciso que um ou outro dos parceiros faça o primeiro movimento. Normalmente, por meio de uma série de projetos ou demonstrações de comprometimentos inicialmente pequenos, os parceiros aprendem a confiar um no outro e então se dispõem a colocar mais recursos no relacionamento. Forma-se assim uma espiral positiva de comportamento e de crescente comprometimento, que começa a melhorar continuamente os resultados quando o esforço é mantido pelos dois lados. Num contexto de canais, esses investimentos podem ser na forma de treinamento oferecido pela empresa anfitriã, assim como por credenciamento conquistado pelo parceiro ou a ele concedido. Em alianças estratégicas o investimento pode assumir a forma de fornecimento de instalações, pessoal e *know-how*. Esses comportamentos positivos reduzem significativamente a dependência do contrato para "manter a paz", e depois que as pessoas começam a trabalhar juntas e a compreender o que precisam fazer para criar valor conjunto, os comportamentos egoístas e seus custos de gestão reduzem-se significativamente. O resultante aumento da qualidade da parceria libera recursos da gestão para desenvolver e otimizar o negócio. Eles também podem se sentir confiantes em assumir uma visão de longo prazo, em vez de ficar a toda hora apontando falhas no outro lado.

A qualidade da parceria também pode ser introduzida porque uma empresa tem boa reputação no mercado e no setor, e estabeleceu parcerias e redes. Isso costuma se basear em boas práticas desenvolvidas com a experiência. Empresas como Honda e Philips não têm dificuldades em encontrar parceiros de alto desempenho para se unirem a elas. Empresas assim costumam ser muito bem-sucedidas e conhecidas porque é "um prazer fazer negócios com elas". As empresas valorizam bons relacionamentos interpessoais, porque estimulam a confiança. No entanto, sabem onde "estabelecer o limite" e não permitirão que suas parcerias virem "clubes de campo", nos quais os relacionamentos "acolhedores" se tornem complacentes, flácidos e com baixo desempenho.

Na outra ponta do ciclo de vida da parceria, o comprometimento pode alcançar níveis significativos. As empresas geralmente acreditam ser independentes e livres para tomarem decisões que afetam seu futuro. Dentro de uma parceria ou aliança, costuma-se chegar a um ponto em que as partes ficam totalmente dependentes uma da outra para entregar seus resultados. Uma empresa usa suas habilidades únicas de design e manufatura enquanto a outra usa suas habilidades únicas de marketing e vendas. Elas alcançaram o ponto de interdependência. Para as culturas de algumas organizações isso pode ser algo difícil de aceitar, mesmo quando é a única maneira de alcançar a máxima eficácia do empreendimento conjunto. Elas não podem mais tomar muitas decisões, por exemplo, alterar um ponto principal de distribuição, sem antes considerar as necessidades de seu parceiro. Portanto, se não houver uma cuidadosa compreensão e gestão, é muito fácil permitir que pequenas irritações cresçam numa espiral de fracasso de feedback negativo e minem a estabilidade da parceria.

Uma maneira de superar alguns dos atritos associados à interdependência é transformar o desenvolvimento da parceria em um dos objetivos do empreendimento conjunto. É fato reconhecido que parcerias e alianças que têm desempenho muito alto são caracterizadas por sua capacidade de compartilhar conhecimento sobre processos, *know-how*, habilidades e clientes. Essa transferência de conhecimento, com frequência por meio de treinamento ou pela montagem de operações conjuntas, fortalecerá o negócio e permitirá a criação de novos recursos e capacidades. O Quadro 6.2 resume os principais componentes da qualidade da parceria.

QUADRO 6.2 Fatores que compõem a qualidade da parceria

Comprometimento	Confiança
A motivação para investir na manutenção e desenvolvimento da parceria	O grau em que um parceiro é considerado fidedigno, confiável e merecedor de crédito
O grau em que os investimentos são feitos na parceria por ambas/todas as partes	O grau em que a parceria é operacionalizada em termos de interesses e benefícios mútuos

CADEIA DE SUPRIMENTOS DE CEREAIS

Duas organizações do Reino Unido, a Home Grown Cereals Association e o Institute of Grocery Distributors, recentemente patrocinaram um estudo sobre a eficácia das cadeias de suprimento de cereais. Acreditava-se haver uma forte necessidade de aumentar a coesão do setor e disseminar melhores práticas na colaboração.

Nas cadeias de suprimentos de cervejarias, os fazendeiros vendem os grãos diretamente aos cervejeiros. A análise desses relacionamentos revelou que, embora haja considerável interdependência, os cervejeiros acham os fazendeiros conservadores e sem disposição de cooperar. "Eles ficam lá sentados nas fazendas deles, como sempre fizeram, e interpretam todos os nossos esforços para mudar a maneira de fazer negócios como interferência." Por outro lado, os fazendeiros sentem-se excluídos e subvalorizados por seus parceiros, que parecem gerenciar "por decreto". "Eles vêm nos visitar com seus ternos bonitos e tentam nos cegar com aquela conversa deles de gestão. Não mostram interesse em saber do que se trata produzir grãos." Havia pouco esforço dos dois lados para entender o outro, e o resultado foi que tanto a confiança quanto o comprometimento ficaram bem baixos. Isso teve efeitos adversos na eficácia e nos retornos.

Na cadeia de suprimentos das padarias, os fazendeiros haviam criado uma organização intermediária para armazenar e comercializar seus grãos. Como resultado, construíram um relacionamento muito estreito entre o intermediário e as empresas de moagem de grãos e as padarias. Os fazendeiros ganharam informações precisas sobre planejamento e feedback, que lhes permitiram desenvolver novas cepas de trigo. "Nosso intermediário fala a nossa língua e defende nossos interesses junto aos nossos clientes. Temos uma ideia muito clara do que precisamos fazer e sempre damos nosso melhor nesse sentido." Os clientes ganharam produtos de alta qualidade quando precisavam deles e a preços competitivos. Além disso, importante P&D realizada pelos fazendeiros assegurou que pudessem continuar a desenvolver produtos competitivos. "Estamos todos comprometidos "a satisfazer os clientes e iremos mover céus e terra para sermos os melhores no mercado. Há muita confiança, porque sabemos que cada um é um elo vital da cadeia."

Sintomas típicos de qualidade de parceria ineficaz

Sintomas típicos de situações nas quais confiança e comprometimento não estão sendo aplicados eficazmente e estão, portanto, minando a qualidade da parceria:

➤ Os parceiros reduzem investimento na marca ou serviços do anfitrião ou no relacionamento como um todo;

➤ Uma parte é vista como um *player* menor de uma rede ou aliança mais ampla, e é (com frequência de modo não intencional) excluída dos eventos principais;

➤ Parceiros disputam as melhores contas com parceiros alternativos;

➤ Parceiros não mandam seus profissionais mais importantes ou sua equipe de apoio disponível para as reuniões ou treinamentos;

➤ A experiência de negócios do cliente final é ruim;

➤ Os investimentos no relacionamento são subutilizados ou ficam "empacados";

➤ Novas iniciativas não são adotadas com empolgação ou perdem-se totalmente;

➤ Os relacionamentos tipicamente têm vida curta;

➤ Não é possível capturar valor, e nem os custos nem os ganhos podem ser contabilizados;

- ❯ Definem-se objetivos não realistas e há uma expectativa de que será possível obter altos retornos a curto prazo;

- ❯ Apropriação indevida pelos parceiros de recursos como tecnologia, clientes e pessoas (funcionários).

OPORTUNIDADES E DESAFIOS DA CRIAÇÃO DE VALOR

Além de agregar valor, a criação de valor é uma razão vital para que que as empresas trabalhem juntas – sendo estimuladas a desenvolver algo novo, que vá além da razão inicial para a parceria. A capacidade das empresas capturarem o valor total – "realizar valor" – na forma de benefícios para os clientes finais e para a lucratividade da empresa é o objetivo último de uma parceria ou aliança. Criar valor pode também estar associado à qualidade do serviço e à qualidade percebida do serviço. Muitas empresas estão cientes da importância da excelência operacional e focam mais esforços em compreender seu padrão de desempenho relativo. No entanto, embora a satisfação operacional de um parceiro estratégico continue sendo importante, há um conjunto mais crucial de fatores que precisa ser levado em conta, relacionado com a capacidade do próprio relacionamento de agregar, criar e capturar valor, e de fazer isso consistentemente dentro de um relacionamento estável. Foi constatado que a satisfação com o desempenho operacional (por exemplo, com um sistema de gestão por meio de consultas) não conduz automaticamente a aumentos na lucratividade ou nas vendas, mas o fato de criar e capturar valor pode ser considerado o indicador de eficiência de um relacionamento, já que influencia o ROMI [*Return on Marketing Investment*, ou Retorno sobre o Investimento de Marketing] e o ROI [*Return on Investment*, ou Retorno sobre o Investimento], assim como a margem bruta das empresas envolvidas. É inevitável, portanto, que a criação de valor seja a soma de todos os comportamentos de construção, sustentação e desenvolvimento do relacionamento. Concentrar-se em apenas um subconjunto, como as medições financeiras, provavelmente não permitirá alcançar todo o potencial do empreendimento conjunto.

É bem conhecido que depender demais de elementos comerciais tradicionais como produto ou marca é menos eficaz para criar uma parceria bem-sucedida e lucrativa do que fatores como sinergia produtiva. A sinergia produtiva lida com a capacidade de a parceria operar de forma eficaz com alta intensidade. O conflito é inevitável, mas o conflito aqui é construtivo, porque dentro de limites estabelecidos de metas comuns as empresas podem usar uma discussão acalorada para fundir, em conjunto, novas ideias de criação de novos processos, para ganhar rapidez em chegar ao mercado ou superar concorrentes. Os problemas são sempre enfrentados de maneira rápida e justa para assegurar que não se perca o impulso e para não correr o risco de cair na espiral de comportamento negativo. Parcerias muito bem-sucedidas são "confiavelmente instáveis"; isto é, utilizam indicadores de desempenho para melhorar processos e propiciar novas eficiências. São autodesafiadoras e críticas, mas ao mesmo tempo positivas e construtivas para avançar. Por outro lado, grandes instituições com frequência são caracterizadas por abrigarem processos moribundos, por "pesar e medir cada volta do parafuso, apenas para reportar seu peso e sua medida".

Os gestores geralmente reconhecem que forçar contratos por meio de litígio é perda de tempo e de dinheiro, e certamente não é uma boa base para fazer prosperar parcerias. Às vezes o melhor contrato é aquele redigido e esquecido logo após sua assinatura, permitindo que as empresas se concentrem em fazer a parceria funcionar. Os contratos devem ser criados no mesmo espírito de um acordo pré-nupcial que se preocupa com as consequências de um rompimento do relacionamento, e não em pré-definir como o relacionamento deverá funcionar. As forças dinâmicas que afetam quase todas as parcerias tornam quase sempre impraticáveis as tentativas de prever todos os prováveis problemas em um contrato. Assim, é importante que uma parceria seja governada dentro de um acordo flexível, com atenção focada nos clientes. Deve incentivar alto desempenho, promover o *ethos* da qualidade, sustentar uma melhoria contínua e permitir uma equitativa partilha de lucros e outros benefícios. Com esse alicerce, as parcerias podem se concentrar em alcançar consistência no processo, apoiadas em evidências factuais e não em testemunhos indiretos. Essa evidência factual é propiciada pelo uso de métricas de desempenho definidas em conjunto, totalmente transparentes, que abarquem não só atividades financeiras e operacionais, mas também *drivers* mais amplos, relacionais, que afetam o sucesso geral. O Quadro 6.3 resume os principais componentes da criação de valor.

| QUADRO 6.3 | Fatores que compõem a criação de valor |

Gestão de conflitos	Sinergia	Criação de valor	Eficiência de processos
A capacidade da parceria de gerir conflitos inerentes	O grau em que parceiros compartilham metas e objetivos comuns	A força da proposta econômica subjacente da parceria	Assegurar o foco no processo de melhoria contínua dos resultados/ entregas da parceria
O grau em que a parceria cria um ambiente para resolução criativa das questões e problemas		A capacidade da parceria de melhorar consistentemente sua posição competitiva por meio da melhoria do processo e de inciativas de custos	

A CADEIA DE CARVÃO DO HUNTER VALLEY

John Gattorna, prestigiosa figura acadêmica na gestão da cadeia de suprimentos, fez um estudo especial da cadeia de carvão do Hunter Valley, HVCC. É uma operação complexa que movimenta todo ano quase 100 milhões de toneladas de carvão de 30 produtores até clientes no Japão, Coreia e China. Prevê-se que este volume cresça consistentemente ao menos pelos próximos 10 anos. O negócio gira 5,355 bilhões de dólares por ano e tem imenso valor para a Austrália e os negócios envolvidos.

Consideráveis esforços têm sido feitos pela Logistics Team, uma *joint venture* composta por seis provedores principais, para melhorar o trabalho em equipe na cadeia de suprimentos. Esta compreende empresas que lidam com trens, trilhos, terminais e portos. Trabalhando juntas e usando TI inovadora para planejamento e programação, conseguiram reduzir custos e dar maior eficiência às operações. Além disso, faz parte do negócio um programa contínuo de melhorias. No entanto, há problemas em ambas as pontas da operação logística. As operadoras das minas têm uma mentalidade independente e às vezes é difícil lidar com elas, especialmente para obter as estimativas de produção de diferentes estágios do produto. Por outro lado, sob arranjos contratuais bastante vagos, os navios chegam ao porto Waratah e são atendidos num esquema "primeiro a chegar, primeiro a ser atendido", praticamente sem coordenação com o cronograma de produção. O resultado é que costuma haver 75 a 100 navios aguardando a vez, a um custo total para a HVCC de 1,7 milhão de dólares por dia. É, portanto, urgente a necessidade de estender o progresso feito na construção do relacionamento e na gestão das extremidades dessa cadeia de suprimentos. Só então será possível ter noção do total valor que esse empreendimento estrategicamente importante é capaz de capturar e criar.

◢ Sintomas típicos de criação ineficaz de valor

Entre os sintomas típicos de situações em que este "super" fator não tem desempenho eficaz:

➤ O recrutamento e/ou retenção de parceiros é problemático;

➤ Intermediários buscam justificar a necessidade de margens mais altas para apoiar vendas de produtos/serviços;

➤ Intermediários selecionam os modelos;

➤ Conflito aberto e frequentes divergências;

➤ Microgestão de métricas operacionais;

➤ Programas táticos são usados como ferramenta de preço;

➤ O investimento do parceiro no relacionamento é mínimo;

➤ O envolvimento da alta administração é mínimo;

➤ O parceiro busca financiamento do anfitrião para apoiar qualquer atividade.

O MODELO DE DESEMPENHO DA PARCERIA

Como um pacote total, os três "super" fatores de desempenho da parceria (qualidade da parceria, inovação colaborativa e criação de valor) permitem que os gestores façam uma avaliação objetiva do desempenho geral do relacionamento de uma parceria ou aliança. O Capítulo 5 demonstrou a técnica de usar pesquisas para avaliar as visões dos gestores dos dois lados da parceria e produzir classificações do desempenho com base nas suas respostas.

O Quadro 6.4 mostra como isto pode ser usado como um modelo de desempenho para qualquer parceria, com cada fator sendo classificado conjuntamente pelos parceiros. Essa classificação dá aos gestores um conjunto de métricas simples que pode ser monitorado ao longo do tempo e usado para guiar a melhoria do desempenho. É esse o caso especialmente quando classificações mais detalhadas são extraídas das partes componentes dos fatores e estes são apoiados por diagnósticos colhidos a partir de entrevistas com gestores selecionados e bem informados da equipe de cada parceiro.

Há indicadores fortes que nos ajudam a prever a probabilidade de uma parceria ser bem-sucedida ou não. Eles não substituem outras medições dos resultados de processo convencional, mas fornecem métricas e diagnósticos à gestão para corrigir e melhorar áreas cruciais.

QUADRO 6.4 O modelo de desempenho da parceria

Fator de desempenho	Avaliação do desempenho			
Qualidade da parceria				
Inovação colaborativa				
Criação de valor				
Classificação do desempenho	**Alta**	**Média**	**Média-baixa**	**Baixa**

RESUMO

Este capítulo revelou que parcerias bem-sucedidas geram valor em consequência da maneira pela qual os parceiros são inovadores, gerenciam o relacionamento dentro de padrões de comportamento definidos em conjunto, criam e capturam valor por meio do foco na sinergia e numa autoavaliação crítica e positiva. Isso culmina no desenvolvimento de um modelo de desempenho da parceria. O desempenho dos relacionamentos pode ser avaliado em termos dos três "super" fatores, que combinam tanto medições relacionais quanto operacionais. Desse modo é possível avaliar o desempenho "total" da parceria ou aliança em vez de chegar a uma visão financeira mais habitual e muito mais limitada. No próximo capítulo descreveremos a aplicação prática desse modelo nos Tipos de Parceria Gibbs+Humphries.

PRINCIPAIS PONTOS DE AÇÃO

1 Avalie a inovação colaborativa (adaptação, inovação, comunicação e cooperação) no contexto de seus principais relacionamentos comerciais. Qual a pontuação que eles alcançam na sua estimativa: alta, média, média-baixa ou baixa?

2 Avalie a qualidade da parceria (comprometimento e confiança) no contexto de seus principais relacionamentos comerciais. Qual a pontuação que eles alcançam na sua estimativa: alta, média, média-baixa ou baixa?

3 Avalie a criação de valor (sinergia produtiva, gestão de conflitos, captura de valor e eficácia) no contexto de seus principais relacionamentos comerciais. Qual a pontuação que eles alcançam na sua estimativa: alta, média, média-baixa ou baixa?

4 Revise os sintomas identificados para a qualidade da parceria, inovação colaborativa e criação de valor. Em que medida são características identificáveis de sua(s) parceria(s)?

5 Quais são os desafios comerciais e de gestão da sua empresa em consequência desses sintomas?

Os Tipos de Parceria Gibbs+Humphries

INTRODUÇÃO

Avaliações em profundidade têm sido realizadas em muitos relacionamentos de parcerias e alianças com o setor público e organizações corporativas no Reino Unido, na Europa e em outros países. Esses relacionamentos abrangeram desde pequenas e médias empresas com receita de 30 milhões de dólares por ano até empreendimentos colaborativos com receita de mais de 3 bilhões anuais. As análises podem ser feitas usando princípios científicos que sustentam as ideias deste livro e especialmente o modelo de desempenho da parceria descrito no final do capítulo anterior. Como resultado, é possível identificar e caracterizar com precisão oito tipos arquetípicos de parceria, usando classificações alta, média, média-baixa e baixa para os três "super" fatores de sucesso em parcerias descritos no Capítulo 6:

1 **Inovação colaborativa:** as condições que descrevem a eficácia do relacionamento e permitem que a parceria seja inovadora e reaja às oportunidades;

2 **Qualidade da parceria:** a qualidade do relacionamento – incluindo comportamentos-chave como comprometimento e confiança;

3 **Criação de valor:** a eficiência do relacionamento para criar e capturar o valor potencial que a parceria oferece.

Portanto, em termos práticos e pragmáticos, os relacionamentos *business-to-business* enquadram-se predominantemente em um dos oito seguintes Tipos de Parceria Gibbs+Humphries:

1 Evangelistas;

2 Pragmáticos estáveis;

3 Jovens rebeldes;

4 Pessimistas em evolução;

5 Tubarões no cativeiro;

6 Seletivos;

7 Não dá pra fazer;

8 Desertores.

Este capítulo descreve cada um desses tipos para que você consiga reconhecer aqueles com os quais está envolvido. O Capítulo 8 irá detalhar como um gestor prático pode avaliar com precisão o tipo de relacionamento que descreve adequadamente sua(s) parceria(s) de negócios e oferecerá algum conselho sobre a melhor maneira de lidar com a situação na qual você se encontrar.

EVANGELISTAS

Visão geral

Evangelistas são empresas que parecem estar numa lua de mel eterna com uma ou ambas as partes envolvidas na parceria. O nível de *mindshare* ("compartilhamento de mentalidade") e de satisfação geral é excepcionalmente alto e as referências "boca a boca" serão bem positivas. Geralmente são relacionamentos maduros que se tornaram bem estabelecidos com o tempo, mas as Evangelistas podem também estar presentes entre os *early adopters* (adotantes iniciais) de um mercado ou de um novo produto. Podem também parecer já ter ultrapassado seu brilho inicial e estar "vivendo de glórias passadas".

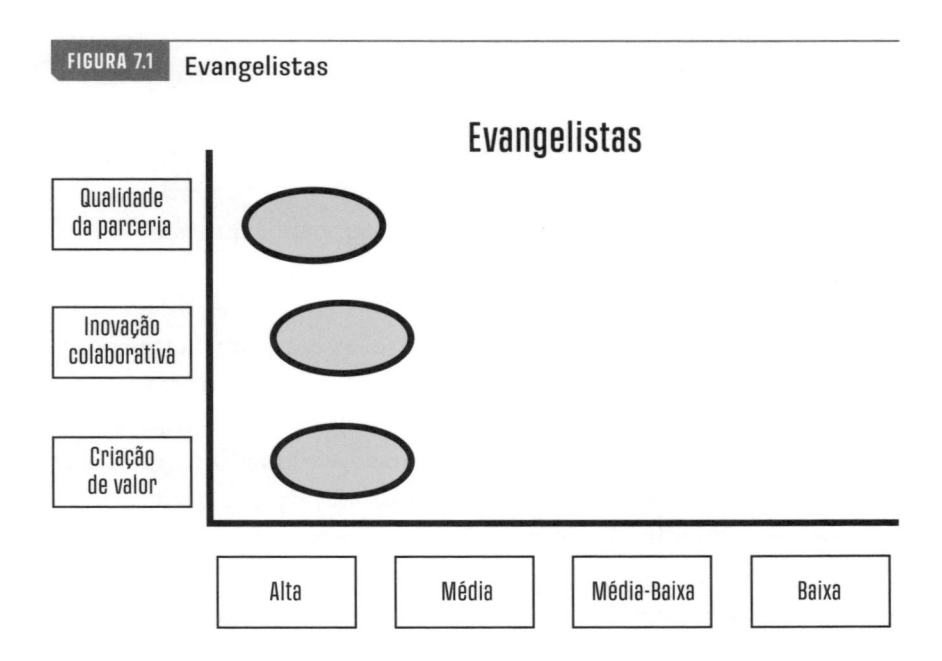

FIGURA 7.1 Evangelistas

◢ Identificando Evangelistas

Evangelistas são um enigma entre os tipos de relacionamento. Sua autoavaliação do relacionamento irá indicar que não há fatores a serem melhorados e que existe total harmonia colaborativa no relacionamento. O nível de confiança é muito alto. Uma Evangelista terá uma crença cega nas habilidades e competências da empresa anfitriã, assim como na intenção deles de operarem priorizando os interesses do relaciona-mento. O comprometimento estará igualmente bem estabelecido, em especial na área de metas comuns existente entre os parceiros. Também é provável que haja uma firme crença nos benefícios comerciais da aliança, a ponto de os lucros ou receitas significativos, ou ambos, serem diretamente atribuídos à parceria. É provável que as empresas envolvidas queiram investir em elementos estruturais da parceria, e então as Evangelistas podem ser caracterizadas pelo nível de treinamento empreendido, pelos recursos de pessoal alocados e pelos vínculos de TI ou recursos físicos implantados. Os níveis de coordenação para organizar e planejar a atividade cooperativa também serão altos, com muita energia dedicada a impulsionar iniciativas colaborativas.

No entanto, é aqui que o mito da Evangelista começa a se desfazer. Pesquisas têm mostrado que muitas Evangelistas não são as parceiras maiores ou as mais lucrativas. Além disso, embora as empresas possam ter a aspiração de construir e melhorar o nível de cooperação dentro de uma parceria, é crucial que outros aspectos de uma parceria também sejam muito trabalhados. Fator importante também é que esse "brilho" não pode estar completo sem algum conflito construtivo. Embora as empresas Evangelistas sejam muito positivas em termos de parceria, podem tornar-se muito voltadas para dentro, e com frequência não têm conexão com o mercado, a ponto de continuarem concentradas em preservar a promessa da parceria quando a justificativa comercial para ela já se esgotou. Isso pode ser explicado pelos vínculos muito fortes que quase sempre estão presentes, mas pode também ser devido a uma situação em que uma parte é muito dependente da outra. As Evangelistas acabam não tendo desempenho muito bom em criatividade e inovação. Existe uma tendência acentuada nessas parcerias de se tornarem céticas e apreensivas em relação a quaisquer fatores que possam perturbar o equilíbrio da parceria. Mudanças na estrutura estratégica do relacionamento causadas por uma força externa, como uma empresa matriz ou um escritório central, normalmente produzem uma reação defensiva de manter o *status quo*.

Embora reforçar investimentos num relacionamento seja altamente benéfico, se isso for excessivo, com o tempo tornará um dos parceiros, ou os dois, reféns do relacionamento. Essa pode ser uma clara indicação de que uma parceria de Evangelistas está em declínio. O processo também tem probabilidade de exercer um bom papel na gestão desse tipo de relacionamento. Podem existir acordos em cima de acordos a respeito de quem faz o quê, quando e para quem, que tenham se acumulado com o tempo. E eles podem ter virado um fim em si. Portanto, é provável que haja alguma resistência à mudança e um grau de preguiça em se adaptar a novas condições no mercado. Relacionamentos evangelistas são também identificados por uma ausência de medidas eficazes de desempenho. Embora as revisões invariavelmente aconteçam, é improvável que levem os parceiros a procurarem ativamente maneiras de melhorar ou corrigir. Assim, não é incomum que essas parcerias fiquem sobrecarregadas por processos de gestão desatualizados e complexos.

Em resumo, as Evangelistas podem ser alianças muito eficazes, mas há o perigo de que se tornem complacentes. É provável que estejam ainda "surfando na onda de seu sucesso original", mas, em algum ponto, vão começar a enviar mensagens errôneas ao mercado (e a si mesmas). Isso se dá quando elas perdem o rumo e se tornam inflexíveis e vulneráveis a mudanças externas. Nos seus primeiros dias, as Evangelistas produzem grandes retornos, do tipo 1+1=5, mas isso pode ficar "exaurido" e diminuir com o tempo.

UM CONTO DE SUPRIMENTOS DE ESCRITÓRIO

As duas empresas envolvidas nesse relacionamento de cadeia de suprimentos eram parceiras de longa data. O gerente-geral da "Office Supplies Co" havia sido diretor regional de vendas da "ManuCo". A parceria operava no maduro setor de equipamentos de escritório da Alemanha, onde a Office Supplies era uma organização de vendas e de marketing e a ManuCo, uma subsidiária de um fabricante especializado em equipamentos de escritório. A ManuCo era uma empresa pan-europeia de porte médio, com cerca de 500 funcionários. A Office Supplies Co era menor e atendia uma ampla gama de tipos de clientes, com forte presença em setores governamentais regionais e locais.

A Office Supplies Co tinha um grande showroom onde os produtos da ManuCo podiam ser demonstrados e testados por potenciais clientes. Cerca de 20% do negócio da Office Supplies Co dependia dos produtos da ManuCo. A Office Supplies Co correspondia a menos de 5% do negócio da ManuCo na Alemanha, mas na realidade tinha exclusividade de território nos estados alemães do sul, ao redor de Munique e Stuttgart.

O relacionamento era caracterizado por muita comunicação e troca de informações e por uma íntima cooperação entre as duas empresas, que com frequência trabalhavam lado a lado com as contas principais.

Os processos operacionais eram com frequência motivo de histórias e piadas, porque tendiam a ser complexos e muito idiossincráticos. No entanto, o pessoal de ambas as empresas havia "crescido" com isso, e não era tanto "o que você sabia", mas "quem você conhecia" na outra empresa que permitia que as coisas fossem feitas.

O crescimento de vendas nos últimos quatro trimestres havia sido particularmente lento e a perda de um grande cliente havia obrigado as empresas a rever o modelo de negócio para tentar equacionar o que estava dando errado. A revisão identificou que a Office Supplies Co estava cobrando dos clientes um adicional de preço para o produto acima da norma de mercado e, embora os clientes existentes estivessem muito satisfeitos com a qualidade do serviço, havia a crescente preocupação de que o pacote todo estivesse com preço exagerado. As partes decidiram que a melhor maneira de avançar era aumentar todas as ações de marketing para destacar os benefícios de sua abordagem conjunta.

Coincidindo com essa situação, foi nomeado um novo gerente europeu na ManuCo. O novo gestor começou a expandir o número de parceiros pela Europa para aumentar a cobertura de mercado. A reação imediata foi um cerrar fileiras dentro da organização alemã entre a Office Supplies Co e a ManuCo. A iniciativa de expansão europeia foi vista como desnecessária na Alemanha, e a mensagem local, de "qualidade" da solução em vez de "quantidade" de pontos de venda, foi reforçada. A avaliação inicial de cobertura foi ignorada, protelada, difamada e por fim empreendida sob pressão e, sem surpresa para a equipe de gestão alemã, os resultados foram inconclusivos.

Essa iniciativa de marketing cooperativo foi lançada para a base regional de clientes num hotel de luxo de Munique. Alguns jornalistas e clientes compareceram, mas a recepção geral foi morna. A Office Supplies Co decidiu que o melhor caminho a seguir seria ampliar o quadro de vendas e, portanto, de novo apoiada pela ManuCo, recrutou e treinou cinco novos vendedores. Os resultados continuaram fracos e, pela primeira vez, as equipes de gestão passaram a criticar a capacidade operacional do parceiro. Seis meses depois, a maioria dos vendedores recém-recrutados (e alguns da equipe de vendas existente) tinham saído – vários deles para os concorrentes. A parceria entre a Office Supplies Co e a ManuCo durou mais 12 meses, até que seguidas perdas contratuais forçaram a escolha de um segundo e depois um terceiro parceiro regional. Em 18 meses a parceria terminou, após um acordo fora dos tribunais.

Essa transição de Evangelista para Desertora não é incomum. A Evangelista desertora exibe vários traços de Tubarão no cativeiro.

PRAGMÁTICOS ESTÁVEIS

FIGURA 7.2 Pragmáticos estáveis

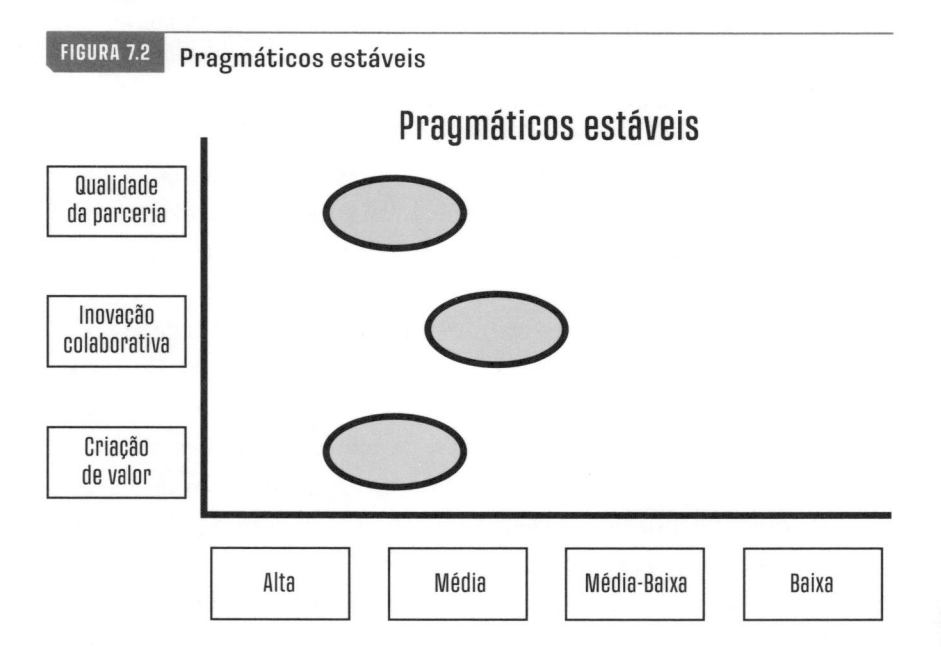

◢ Visão geral

Relacionamentos de Pragmáticos estáveis costumam existir em mercados relativamente estabelecidos, e caracterizam-se por uma cooperação baseada em necessidades pragmáticas de superar as dificuldades usuais de operação na cadeia de suprimentos que "são próprias do território". A impressão é que há entrosamento das culturas, criando a sensação de "estar no mesmo barco". A gestão e a construção do relacionamento podem ser pouco estruturadas, mas eficazes, porque os gestores são intuitivamente hábeis. De todo modo, no conjunto as empresas e os indivíduos envolvidos entendem os potenciais benefícios da cooperação e a parceria funciona com um desempenho acima da média.

◢ Identificando Pragmáticos estáveis

Esses relacionamentos podem cobrir um espectro de situações. Na parte mais baixa há as parcerias que saíram de uma zona conflitiva para uma situação de "contato mais próximo", porque a alternativa é dolorosa demais. Para usar a analogia do casamento, é como "continuar junto por causa dos filhos". No meio do grupo há organizações que alcançaram um razoável nível de eficiência, mas são incapazes ou então não se dispõem a fazer um esforço extra para melhorar. Na parte mais alta dos Pragmáticos estáveis estarão aquelas alianças que começaram a superar as dificuldades internas e externas atualmente enfrentadas e têm entusiasmo potencial para se tornarem Evangelistas. O fator comum é que esses relacionamentos são geridos de maneira pragmática, realista e proativa, e consequentemente são eficazes e produtivos.

Embora ambos os lados estejam cientes das necessidades de seu relacionamento e façam periodicamente esforços para melhorar o desempenho, haverá a competição diária entre decisões de curto prazo a respeito de objetivos financeiros, operacionais e de marca, e decisões conjuntas orientadas à parceria. Outro fenômeno comum será a falta de uma direção consistente da gestão do relacionamento ao longo das organizações parceiras. Haverá bolsões de clareza, com frequência no topo, com considerável variação no resto das empresas. Indivíduos entusiasmados em níveis mais baixos podem ficar frustrados porque a organização não parece apoiar ações aparentemente óbvias que, se realizadas, trariam claros benefícios à parceria. Isso pode sofrer disrupções pelas constantes reorganizações e rotatividade de pessoal, que perturbam a responsabilização e os esforços de construção de relacionamento, e geralmente interferem na maneira de introduzir novas ideias. A inovação é, portanto, um ponto relativamente fraco, e com frequência só é possível gerar iniciativas de melhoria localizadas, de curto prazo, no relacionamento.

Não obstante, e em face dessas dificuldades, a alta direção é particularmente ciente dos benefícios de seus relacionamentos de parceria e aceita que é importante melhorar a cooperação e lidar construtivamente com os problemas. Essa atitude pode ter se filtrado através da organização, mas com frequência costuma ser praticada apenas com desculpas, quando eventuais pressões para apagar um incêndio operacional tornam-se obstáculos a comportamentos conjuntos. Um respeito mútuo pelos problemas e realizações do outro lado e pela maneira com que eles às vezes precisam fazer as coisas que vão contra a parceria costuma ser uma forte característica dos Pragmáticos estáveis: "Eles cumprem o que prometem, embora sejam inflexíveis e excêntricos". Assim, no nível de trabalho é provável que os lados trabalhem juntos nos problemas, em vez de se queixarem formalmente, e aqueles que ocupam cargos comerciais provavelmente serão relativamente flexíveis em relação ao que reza o contrato. Esses relacionamentos geralmente conseguem realizar as coisas e muitos deles têm vida longa – mais de 20 anos, como "casais juntos há muito tempo". Eles usualmente alcançaram um estado de equilíbrio eficiente que, embora não seja tão produtivo quanto poderia ser, gera retornos acima da média.

PROBLEMAS DE CONFEITARIAS

O cliente era um fabricante global de itens de confeitaria com receita de vários milhões de dólares. Cerca de 20 anos atrás, a divisão europeia havia decidido diversificar experimentalmente e entrou em cerca de 10 nichos de mercado. Para isso, identificou a capacidade de pequenas e médias empresas (PMEs) individuais e iniciou acordos de parceria com cada uma. Guiada pela mão do cliente, cada PME desenvolveu seus processos e capacidades e constituiu um valioso ponto de apoio em mercados especializados.

A partir de um negócio familiar que vendia seus produtos a mercados locais, a PME se tornou, na parceria, um fabricante de primeira linha de itens de confeitaria sazonais. Desenvolveu técnicas de produção muito inovadoras e por meio de gestão similarmente inteligente da cadeia de suprimentos foi capaz de reduzir estoques e produzir a partir de pedidos com muita flexibilidade. Além disso, sem perturbar o arranjo com o cliente, o fornecedor se tornou um bom especialista em sua área e tinha contratos lucrativos com a maioria dos concorrentes do cliente. Mesmo assim, o relacionamento deu tão certo que o cliente aumentou sua dependência do fornecedor para mais de 80%.

Logo após 2002 as coisas começaram a mudar, quando os "empreendedores" originais do cliente saíram e a conta de fornecedor ficou nas mãos de uma pequena equipe de gestão do grupo, que passou a lidar com as principais linhas de produtos. A PME achou que seu relacionamento estava sendo gerido por uma equipe relativamente inexperiente que, apesar de o contrato ser simples, de entrega por fases, esperava receber relatórios diários, detalhados, e não tinha autoridade para discutir assuntos de inovação de produtos e desenvolvimento de mercado. A situação foi agravada pela imposição de uma empresa de logística do cliente, que era muito capaz de fornecer a uma grande linha de produção, mas tinha dificuldade para aceitar o modo de trabalho muito flexível do fornecedor. Os problemas aumentaram conforme as falhas da empresa de logística fizeram o fornecedor perder metas de produção e, pela falta de alguém que se dispusesse a ouvir no lado do cliente, o fornecedor invocou cláusulas de penalização no seu contrato. O fornecedor estava, na realidade, seguindo a regra, a fim de chamar a atenção para suas dificuldades.

Inicialmente, o cliente fez um estudo de mercado para encontrar um fornecedor substituto. Mas logo percebeu que a capacidade de seu fornecedor atual de entregar e inovar confiavelmente, e com um custo cerca de 40% mais baixo que o de outros *players* do mercado, não lhe deixava opção viável. A alta gestão do cliente então envolveu-se e propôs uma avaliação de desempenho do relacionamento, concluindo que o melhor desfecho para o premente caso de negócios seria manter a parceria, com o comprometimento implícito da sua equipe de apoiá-la. Fizeram então uma revisão dos processos da cadeia de suprimentos envolvendo cliente, fornecedor e a empresa de logística, para melhorar a compreensão e buscar soluções para os problemas de logística. O cliente convidou o fornecedor a participar das reuniões regulares de planejamento de produto/mercado com o intuito de melhorar o *market share* (fatia de mercado) e reduzir os custos de vendas.

O cliente compreendeu que um relacionamento muito bem-sucedido havia se deteriorado por falta de cuidado. Embora o desempenho geral do fornecedor tivesse se mantido, os custos de processo haviam aumentado e a redução no moral da equipe afetara negativamente a inovação. O cliente demorou cinco anos para perceber a abrangência do problema e a necessidade de esforços conjuntos para começar a revertê-lo.

O que o cliente disse:

> "Nós os respeitamos como organização; eles têm os próprios desafios a enfrentar."

> "Trabalhamos vários anos juntos e os sentimentos originais ainda são fortes."

> "O relacionamento poderia entregar muito mais, então vale a pena lutar para salvá-lo."

> "Eles otimizaram parte de seu processo, mas isso fez aumentar os custos de nossa cadeia de suprimentos. Eles são muito autocentrados."

> "Estamos sempre sob pressão, porque eles só planejam muito tarde no dia."

O que o fornecedor disse:

> "Fizemos uma visita e desencavamos vários problemas. Às vezes precisamos forçar essas discussões para desanuviar o ambiente."

> "O desenvolvimento de produto tem sofrido porque eles não queriam se comprometer com um único acordo de suprimento. Estamos agora trabalhando numa plataforma comum, o que está ajudando."

> "A diferença de cultura não costumava atrapalhar. Mas agora existe um conflito."

> "Funcionaria melhor se cada um de nós fizesse o que sabe fazer bem. Às vezes, não estamos atrás da mesma bola."
>
> "Somos muito apaixonados por aquilo que fazemos; é por isso que às vezes ficamos exaltados quando os problemas da cadeia de suprimentos nos afetam."

JOVENS REBELDES

FIGURA 7.3 Jovens rebeldes

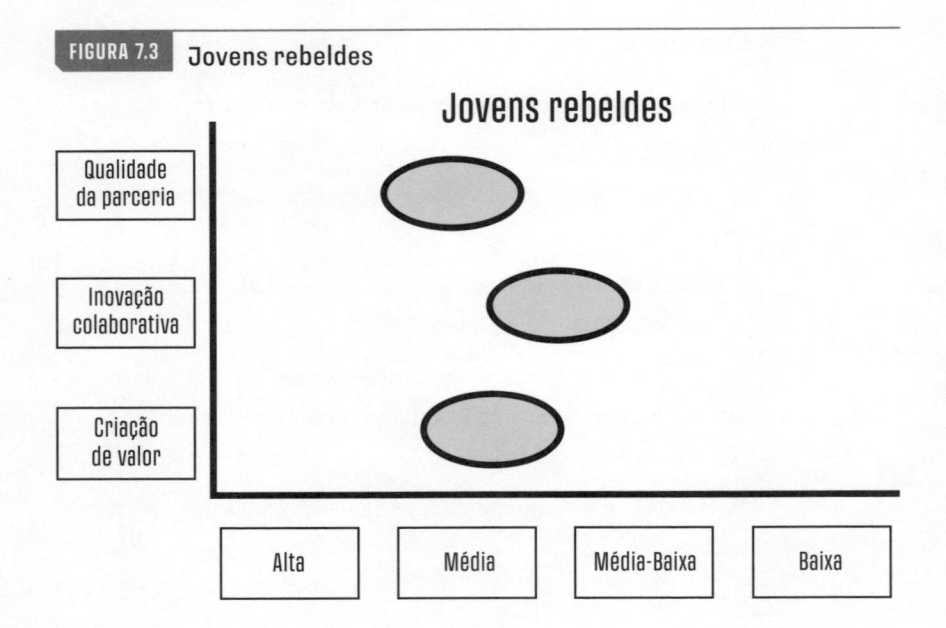

⊿ Visão geral

Os relacionamentos de Jovens rebeldes não são incomuns, e com frequência se dão em parcerias onde a escala de contribuição, desempenho e importância de ambas as empresas é alta. São relacionamentos que tipicamente tiveram existência por algum tempo, embora possam emergir de parcerias menos maduras. Existe ou pelo menos existiu algum grau de confiança mútua nos relacionamentos, que com o tempo foi diminuindo e substituído por atitudes (culturais ou comerciais)

ALIANÇAS ESTRATÉGICAS & PARCERIAS DE MARKETING

que não estão mais totalmente sintonizadas com as razões originais da aliança ou parceria.

◢ Identificando Jovens rebeldes

Jovens rebeldes mantêm um bom relacionamento de trabalho com a empresa anfitriã. Isso é apoiado por um grau bem alto de confiança. Jovens rebeldes confiam nas próprias capacidades e nas capacidades de seus parceiros, e também nas pessoas com quem fazem negócios. Isso mantém a força e a durabilidade do relacionamento, assim como o comprometimento com ele. O comprometimento é alto porque as empresas estão felizes com as metas comuns e com a perspectiva de alcançar os benefícios comerciais que almejam. Como resultado, continuarão investindo em um nível relativamente alto e verão esses "laços" e "promessas" como atos essenciais que mantêm a parceria unida. No entanto, Jovens rebeldes são parceiros irrequietos e ficarão impacientes para obter retorno. Se estes não vierem na quantidade e qualidade esperada, então pode começar a se instalar certo mal-estar. Jovens rebeldes estão sempre atentos a detectar desequilíbrios nas contribuições que cada um dos parceiros faz e ficam mal-humorados e petulantes quando veem que nem tudo é exatamente justo.

Apesar do nível de confiança e comprometimento, existem, portanto, conflitos nesses relacionamentos. Eles surgem porque o Jovem rebelde sente que o parceiro nem sempre está sendo justo em seu trato (apesar de ser confiável) e tem objetivos e ambições que não são totalmente compatíveis com os objetivos percebidos como comuns na parceria. Esta situação pode surgir quando uma empresa expande suas alianças estratégicas ou os relacionamentos de sua cadeia de suprimentos e começa a se envolver com um concorrente. O nível de conflito não é disruptivo para a parceria, mas há a tendência de os questionamentos e problemas se agravarem. Uma das causas de discordância é a percepção de que o parceiro não é muito flexível e que as políticas e processos estão ditando uma parte excessiva do relacionamento. Parcerias com Jovens rebeldes costumam ser citadas como atormentadas por "burocracia", e haverá constantes demandas por maior liberdade de ação, como tomadas de decisões descentralizadas, maior autonomia local ou mais empoderamento para o pessoal da linha de frente. O parceiro é acusado de ser "difícil de trabalhar" e o Jovem rebelde irá fazer pressão por processos mais simples. A discussão construtiva, no entanto, é evitada, porque apesar de haver disputas acaloradas, costuma ser muito difícil chegar a um acordo sobre resultados produtivos.

Existe, portanto, um problema com o diálogo e a discussão abertos, e os Jovens rebeldes com frequência culpam seus parceiros por não entenderem seu modelo de negócio, ou alegam que suas exigências não têm sido ouvidas, são mal compreendidas ou ignoradas. A falta de uma comunicação de mão dupla contrasta com o nível relativamente alto de compartilhamento de informações operacionais que é mantido. Nesse nível existe abertura para fornecer informações sobre clientes, condições de mercado ou atividades da concorrência. No entanto, isso não contribui para que as partes cheguem a uma compreensão comum de como podem trabalhar melhor juntas e colaborar. Portanto, o planejamento conjunto tem lugar, mas com foco em números, metas e métricas, e resulta em planos documentados que permanecem estáticos e raramente são postos totalmente em prática. A cooperação, portanto, não é abrangente ou eficiente. Mesmo assim, o Jovem rebelde se dirá satisfeito com a parceria, porque seus principais objetivos estão sendo alcançados. No privado, porém, irá se queixar de que o nível de lucratividade ou o ROI que está sendo capturado não é suficiente ou que está sendo retido por seu parceiro.

A consequência comercial de tais relacionamentos é que o valor potencial que poderia ser criado se perde ou não é capturado, ou seja, 1+1 = 2,5 ou 3. Embora a escala do negócio possa ser significativa – não é incomum encontrar grandes parcerias exibindo tendências de "criança-problema" –, o crescimento do negócio é relativamente pequeno e estável. Há consideráveis ineficiências na gestão desses relacionamentos, já que muito esforço é despendido para manter os laços sociais e resolver problemas de curto prazo ou táticos.

ALTOS E BAIXOS EM TI

As duas empresas envolvidas nesse relacionamento trabalhavam juntas há vários anos. Uma era uma grande fabricante de TI, a outra uma grande revendedora especializada em vender para grandes corporações e contas do governo. A fabricante também operava sua própria força de vendas diretas que vendia para as mesmas contas corporativas, mas com foco num conjunto de produtos diferente do vendido pela revenda; portanto, até bem pouco tempo atrás não havia surgido conflito.

Ambas as organizações trabalhavam bem em conjunto; havia uma sinergia nos processos de gestão de vendas e as empresas compartilhavam culturas organizacionais similares: foco em resultados, movido por números. As duas também reconheciam plenamente a compatibilidade de seus recursos de vendas. A fabricante fornecia o sistema e a revendedora a solução e o serviço. Essa combinação tinha resultado em vários contratos de venda de alto perfil, no valor de milhões de libras. A parceria floresceu num ambiente de frequente intercâmbio de informações e diálogo.

No entanto, havia um espinho nessa harmonia. A força de vendas diretas do fabricante tinha começado a vender soluções e serviços para as grandes contas. Havia ainda uma divisão entre os produtos comercializados pela organização de vendas diretas e aqueles disponíveis à corporação de revenda, mas parecia que essa divisão às vezes ficava muito tênue. Foi esse o caso particularmente quando a fabricante sugeriu que ambas colaborassem num negócio de nível muito alto, que envolvia uma ampla gama de produtos e serviços. A proposta era simples: a fabricante atuaria neste caso como principal fornecedor e subcontrataria a revenda para vários itens da entrega de serviços. A margem disponível para o serviço subcontratado seria alta e, portanto, muito lucrativa para a revenda. A corporação revendedora continuou confiando nas intenções da empresa fabricante, mas ficou cética quanto aos benefícios. A proposta foi apresentada, mas não foi aprovada pelo cliente e o negócio não avançou.

Ao longo do tempo, surgiram várias oportunidades similares e os parceiros se revezaram para ser o líder ou o subcontratado. A taxa de sucesso era aceitável, e embora tivessem perdido mais do que ganhado, a lucratividade dos negócios parecia compor uma estratégia viável. Por isso, ambas permaneceram aparentemente comprometidas com a parceria. No fundo, porém, o lado da revenda estava cada vez mais preocupado com o custo de fazer negócios desse modo e com o comprometimento a longo prazo do fabricante com a parceria. O fabricante também se sentia menos confortável em suas negociações com a revenda, por entrever o risco de que ela entrasse em arranjos similares com outros fornecedores.

Houve várias consequências. O relacionamento do negócio continuou produzindo resultados 1+1=3, apesar de haver uma corrente subjacente de conflito e menor atividade de cooperação. As revisões formais tornaram-se mais frequentes, e a abordagem ao desenvolvimento conjunto não era tanto "um livro aberto". Isso com frequência levou as propostas a terem redução de preço e ficarem fora de sintonia com o mercado.

PESSIMISTAS EM EVOLUÇÃO

FIGURA 7.4 Pessimistas em evolução

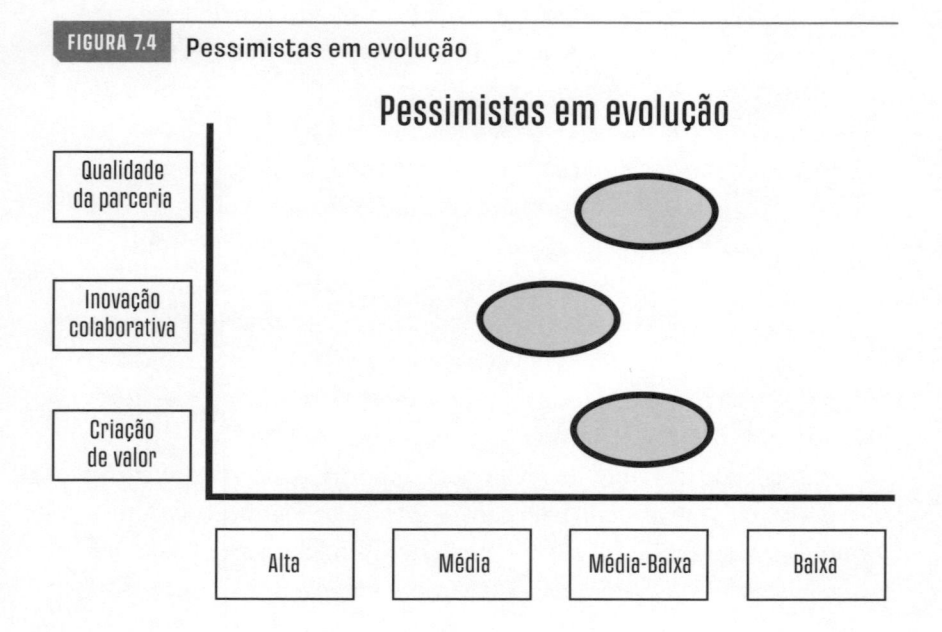

◢ Visão geral

Os relacionamentos de Pessimistas em evolução estão claramente tentando melhorar seu desempenho. No entanto, são visíveis alguns problemas operacionais, como a complexidade da cadeia de suprimentos, processos mal encaixados, dificuldades inerentes de prever os requisitos do cliente, obstáculos tanto culturais quanto financeiros ao processo e à melhoria das instalações, e tudo isso geralmente reduz os níveis de satisfação geral e os retornos do relacionamento. Este tipo pode muitas vezes ser visto em negócios "difíceis" como o da Defesa e nos ambientes de países em desenvolvimento.

◢ Identificando Pessimistas em evolução

Os relacionamentos de Pessimistas em evolução exibem muitas das características do tipo "Não dá pra fazer". Condições de operação difíceis, resultantes de mercados instáveis e de ter que apoiar produtos complexos/não confiáveis são aspectos que provavelmente irão preocupar os gestores. Esses problemas afetam as visões do risco, por isso investimentos desses relacionamentos em infraestrutura e pessoas serão difíceis de justificar. Além disso, comportamentos voltados ao curto prazo, egoísmo e oportunismo tendem a minar iniciativas de melhoria. No entanto, talvez pela familiaridade e experiência prolongada com os problemas operacionais, está presente certa satisfação perversa, e como resultado o moral continua baixo. As condições de relacionamento podem, portanto, ter alcançado um estado de trégua desgostosa ou pelo menos uma redução dos comportamentos conflitivos ativos. Com isso, a comunicação, especialmente em torno da solução conjunta de problemas, terá lugar e marginalmente elevará o nível de inovação; mas, embora a vontade de cooperar esteja crescendo, a capacidade de traduzir isso em confiáveis cadeias de entrega de produto e serviço ainda precisa ser desenvolvida. Retornos desses relacionamentos ficam abaixo da média, isto é, serão 1+1=2.

UM RAIO DE ESPERANÇA EM AVIÔNICA

O cliente era uma empresa aérea do Reino Unido com operações globais. O fornecedor, um líder mundial em projeto, manufatura e provisão de manutenção para "caixas-pretas" de aviônica. O relacionamento, que envolvia previsão, reparo, modificação e substituição de equipamentos de aviônica, já durava 14 anos e faturava cerca de 40 milhões de libras por ano. Fortes cláusulas de penalização entravam em vigor se a falha de um módulo impedisse uma aeronave de cumprir seu cronograma.

Nos últimos seis anos, o cliente tinha enfrentado condições de mercado muito difíceis, como capacidade ociosa e concorrência de empresas aéreas de baixo custo. O cliente havia feito cortes no suporte de equipamento, esperando que o fornecedor compensasse a diferença por meio de maior eficiência. Este último esforçava-se para modernizar sua gama de produtos para enfrentar uma concorrência cada vez mais forte de um mercado civil que vinha sendo "invadido" por fabricantes da Defesa. Ele então pediu ao cliente que investisse numa nova instrumentação do cockpit com tecnologia de ponta, mais confiável numa ordem de magnitude, e que iria garantir seu futuro colocando-o à frente em um aspecto crucial do setor.

A comunicação entre os parceiros ficou escassa e ambos sentiam que o outro havia perdido contato com os objetivos estratégicos conjuntos. Mais importante ainda, embora ambos aceitassem a necessidade de maior eficiência e de cortar custos, essas mensagens não permeavam de modo consistente as respectivas organizações. Como resultado, a equipe de trabalho que havia caracterizado os primeiros anos do relacionamento se desfez e, por exemplo, o fornecedor fazia reuniões sobre o progresso das reposições sem a presença de um representante do cliente. Além disso, informações sobre previsão de uso do cliente tornaram-se cada vez mais esporádicas e raramente eram atualizadas. Em vez de se basear em reuniões regulares de revisão do desempenho, a comunicação se dava cada vez mais por e-mail, e quando as reuniões eram realizadas, duas vezes por ano, eram improdutivas, num clima de irritação, com cada lado culpando o outro por falhas. O pessoal do comercial foi envolvido e em duas ocasiões foram acionadas cláusulas de penalização contra o fornecedor. A adoção pelo cliente de uma estratégia de gestão de relacionamento do fornecedor não melhorou a situação, porque empregava um tom superior ao falar com ele, em vez de tratá-lo como parceiro estratégico.

As coisas começaram a mudar quando o fornecedor apontou um novo gestor de uma conta importante. Este notou que as duas empresas haviam chegado a um impasse que puxava as duas para baixo e que era necessário fazer algo para romper aquele ciclo de comportamento negativo. Afinal, nenhum dos dois lados percebia a imensa disrupção que seria causada pelo rompimento completo do contrato. De início, ele achou que seria impossível abrir um diálogo construtivo com o cliente; todos estavam ocupados demais em resolver outros problemas urgentes. Então reorganizou completamente a função de apoio ao cliente dentro da sua empresa e ofereceu descontos de preço quando informações antecipadas eram disponibilizadas sobre trocas de itens. Também encorajou seu pessoal de engenharia e design a incentivar reuniões de discussão técnica com o pessoal de manutenção do cliente. Elas passaram a contar com boa participação porque os mais envolvidos com a batalha diária de prover equipamentos reparáveis para aeronaves tinham forte afinidade.

No final, tiveram início revisões mensais do progresso das peças de reposição e do desempenho, e reuniões para solução de problemas. O pessoal do comercial ainda participava, mas as ameaças de penalizações por contrato haviam diminuído. Ainda havia considerável disputa a respeito de investimentos em melhoria dos sistemas de informação e de outros vínculos de processo entre as empresas, mas algumas pequenas "vitórias" haviam sido conquistadas. Sob pressão dos técnicos "aliados", foi desenvolvido um altímetro de estado sólido que foi comprado para todas as aeronaves de um tipo particular nas frotas do cliente. Isso cortou custos operacionais, e foi sugerido que na revisão e renovação de contrato seguinte fossem introduzidos alguns incentivos de desempenho. Havia um raio de esperança em ambas as empresas de que seria encontrada uma saída para aquela situação precária.

O que o cliente disse:

"Eles nunca planejam com antecedência, são sempre reativos, e prometem um monte na reunião, mas na prática entregam muito pouco."

"Eles costumam ficar parados por dois ou três anos e se recusam a entregar os produtos."

"O ponto em que fazem o pedido de peças de reposição parece que só serve para atrasar mais."

"Eles não parecem ter os recursos para conseguir dispensar os terceirizados que os deixam na mão."

"Já fizemos várias advertências formais, mas parece que elas não surtem nenhum efeito."

"Na realidade, foi o serviço de ajuda ao cliente deles que me forneceu informações úteis – fiquei chocado!"

O que o fornecedor disse:

"Parece que estamos sempre apagando incêndios; dá a impressão de que não há planejamento nenhum."

"Eles parecem não entender que temos cronogramas de produção e que não podemos parar tudo para atender na hora aos seus requisitos."

"Eles ficam encrencando com ninharias e depois levam meses para concordar com o preço."

"Há uma enorme diferença de percepção entre as partes sobre o desempenho."

"Sem uma compreensão comum de como estamos fazendo e o que devemos alcançar não podemos avançar."

"Nós, engenheiros, falamos a mesma língua; consertar coisas é o que fazemos. Não temos tempo para ficar discutindo questões de contrato."

TUBARÕES NO CATIVEIRO

FIGURA 7.5 Tubarões no cativeiro

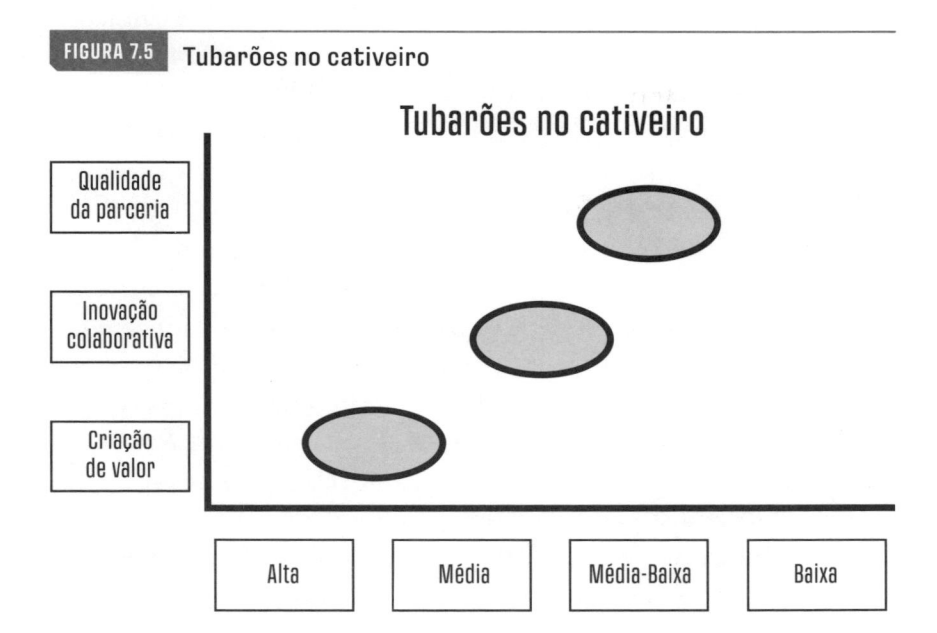

◢ Visão geral

De maneira similar ao que ocorre com os relacionamentos de Jovens rebeldes, os de Tubarões no cativeiro costumam definir parcerias em que há alta escala de contribuição, desempenho e importância para ambas as empresas. O que comanda o relacionamento é o porte do negócio, a posição de mercado da empresa anfitriã ou potenciais condições contratuais ou de mercado. O fator-chave que descreve um Tubarão no cativeiro é o nível muito alto de comprometimento e dependência. Esse alto comprometimento é acompanhado por níveis igualmente altos de conflito e comportamentos conflitivos, o que leva a baixos níveis de colaboração.

◢ Identificando Tubarões no cativeiro

O relacionamento é marcado por um tom de confrontação na negociação a respeito de obrigações, níveis de serviço e, quando se trata de relacionamentos em cadeias de suprimentos e canais de marketing, a respeito de margens e lucratividade. Fato que surpreende é que a confiança não é necessariamente muito baixa no geral. Existe confiança na habilidade, competência e reputação do parceiro, mas Tubarões no cativeiro ficam receosos em relação aos objetivos e ambições de longo prazo do parceiro, tentando descobrir uma agenda oculta na maioria das situações, quando não em todas, e sem muita certeza se a empresa anfitriã no fundo tem mesmo as melhores intenções.

O Tubarão no cativeiro normalmente investe substancialmente na parceria, e irá mencionar uma falta de investimento por parte do outro parceiro como sinal de falta de equidade. Essa diferença pode ou não refletir a realidade, mas de qualquer modo influencia seu comportamento. Também há, correndo por baixo, uma sensação de que a parceria não compartilha um conjunto de reais objetivos comuns, a não ser num nível muito básico, ou seja, que ela ganha maior receita ou *market share*. Essa falta de terreno comum leva a frequentes conflitos que podem ser intensos e prolongados e permear toda a organização, da alta administração aos níveis mais baixos. Isso leva a várias histórias a respeito da duplicidade ou desonestidade de um parceiro ou de outros, que pode se tornar parte da cultura das empresas e da parceria. Quase em contradição com isso, há um alto nível de vínculo social e comunicação em muitas dessas parcerias; mas na realidade a extensão de uma discussão de fato aberta e do compartilhamento de informações é muito pequena. Nessas parcerias a informação é vista como uma arma a ser usada em negociações, e o Tubarão no cativeiro reluta em ceder qualquer coisa sem que haja um ganho imediato ou sem que ele marque um ponto.

Esses não são relacionamentos confortáveis, portanto, não surpreende que a colaboração não seja eficaz; o retorno sobre o investimento pode ser baixo e as margens magras, isto é, 1+1=2,5. Com frequência pode haver um foco muito alto em processos, métricas de desempenho e discussões a respeito de papéis e responsabilidades, o que impede que haja um planejamento conjunto e que as coisas consigam ser feitas. Os relacionamentos são marcados por uma falta de confiabilidade real ou percebida, já que as concessões, obtidas a muito custo, costumam ser subsequentemente retiradas ou contrariadas, ou então o comprometimento com a ação é retardado ou ultrapassado por outros eventos.

As empresas envolvidas com frequência são relativamente inflexíveis, preferindo manter-se dentro de limites operacionais relativamente rígidos e recorrendo a contratos ou níveis de serviço quando é medido o sucesso delas em relação a algum *benchmark*. O Tubarão no cativeiro sentirá que o outro parceiro simplesmente não está fazendo o suficiente para apoiar as atividades de vendas ou marketing da parceria. Os níveis reais de comunicação operacional serão tipicamente altos, refletindo a escala ou importância da parceria, mas os níveis de expectativas são também altos, e costuma ser citada uma "falta de real comunicação" como deficiência crucial.

A chave para compreender esses relacionamentos está na força do produto, serviço, marca ou posição de mercado que uma ou ambas as partes detêm. A própria proposta econômica substancial que iniciou a parceria continua antes de mais nada a sustentá-la, apesar de todos os comportamentos negativos descritos acima. Tubarões no cativeiro não chegam a ficar muito insatisfeitos com o relacionamento; na verdade, de muitas maneiras estão satisfeitos e aceitam as divergências como um "fato da vida". Muitas alianças em grande escala compartilham essas características de Tubarões no cativeiro, e se mostram como grandes forças no mercado, na medida em que competir com elas pode ser uma experiência muito dolorosa.

GORILAS DE QUATROCENTOS QUILOS

Esta aliança estratégica envolve duas grandes organizações internacionais. São parceiras na cadeia de suprimentos, e ambas podem ser descritas como "gorilas de 400 quilos". Em seus respectivos setores são os *players* dominantes, têm os produtos/serviços e a força de marca para despertar respeito. Sua aliança fundou-se com base na mútua necessidade de explorar as significativas capacidades comerciais que cada uma oferecia.

O relacionamento era marcado por negociações conflitivas em tudo, de metas e descontos a níveis de serviço ou qualquer outro assunto. Essas divergências acabavam movendo-se em espiral para cima e para baixo na organização e com frequência "vazavam" para a mídia comercial como uma história a respeito da iminente dissolução da parceria. Na realidade, o nível de comprometimento de ambas as empresas é extremamente alto. Ambas reconheciam que a escala do empreendimento comercial não seria fácil de ser substituída. Para gerir o negócio entre elas, as empresas haviam investido em processos e soluções de TI totalmente dedicados a esse propósito. Ambas também tinham equipes de pessoas designadas para gerir a parceria, que ocupavam mesas nos escritórios e armazéns de seus parceiros. Esses recursos estavam presentes em todas as organizações, tanto nas operações de campo como nas principais sedes internacionais e europeias.

Consequentemente, o nível de vínculo social era alto. As pessoas se conheciam, mas, apesar dessa familiaridade, o nível de diálogo aberto e colaboração era baixo. Ambas estavam constantemente em busca de oportunidades para obter vantagens a partir de quaisquer sinais de fraqueza da outra.

As empresas tinham procedimentos de revisão muito estruturados que se baseavam exclusivamente em um conjunto de métricas de desempenho. Essas métricas de desempenho eram detalhadas, complexas e exaustivas. Na realidade, ocorriam regularmente divergências quanto à relevância, cálculo e razão dessas métricas. Revisões mensais alimentavam revisões trimestrais, revisões trimestrais alimentavam o plano anual, e relatórios operacionais diários eram examinados para construir a apresentação mensal de "*slides* sobre a gestão".

Essa parceria era muito bem-sucedida num aspecto (desempenho operacional), mas não era lucrativa para nenhuma das empresas. Essa falta de lucratividade era uma grande fonte de divergências, não em razão do valor perdido, mas porque ambas as partes achavam que a outra estava tendo ou pelo menos podia estar tendo significativos ganhos no negócio e "passando o outro lado para trás". Era essa crença que desencadeava grande atrito, isto é, que uma parte estava lucrando quando a outra tinha uma perda.

Na realidade, apesar da duração e da proximidade do relacionamento, nenhuma das partes havia reservado um tempo para testar os pressupostos fundamentais do modelo de negócios da parceria. Cada multinacional tinha seu próprio processo para gerar e medir lucro e inferia que esse modelo era também o do parceiro. Como consequência, embora fosse baixa a probabilidade a curto prazo de a parceria se dissolver, ambas as empresas ficavam ansiosas e constantemente exploravam oportunidades para substituir o outro parceiro.

SELETIVOS

FIGURA 7.6 Seletivos

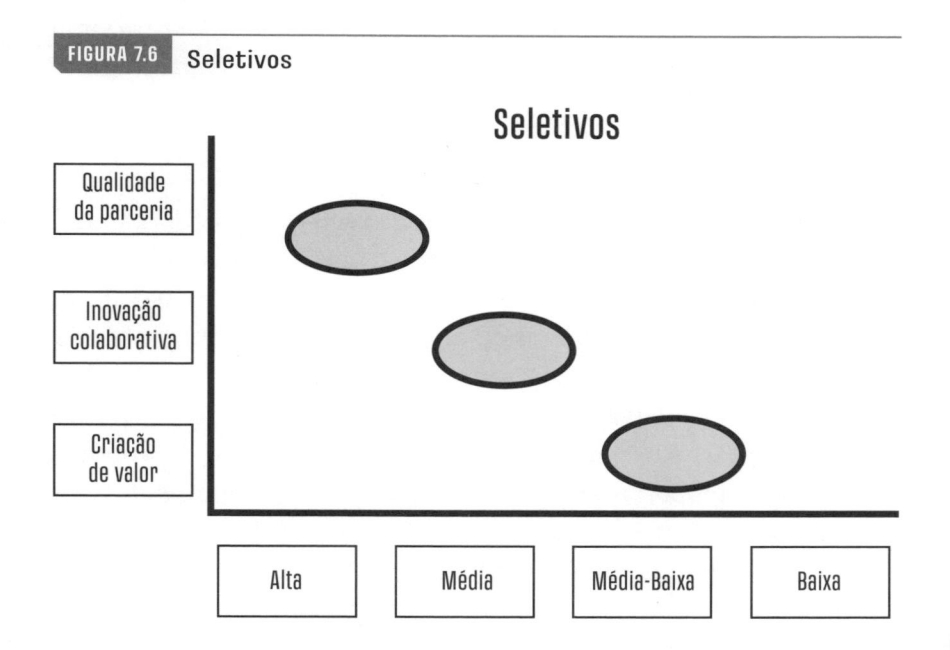

◢ Visão geral

Os relacionamentos Seletivos têm como principal característica a falta de comprometimento com o relacionamento, e a dependência da empresa anfitriá ou dos resultados benéficos da parceria. Normalmente serão vistos como parceiros bons e confiáveis, com os quais há poucas preocupações maiores ou áreas de conflito. Seu nível geral de satisfação também é relativamente alto e isso pode confundir a gestão e levá-la a crer que pode prever crescimento. Na realidade, essas parcerias raramente produzem desempenho estelar; a colaboração será tímida e o investimento no relacionamento será baixo. Os níveis de retorno ficarão apenas na média, isto é, 1+1 = menos que 3.

◢ Identificando Seletivos

O nível de comprometimento dos Seletivos geralmente é baixo. Eles são particularmente céticos em relação à importância estratégica do crescimento e desenvolvimento de longo prazo de sua parceria. A visão da contribuição da parceria para o desempenho operacional ou financeiro dos Seletivos será moderada. Ambas as empresas não irão considerar fazer grandes investimentos em seu relacionamento, mas tampouco ficarão incomodadas se forem feitos. Confiarão na reputação e nas habilidades uma da outra, mas o contato social será limitado à sala de reuniões.

O Seletivo não verá metas comuns com as empresas parceiras. Entrevistas feitas com essas empresas depararam quase sempre com um olhar no vazio quando perguntamos se existiam metas comuns; o Seletivo simplesmente não vê a relevância ou necessidade de tais elementos numa transação comercial. Ao mesmo tempo, o nível de conflito será baixo, e as avaliações são feitas simplesmente pela capacidade de o parceiro resolver questões e problemas de maneira rápida e eficiente. Isso não sugere que o comportamento de parceria não esteja acontecendo. Nos relacionamentos dos Seletivos a capacidade do parceiro de desempenhar em sintonia com as expectativas do outro é tida como certa, e coloca-se maior ênfase na eficiência dos processos envolvidos.

Como resultado, o nível de colaboração é muito baixo, e a capacidade de a parceria gerar benefícios operacionais, mesmo que seja só um pouco acima da média, é muito limitada. O compartilhamento de informações fica no nível mínimo absoluto e não existe aquele diálogo de mão dupla que normalmente constrói o alicerce para um planejamento conjunto. Com isso, o planejamento conjunto fica focado apenas em metas e métricas de nível de serviço. Os sintomas típicos vistos em muitos desses relacionamentos são inércia e falta de inovação para levar o negócio adiante. Com pouca ou nenhuma ambição de desenvolver a parceria, o foco fica na oportunidade imediata e em como capturá-la com pouco ou nenhum risco.

O Seletivo nunca se mostra muito satisfeito com a proposta econômica representada pela empresa ou pelas parcerias. Aceita bem o produto ou serviço, aceita bem a marca ou a posição de mercado, e aceita bem a lucratividade ou eficiência operacional. Nada causa muita impressão no Seletivo, que irá trabalhar com o parceiro à medida que a situação ou o cliente final exigirem.

Parcerias de Seletivos parecem ter sempre potencial para se desenvolverem mais. A oportunidade que elas representam pode ser substancial e, no entanto, nunca parece se concretizar totalmente ou permitir que se desfrute dela. Tais relacionamentos ocorrem em cerca de uma ou duas de cada dez parcerias, raramente mais que isso. Com frequência a receita representada por eles não é grande e, no entanto, a oportunidade às vezes é significativa a ponto de serem considerados um prêmio que vale a pena perseguir.

ALIADOS INCERTOS

Existem aproximadamente 65 mil revendedores no mercado europeu de TI, vendendo de tudo, de soluções e sistemas a laptops e impressoras. Para um grande fabricante de TI esse canal representava seu único caminho para chegar ao mercado. Em 2004, ele vendeu seus produtos (via distribuidoras) a quase 10 mil desses revendedores. Sua fatia de mercado era estável e seus produtos reconhecidos como de preços premium e de alta qualidade. Em 2005, o mercado de TI nesse setor sofreu significativa erosão de preços e forte restrição de crédito. Mesmo assim, as vendas unitárias dos produtos continuaram crescendo, mas, diante de uma queda de 15% no preço, a empresa conseguiu apenas manter estável sua receita e viu diminuir sua margem média e sua lucratividade.

No mesmo período, o número de revendedores ativos caiu de modo significativo, e uma simples análise de tendência mostrou que esse declínio já vinha esboçando-se nos dois anos anteriores. A análise da empresa revelou que a frequência média de compra por parte desses revendedores também estava caindo. Em vez de uma média de 10 unidades/mês, esses intermediários vendiam agora menos de oito unidades mensais. Entendendo que as médias sempre mascaram a realidade, a empresa cavou mais fundo. Emergiram três fatores-chave: 45% dos revendedores continuavam revendendo os produtos, mas seu valor de venda havia caído abruptamente, e eles agora compravam de forma esporádica. A empresa havia perdido vários milhares de revendedores que, depois de comprarem em 2004, não haviam mais comprado quaisquer produtos em 2005.

Foram conduzidos vários grupos de foco para determinar as causas dessa tendência. As respostas foram igualmente reveladoras:

> "Os produtos são bons. São de fato muito bons, mas a linha é incompleta."

> "Os produtos têm preços premium, por isso é difícil vendê-los, assim a lucratividade real é baixa."

> "Não conheço ninguém da empresa; só falo com o distribuidor."

> "Tenho uns dois clientes que realmente gostam desses produtos, mas os meus outros clientes não estão interessados."

> "Sim, vendemos os produtos, mas só um ou dois, eu acho... Não acho que vendemos mais que isso, será?"

> "Eu teria ficado interessado em trabalhar com a empresa, mas não conseguia ver para onde estavam indo."

> "Eu geralmente coloco os produtos dessa empresa nas minhas propostas, simplesmente para oferecer uma alternativa – de vez em quando, alguém morde a isca –, a não ser que possa evitá-la."

O canal da empresa estava lotado de Seletivos, muitos dos quais já haviam desertado, pois os tempos estavam mais difíceis. Os que haviam permanecido não tinham familiaridade, não estavam convencidos da proposta de valor da empresa e não haviam feito nenhum investimento em tempo ou energia para descobrir mais. Por outro lado, a empresa não tinha se mexido para ir atrás dessa oportunidade latente, preferindo concentrar-se em seus canais parceiros mais leais e estáveis.

NÃO DÁ PRA FAZER

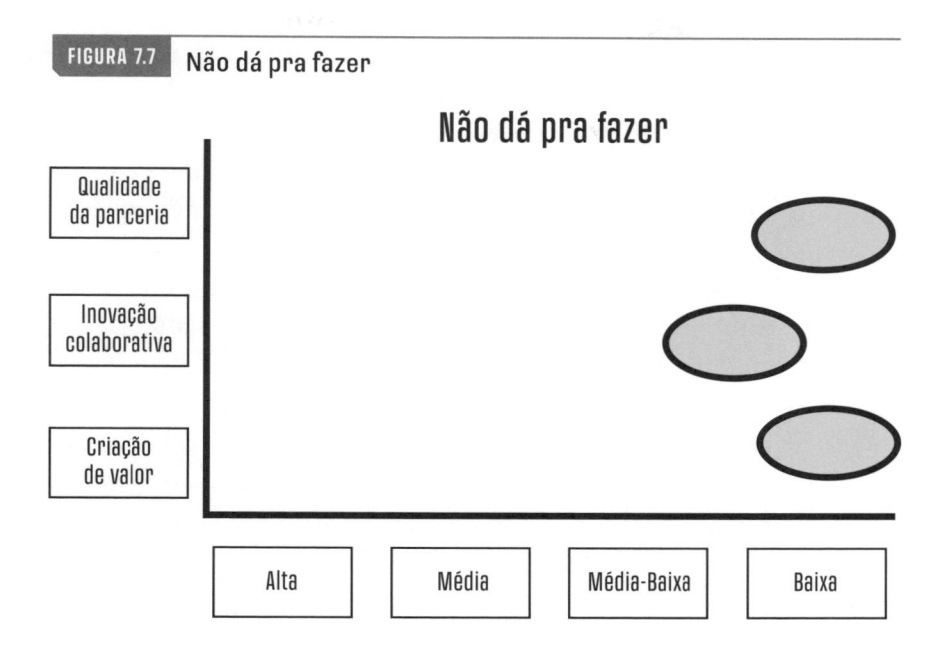

FIGURA 7.7 Não dá pra fazer

◢ Visão geral

Nos relacionamentos Não dá pra fazer, condições conflitivas são o padrão, e como as oportunidades de escapar são muito pequenas, criam-se fortes sentimentos de "aprisionamento" e "impotência". O longo tempo com falta de cooperação e com uma oposição entranhada a qualquer forma de inovação também mina a vitalidade do relacionamento. Os esforços para melhorar ou para ganhar melhores fatias do benefício são desperdiçados. O resultado é que as práticas e os processos da cadeia de suprimentos ficam empobrecidos, e os retornos também.

◢ Identificando os "Não dá pra fazer"

Nos relacionamentos "Não dá pra fazer" o comportamento conflitivo costuma ser uma reação a sentimentos de estar sendo "encurralado" num relacionamento que limita as opções de gestão dos parceiros e sua capacidade de controlar o próprio destino. Esses sentimentos de "aprisionamento" e "impotência" promovem comportamentos voltados

CAPÍTULO 7

a evitar riscos de curto prazo, o que diminui o comprometimento para investir em aspectos essenciais como infraestrutura, TI, treinamento e pessoas. O efeito em cadeia é passar a fazer o mínimo necessário para satisfazer o contrato. Como resultado, a inovação é suprimida, o que compromete a cooperação para a qualidade do produto ou serviço, o controle de custos e a redução de riscos conjuntos. Isso tem inevitáveis consequências na satisfação do cliente. Os gestores veem-se "apagando incêndios" relacionados a dificuldades operacionais e em vez da resolução conjunta de problemas há bate-bocas a respeito de minúcias do contrato, com ameaças de se recorrer às cláusulas de penalização. O autointeresse e o oportunismo esfriam a confiança, como se um metal em brasa fosse mergulhado na água fria. Não há mais compartilhamento de informações importantes, como as referentes a previsões de planejamento e a direitos de propriedade intelectual, e podem até surgir situações de acobertamento deliberado – ser "econômico" em relação a expor a verdade –, a fim de obter vantagens. O resultado geral é um aumento da insegurança, da instabilidade, do cinismo e das pressões para confinar-se dentro de um "casamento infeliz". Pode haver esforços para romper esse ciclo, mas a falta de cooperação ou de alternativas torna isso extremamente difícil de alcançar. A atitude de desânimo dos parceiros em relação a essa situação do tipo "pegar ou largar" é "Não dá pra fazer", e os retornos provavelmente serão menores do que 1+1=2.

VELHOS PROBLEMAS NA DEFESA DO REINO UNIDO

A atitude Não dá pra fazer evoca os relacionamentos nos contratos de equipamentos da Defesa do Reino Unido dos anos 1960, 1970 e 1980. Havia uma crença disseminada de que o setor obtinha lucros extraordinários tirando partido da ingenuidade de seu cliente em questões técnicas. Muitos projetos sofriam atrasos de anos, e entregavam sistemas de armas não confiáveis com orçamento superfaturado – por exemplo, a aeronave Nimrod Airborne de alerta precoce, cancelada por Margaret Thatcher em 1986. Apesar da previsão otimista do cliente de que faria grandes pedidos (números que quase sempre precisavam ser cortados depois por restrições de orçamento), o fato de subestimar dificuldades técnicas e de mudar os requisitos à vontade, junto com a falta de confiança política nas motivações do setor, tudo isso levou à introdução de uma política de preços custos-mais. Isso seria implementado por pessoas "peso-pesado" como Sir Peter (hoje Lorde) Levene. Significava que o Ministério da Defesa (MD) pagaria apenas o custo do setor mais um nível de lucro definido. Sentindo que estavam sendo compensados inadequadamente pelos riscos altíssimos de desenvolver produtos tecnológicos de ponta, algumas empresas passaram a inflacionar a visão que o cliente tinha de seus custos usando vários estratagemas, como fazer constar "extras" inverificáveis em suas contas. Em resposta, foram colocados inspetores do MD nas linhas de produção para garantir a manutenção da qualidade e os níveis de produção e minimizar o espaço para "trapacear". As empresas sentiram essa prática como uma intromissão indevida, que aumentava a burocracia e mostrava falta de confiança. Houve então a alegação de que eles haviam feito atalhos de projeto que não poderiam ser detectados pelos inspetores e que iriam render-lhes receitas de longo prazo pelo fornecimento de peças de reposição e reparos para sistemas não confiáveis.

A adoção de práticas restritivas de ambos os lados reduziu a troca aberta de ideias sobre inovação conjunta, promovendo aversão ao risco e políticas de curto prazo num ambiente em que o desenvolvimento de sistemas de armas consumia anos e exigia uma atitude totalmente oposta. Além disso, a generalizada cultura "eles e nós" gerou uma abordagem focada nas minúcias do contrato, numa tentativa de cobrir todas as contingências, caracterizada por uma equipe comercial conflitiva cujos objetivos disfuncionais permeavam o resto do relacionamento. A consequência foi que os acionistas da empresa obtiveram parcos retornos e os clientes militares acabaram com fuzis que travavam no calor da batalha.

Embora consideráveis esforços conjuntos tenham alcançado melhoras significativas nos últimos 10 anos de "aquisição inteligente", a cultura do "Não dá pra fazer" ainda persiste hoje em algumas partes dos relacionamentos MD/setor.

O que o cliente disse:

"Estamos sob grande pressão para reduzir nossos custos, mas a empresa tira vantagem da sua posição de único fornecedor cobrando mais por itens proprietários."

"'Pegar ou largar' é a atitude deles."

"Ambos sabemos que a única maneira de seguir adiante é na parceria, mas a empresa vem fazendo as coisas do seu jeito há tanto tempo que reluta muito em mudar."

"Seu *ethos* está enraizado no passado."

"Eles fazem corpo mole em relação a melhorar o produto porque sabem que maior confiabilidade irá reduzir seus ganhos em reparos."

"Temos reuniões regulares sobre a evolução dos pedidos, mas eles nunca cumprem suas promessas nem atendem às nossas solicitações de informações."

"Sentimos estar fazendo de tudo para melhorar o relacionamento, mas eles não têm uma atitude recíproca."

O que o fornecedor disse:

"Eles não sabem o que querem, então como é que poderemos reagir de modo adequado às solicitações deles?"

"Eles tampouco têm foco na própria organização para lidar conosco. Oferecemos a eles um terminal do nosso sistema para que eles pudessem checar a evolução, mas o pessoal da segurança deles rejeitou a ideia."

"Eles não fornecem nenhuma informação para podermos planejar com antecedência."

"A incerteza dificulta a concentração no serviço ao cliente."

"Eu sequer conheci o cliente final."

"Nos níveis mais baixos o pessoal deles não é bem treinado."

"Irrita saber que meu pessoal sabe mais sobre o trabalho deles do que eles mesmos."

"Na primeira vez que juntamos nossas equipes, colocamos todas essas questões na mesa e concordamos em mudar o relacionamento; mas eles agora parecem ter esquecido todas aquelas boas intenções."

DESERTORES

FIGURA 7.8 Desertores

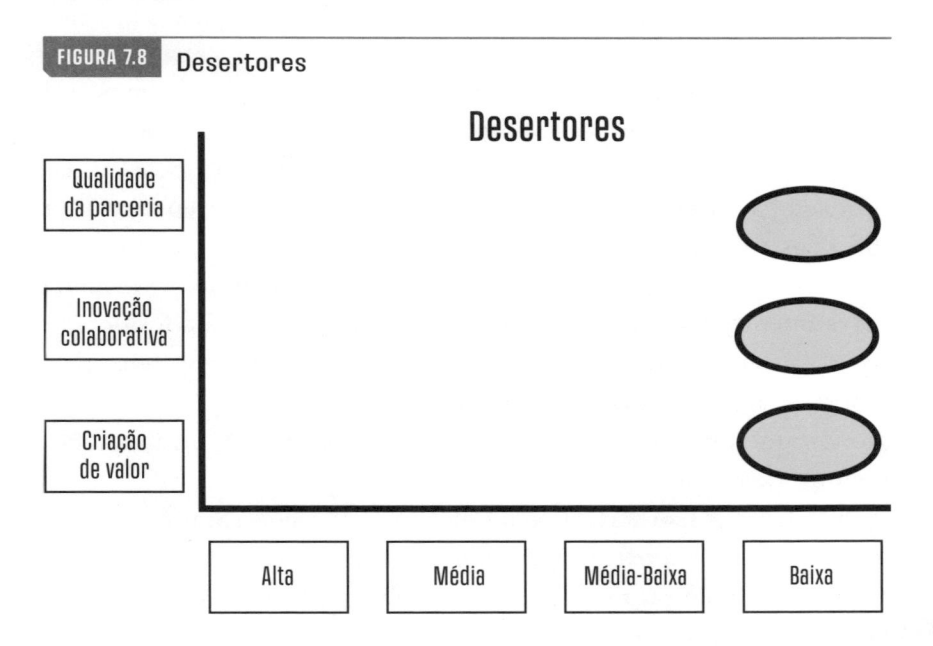

◢ Visão geral

Enquanto os Evangelistas não veem nada de "ruim" na parceria, os Desertores não veem nada de "bom". Quaisquer que sejam as medições, sua avaliação é que o relacionamento é precário. Não há nenhum elemento da parceria que receba sua aprovação, e para eles a extensão em que os objetivos do negócio são alcançados é mínima; a colaboração por si é quase inexistente. Apesar disso, não se deve supor que essas empresas ou organizações operem num nível puramente transacional. A qualidade do relacionamento, a experiência e as expectativas que eles têm do comportamento de seu parceiro em relação a eles são importantes. O nível de comprometimento e dependência é baixo e, como o nome delas sugere, essas empresas são tipicamente as que têm maior probabilidade de desertar.

◢ Identificando Desertores

Para muitos Desertores, a avaliação do relacionamento presente é decepcionante porque, em algum ponto de seu passado recente, ela ou poderia ter sido melhor ou eles alimentaram expectativas que não foram atendidas.

Essas parcerias, portanto, raramente são novas, provavelmente já existem há algum tempo. Exemplos de sua experiência ruim com o parceiro são citadas como evidências da falta de idoneidade e confiabilidade da outra empresa. Essas queixas podem com frequência ser dirigidas a um indivíduo ou gerente de conta, e isso é parcialmente projetado no todo como falta de confiança interpessoal. O nível de investimento no relacionamento feito pelo parceiro é considerado baixo, ao mesmo tempo em que o nível de investimento feito pela empresa receptora também é baixo. Como seria de esperar, a extensão em que uma comunicação aberta em duas vias ocorre também é muito pequena.

O Desertor não acredita mais que existam metas comuns entre os parceiros ou que o parceiro leve em conta qualquer de seus interesses ao definir mudanças de estratégia ou políticas. O nível e intensidade do conflito são acima da média, mas não muito altos. A frequência das divergências, no entanto, é muito alta, com incidentes que fomentam o descontentamento em bases semanais, quase diárias.

A colaboração no geral é muito deficiente. Existe uma percepção de que há pouca ou nenhuma coordenação, planejamento ou cooperação, e isso resulta em falta de atividade de vendas e marketing. Da mesma forma, Desertores acreditam que estão sendo constantemente mantidos no escuro e citam como exemplo imprecisões ou atrasos das notificações de processos-chave ou mudanças de produto/serviço.

No entanto, a opinião deles costuma ser colorida pelas visões que têm do relacionamento como um todo, e assim quaisquer sugestões de melhorias em operações ficam quase sempre condenadas ao fracasso. O Desertor sente-se cada vez mais desapontado com os aspectos econômicos fundamentais do relacionamento. A reputação e a marca do parceiro são vistas como cheias de falhas, o produto ou serviço fica aquém em funcionalidades ou em vantagem competitiva, e a lucratividade geral da proposta é baixa.

Provavelmente é a falta de bom desempenho econômico o que em primeiro lugar dá início à espiral descendente do Desertor. Altas expectativas em termos de vendas, de margem ou ganhos em *market share* que não se materializaram levam o Desertor a perder a confiança em outros aspectos daquilo que a parceria oferece. O Desertor começa a considerar a extensão em que ele quer ou consegue se comprometer com a parceria; surgem preocupações a respeito de lucratividade e custos. A percepção de falta de confiabilidade ou falta de receptividade do parceiro (muitas vezes canalizadas por meio do gerente da conta ou do gestor da aliança) reforçam opiniões negativas a respeito da empresa. No final, é alta a probabilidade de que o relacionamento termine.

O término desse tipo de relacionamento costuma se basear em litígios ou num desenlace explosivo da parceria. Normalmente, os Desertores deslizam para um segundo plano, fazendo cada vez menos contato com a outra empresa e distanciando-se de reuniões, palestras ou outras atividades sociais. Nem todos os Desertores desertam de fato. Alguns podem ser resgatados enquanto outros permanecem por longo tempo descontentes. Esses Desertores residuais queixam-se das inadequações do relacionamento, apesar de continuarem trabalhando como parceiros próximos e com baixos níveis de desempenho operacional.

NAVIOS QUE PASSAM À NOITE

Curiosamente, a maior parte das empresas não consegue identificar os próprios Desertores, mesmo que seu nível de insatisfação seja na realidade bem visível.

Entrevistador: "Se me permite, começo perguntando se, no seu entender, o relacionamento [com a empresa] é bem-sucedido ou não?".

Desertor: "Não no presente, está sendo muito difícil. Eles mudam tanto nossos descontos e metas que fica complicado prever se teremos algum lucro este ano. Os produtos simplesmente não estão saindo e temos um monte de problemas com eles agora que talvez eu não devesse comentar".

Entrevistador: "Que coisas fazem diferença para você em termos do relacionamento?".

Desertor: " Ao longo dos anos, investimos muito no trabalho [com a empresa]. Às vezes você tem a sensação de que [a empresa] acha que é sua dona. São muito arrogantes na maneira de pressionar para que você aceite as coisas. No final do trimestre ou no final do ano a pressão sobre nós para ajudá-los a cumprir seus números é muito intensa. Em termos bem simples, eles nos pressionam a aceitar o estoque deles, mesmo que a gente não queira. Mas no final do dia normalmente conseguimos que eles nos deem descontos extras ou mais prazo para pagar. É doido. É uma gestão de negócios sem foco. Todos acham isso e, no entanto, continuamos fazendo igual. Você tem a sensação de que eles vêm aqui tentar nos prejudicar e depois acabam achando que fizeram um bom trabalho. É estúpido; tudo o que a gente faz é pegar o estoque por um desconto adicional para depois despejar no mercado no mês seguinte, mais ou menos. Eles simplesmente não têm uma compreensão de como um pequeno negócio funciona e acham que são muito espertos nos gerenciando. Veja, estou comprometido com esse negócio, com o meu negócio, não com eles [a empresa]. Eles confundem as duas coisas às vezes, e acham que vou agir para o bem maior [da empresa]. O que eles pensam que eu sou?".

O gerente de contas da empresa: "O John é um cara legal. Trabalhamos juntos há anos. Ele costuma reclamar demais, e eu normalmente tenho que pressioná-lo bastante para cumprir as metas, mas ele sempre cumpre. Sempre pede para ver meu chefe. Então de vez em quando levamos o John para jogar golfe e acertar nossas diferenças".

> Nem é preciso dizer que seis meses após a entrevista o revendedor pôs fim ao relacionamento contratual de longa data com a empresa em questão. Nessa situação havia uma dependência clara que combinava fortes laços contratuais e (uma forte crença equivocada em) contatos sociais para sustentar o relacionamento e fazê-lo ter sucesso. Subjacente ao problema havia uma total ausência de visão dos objetivos do negócio ou dos problemas do parceiro.

RESUMO

Este capítulo apresentou oito tipos arquetípicos de parceria ou aliança. Cada um difere claramente do outro e os estudos de caso foram usados para mostrar situações que os exemplificam e os fazem ganhar vida. Sem dúvida há outros tipos, mas é improvável que sejam tão genéricos ou amplamente aplicáveis. O valor desses oito tipos pode ser dividido em duas partes. Primeiro, eles representam situações reconhecíveis que permitem que os gestores compreendam o que está acontecendo e por quê. Segundo, oferecem uma oportunidade de planejar com antecedência; se você não sabe sua posição exata, como poderá traçar uma rota até seu objetivo? No entanto, esses valores não serão plenamente realizados a não ser que sejam tratados em conjunto com seus parceiros de negócios. O próximo capítulo irá mostrar como um gestor ou gestora pode avaliar os relacionamentos centrais de sua organização e categorizá-los de acordo com os Tipos de Parceria Gibbs+Humphries. O Capítulo 8 também dá orientações e direção para a gestão de cada um desses tipos de relacionamento.

PRINCIPAIS PONTOS DE AÇÃO

1 Ao final do Capítulo 6 pedimos que você assinalasse o desempenho de suas parcerias e alianças importantes usando a qualidade, a inovação e o valor como *benchmarks*. Agora, compare aqueles registros com os Tipos de Parceria Gibbs+Humphries – Evangelistas, Pragmáticos estáveis, Jovens rebeldes, Pessimistas em evolução, Tubarões no cativeiro, Seletivos, Não dá pra fazer e Desertores.

2 Anote os pontos centrais de seus relacionamentos que correspondem aos nossos tipos arquetípicos.

3 Defina as ações de alto nível que irão estimular melhorias nos comportamentos da parceria.

Primeiro, [os oito tipos arquetípicos de parceria ou aliança] representam **situações reconhecíveis** que permitem que os **gestores compreendam o que está acontecendo e por quê**. Segundo, oferecem uma **oportunidade de planejar com antecedência**; se você não sabe sua posição exata, como poderá traçar uma rota até seu objetivo?

Como fazer as parcerias e as alianças trabalharem para você

IMPLICAÇÕES DE GESTÃO

Três mensagens centrais foram identificadas na gestão operacional, cada uma em certo nível intuitiva, mas na prática é possível quantificá-las e evidenciá-las. O primeiro ponto é que as parcerias de uma empresa podem constituir um elemento-chave de sua força estratégica geral e dar uma contribuição muito positiva ao seu desempenho financeiro e operacional. O segundo ponto é que a qualidade do relacionamento que as empresas têm com seus parceiros da cadeia de suprimentos, com seu canal de marketing e suas alianças estratégicas, é essencial para o sucesso de seu empreendimento comercial. Terceiro, os relacionamentos *business-to-business* de uma empresa podem ser categorizados em oito tipos principais. Cada um deles mostra um conjunto de características relativamente único e sintomas associados que podem ser geridos de maneira adequada.

Ter uma compreensão dos tipos de relacionamento é uma ótima ferramenta para ajudar as empresas a melhorarem a eficácia de suas parcerias comerciais. Este capítulo examina de que modo as empresas podem empreender sua própria autoavaliação de relacionamentos estrategicamente importantes de modo que estes possam ser caracterizados de acordo com os Tipos de Parceria Gibbs+Humphries. Como mencionado, a não ser que os gestores possam entender os elementos-chave que caracterizam o desempenho das parcerias, eles têm pouca chance de gerenciá-los corretamente. Este capítulo examina então quais as melhores práticas de gestão de contas e de iniciativas de marketing que podem ser implantadas para gerir esses diferentes tipos de parcerias ao longo das várias fases de um produto ou ciclo de vida de mercado.

Ao final de cada capítulo, uma série de pontos principais de ação foi apresentada. Eles se destinam a desafiar o leitor a pensar "fora da caixa" e testar os próprios paradigmas ou ideias. Revisar esses pontos em sua totalidade irá permitir que o "gestor pensante" faça uma avaliação inicial do status e da maturidade das estratégias e operações de parceria. Essa autoavaliação inicial lançará os alicerces para o exercício que vamos descrever a seguir.

DETERMINANDO O TIPO CERTO DE PARCERIA

O desafio colocado aos gestores que trabalham com parceiros é ser capaz de reconhecer em que categoria cada uma de suas parcerias se encaixa, para poder implantar planos de gestão eficazes. É possível usar uma série detalhada de métricas e técnicas de levantamento para fornecer uma compreensão diagnóstica de uma parceria ou aliança. No entanto, o propósito deste capítulo final é oferecer um conjunto simples de ferramentas para ajudar os gestores pensantes a fazer isso de modo rápido e eficaz para eles mesmos.

Cada um dos tipos de relacionamento é definido em termos de um extenso conjunto de métricas. Para facilitar a realização de uma autoavaliação, cada parceria pode ser considerada sob três fatores:

1 A referencialidade da parceria;

2 A eficácia da parceria;

3 O valor para os negócios.

Autoavaliação, passo 1

O primeiro passo é considerar sua parceria em termos do quanto você acredita que as declarações a seguir são aplicáveis e então qualificá-las em termos de alta, média, média-baixa e baixa:

1 Referencialidade: nosso parceiro irá funcionar para nós como uma referência positiva e elogiosa a um cliente ou comprador-chave;

2 Eficácia da parceria: nos últimos seis meses, aumentamos o nível de satisfação de nossos clientes como consequência direta dessa parceria;

3 Valor para o negócio: vimos uma vantagem real de custos/ganho de margem como resultado de trabalhar com este parceiro *ou* nós representamos uma parte significativa do negócio desse parceiro.

Isso o ajudará a posicionar de maneira bem aproximada um determinado relacionamento dentro de um dos Tipos G+H, usando o Quadro 8.1.

QUADRO 8.1 Matriz de autoavaliação 1

Tipos G+H	Referencialidade	Eficácia na parceria	Importância do valor
Evangelistas	Alta	Alta	Alta
Jovens rebeldes	Alta	Média-baixa	Média
Pragmáticos estáveis	Média	Média-baixa	Média
Tubarões no cativeiro	Baixa	Média	Alta
Seletivos	Alta	Média	Baixa
Pessimistas em evolução	Média-baixa	Média-baixa	Média-baixa
Não dá pra fazer	Baixa	Média-baixa	Baixa
Desertores	Baixa	Baixa	Baixa

◢ Autoavaliação, passo 2

O segundo passo é um pouco mais difícil. Para este passo você precisa pensar que sintomas ou comportamentos apoiam a avaliação que você fez no passo 1 para cada fator. Esses sintomas ou comportamentos provavelmente estão relacionados a um dos aspectos seguintes:

1 Referencialidade: comprometimento com a parceria a longo prazo; metas e aspirações comuns; confiar que se trata de uma parceria justa;

2 **Eficácia da parceria:** capacidade que a parceria mostra de inovar e se adaptar a novas oportunidades; eficácia e abertura da comunicação; disposição e habilidade de cooperar;

3 **Valor para o negócio:** velocidade e eficiência na resolução de questões e problemas; captar novos clientes, conseguir melhores lucros etc.; melhorar processos.

O Quadro 8.2 foi completado com sintomas/comportamentos como exemplos.

Quanto mais sintomas positivos são observáveis, maior a probabilidade de que o relacionamento tenha desempenho com alto nível de satisfação para o parceiro.

Autoavaliação, passo 3

No terceiro passo você precisa considerar se existe alguma evidência factual que explique (cause) o sintoma ou comportamento que você observou. Veja os exemplos no Quadro 8.3.

Os passos 2 e 3 são passos qualitativos que deverão ajudá-lo a extrair temas específicos que caracterizam o relacionamento com seu parceiro. Esses passos são também iterativos com o passo 1; ou seja, é provável que você volte atrás e faça alguns ajustes em sua avaliação original à luz dos sintomas e causas que identifica. Quanto mais sintomas e causas conseguir identificar em qualquer área, maior será a precisão da sua avaliação inicial no passo 1.

Esses três passos lhe darão uma ideia geral do tipo de características que descrevem seu relacionamento e, portanto, ajudarão a posicioná-lo em algum dos oitos tipos de relacionamento. Depois de armado com essa orientação, é recomendável que você revise a descrição toda do tipo de relacionamento específico e pense nas ações que podem ser apropriadas no contexto de seu negócio. As opções de gestão serão discutidas mais adiante em detalhes.

QUADRO 8.2 — Matriz de autoavaliação 2

Sintoma	Referencialidade	Eficácia da parceria	Importância do valor
1.	Temos feito RP conjunta com eles	Negócios recorrentes estão crescendo	As vendas duplicaram
2.	Eles nos convidaram a participar da conferência deles	O *market share* cresceu	As margens tiveram leve redução
3.	O número de visitas conjuntas ao cliente está aumentando	Entramos juntos em novos mercados	Ampliamos a nossa/deles oferta ou abrangência
4.	Eles têm reduzido a associação deles com nosso concorrente	Estamos com iniciativas de reengenharia de processo conjunto em andamento	
5.		Eles sempre reclamam de nossa comunicação deficiente	
6.			
7.			
Total de sintomas positivos e negativos	4 sintomas positivos	4 sintomas positivos 1 sintoma negativo	2 sintomas positivos 1 sintoma negativo

QUADRO 8.3 Matriz de autoavaliação 3

Referencialidade	Causa 1	Causa 2	Causa 3
Sintoma 1 Temos feito RP conjunta com eles	Lançamos um novo produto/oferta de serviços que desenvolvemos juntos		
Sintoma 2 Eles nos convidaram a participar da conferência deles	Apoiamos a conferência anual de vendas deles e lhes entregamos o prêmio de "Melhor em sua categoria"		
Sintoma 3 O número de visitas conjuntas ao cliente está aumentando	Temos investido em alguma publicidade conjunta que está produzindo mais *leads* de vendas	Temos uma melhor colaboração da força de vendas	
Sintoma 4 Eles reduziram a associação deles com nosso concorrente	Nosso *share of wallet* aumentou de modo significativo	Houve uma divergência contratual com o concorrente	

FIGURA 8.1 Gráfico de desenvolvimento do mercado

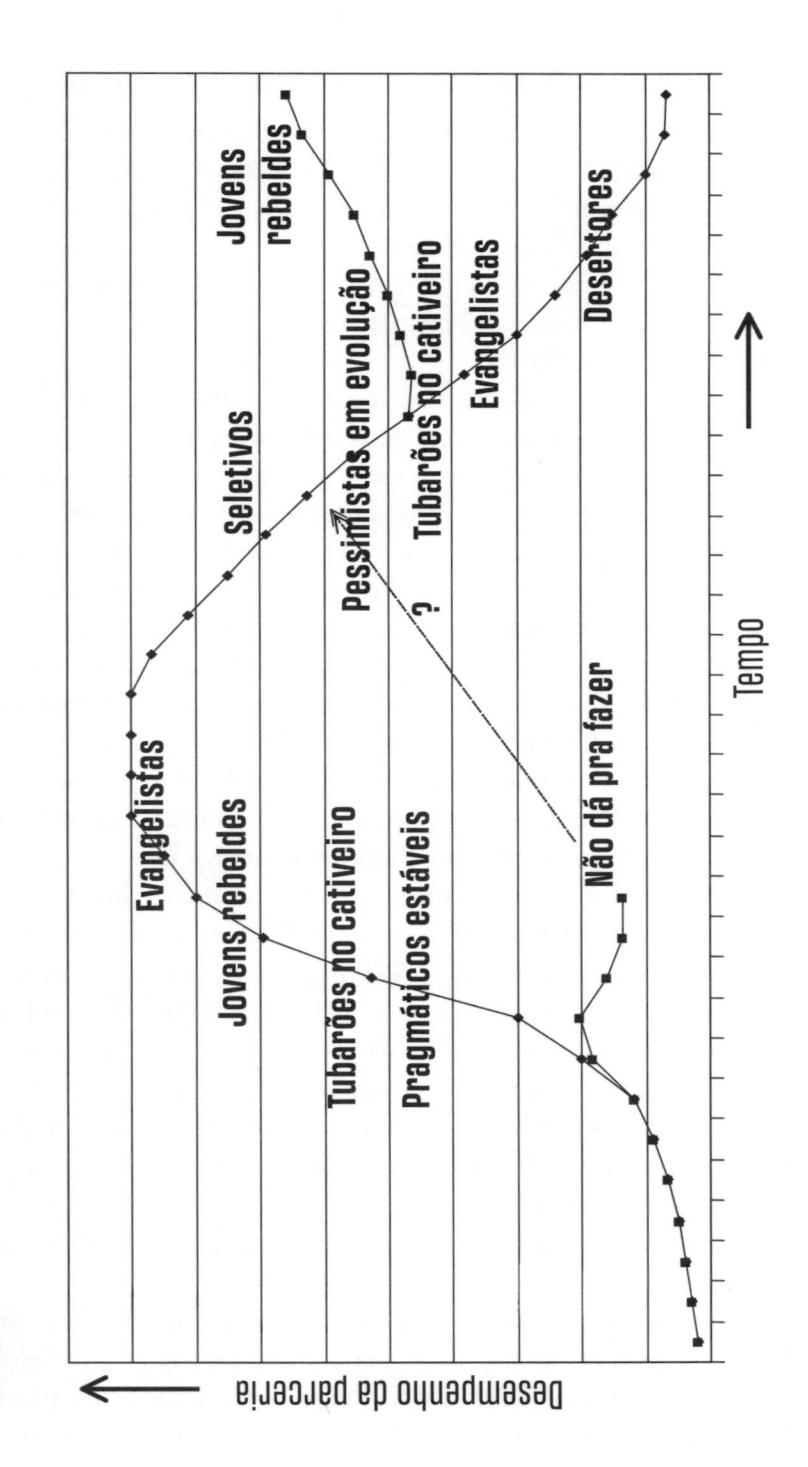

Desempenho da parceria

Tempo

Evangelistas

Jovens rebeldes

Tubarões no cativeiro

Pragmáticos estáveis

Não dá pra fazer

Seletivos

Pessimistas em evolução

?

Tubarões no cativeiro

Evangelistas

Jovens rebeldes

Desertores

TIPOS DE PARCERIA E DESENVOLVIMENTO DO MERCADO

As atividades comerciais tendem a seguir um curso normal de eventos: dos primeiros dias de entrada no mercado, passando pela fase de crescimento, maturidade e depois declínio. Em cada uma dessas fases todos os tipos de relacionamentos estão presentes, como mostra a Figura 8.1. Desertores podem estar presentes já na primeira fase de um programa de aliança, e Pragmáticos estáveis podem estar presentes nos períodos de declínio.

Entretanto, é possível associar comportamentos típicos de parceiros a certas fases de produto ou de desenvolvimento de mercado. É mais provável que as fases iniciais de desenvolvimento tenham a presença de Evangelistas, que estão preparados e dispostos a fazer sacrifícios em termos de recursos e de tempo na nova oportunidade em sua inerente crença no seu valor. Como já sugerimos, a fase de crescimento pode ser acompanhada por um aumento no número de Jovens rebeldes. Esses relacionamentos são muito tensos e, no entanto, a força do relacionamento permite que eles superem conflitos (mudanças em políticas ou na estratégia) e entreguem soluções inovadoras.

Evangelistas podem ser considerados "*early adopters*" no ciclo de vida. Conforme uma empresa começa a experimentar rápido crescimento, as parcerias verão surgir tensões à medida que os processos e estratégias mudam e se adaptam às diferentes condições. Jovens rebeldes provavelmente estarão presentes e podem ser uma força impulsionadora para o desenvolvimento do negócio. Pragmáticos estáveis também estão presentes e essas são parcerias que têm probabilidade de conduzir o negócio para que atravesse o "abismo" e entre na fase madura do ciclo de vida. Eles podem ser seguidos por Não dá pra fazer reformados.

Normalmente, espera-se que Tubarões no cativeiro apareçam durante o estágio maduro de parceria, quando o nível de investimento e de comprometimento está no auge, quando a comunicação é fragmentada e a necessidade de sustentar o crescimento ou evitar o declínio coloca pressão na parceria.

À medida que o mercado começa a entrar em seu declínio, os Seletivos começarão a tirar proveito da marca estabelecida e da força do produto da empresa sem se comprometer abertamente com a parceria. As dificuldades experimentadas durante o declínio trarão níveis mais baixos de comprometimento e confiança, que são associados a Pessimistas em evolução. Tubarões no cativeiro são vistos como predominantes durante a fase final, conforme lutam para encontrar maneiras de cair fora do relacionamento.

À medida que o produto ou mercado entra em declínio, os Desertores ganham evidência, já que os parceiros se encontram totalmente insatisfeitos com as realidades comerciais e operacionais. Conforme um mercado ou produto ultrapassa seu "prazo de validade", os Evangelistas tipicamente tornam-se o tipo predominante e às vezes são o único relacionamento ainda presente. Embora mantenham a parceria unida, é improvável que apoiem ou propiciem algum ressurgimento significativo. Talvez de maneira contraintuitiva, é possível que um declínio seja estabilizado e até revertido para um leve crescimento por meio de uma parceria com um Jovem rebelde. Neste caso, o alto nível de conflito funcional pode permitir o desenvolvimento de um novo nicho de mercado de modo lucrativo por meio de esforços combinados das empresas envolvidas.

A GESTÃO DO RELACIONAMENTO E OS TIPOS DE PARCERIA GIBBS+HUMPHRIES

Compreender a natureza e as características de uma parceria, ou, no caso dos canais de marketing, de uma série de parcerias, pode ajudar o relacionamento e os gestores de canal a decidir o plano de ação mais adequado para gerenciar e aumentar tanto a eficácia quanto a produtividade.

◢ Gerenciando Evangelistas

Estudo de caso apresentado em capítulo anterior identificou alguns sintomas cruciais dos Evangelistas. Esses relacionamentos com frequência são incestuosos, com gestores transitando entre as duas organizações. Não é incomum encontrar Evangelistas cobrando preços premium e oferecendo serviços de alto nível.

Parcerias com Evangelistas não duram para sempre e costumam terminar de maneira desagradável. Introduzir novas iniciativas em parcerias de Evangelistas tem pouca probabilidade de dar certo, a não ser que se faça uma avaliação detalhada e factual das realidades comerciais.

Tal avaliação pode levar ao entendimento de que há uma falta de ganho comercial no desempenho da parceria, que requer mudanças. Em alianças estratégicas, podem ser usadas abordagens formalizadas como a *lean six sigma* para assegurar que as partes sintam que a mudança não está sendo impingida. Alternativamente, uma empresa pode decidir que é apropriado reduzir o nível de investimento.

Embora uma mudança na gestão seja às vezes uma opção para lidar com parceiros Evangelistas, isso pode virar uma jornada acidentada para o gestor em questão. Uma abordagem diferente poderia ser mudar o estilo de liderança, afastando-o do modelo participativo para uma posição mais diretiva: definir objetivos, métricas *in-process*, SLAs [Acordos de Nível de Serviço] mais duros etc. Gestores em relacionamentos Evangelistas podem às vezes ficar "cegos" ao que de fato está acontecendo ou ao que está dando errado. Não é incomum ver investimentos sendo feitos em Evangelistas, mesmo que o retorno faça-os parecer injustificados. Em geral os Evangelistas estão satisfeitos com o nível de investimento de ambos os lados.

Evangelistas prosperam em ambientes estáveis, com baixa necessidade de mudança ou disrupção. Também estão presentes em novos mercados e novos empreendimentos, nos quais eles se dispõem e estão preparados a comprometer recursos em empreendimentos incertos, quando não arriscados. Evangelistas às vezes assumem a forma de *early adopters* e podem fornecer a base para o desenvolvimento do mercado; no entanto, não devemos esperar de Evangelistas que nos ajudem a "saltar o abismo", pois sua necessidade do *status quo* e seu apoio a ele não constituem um mecanismo de crescimento.

Por fim, em algumas situações, identificar a existência de um relacionamento Evangelista pode ser um benefício em si. A empresa pode alavancar seu apoio ostensivo para testar novas abordagens conjuntamente com o parceiro, sabendo que a força inerente tipicamente irá sustentar o relacionamento implícito.

◢ Gerenciando Pragmáticos estáveis

Um traço comum dos Pragmáticos estáveis é o forte desejo de fazer seus relacionamentos funcionarem ainda que na prática não se esteja aplicando sempre o esforço certo. Eles em geral não estão falhando, apenas não estão tendo um desempenho tão bom quanto poderiam, e é altamente provável que a atual posição resulte de uma falta de atenção por parte da gestão e de não estarem à altura da mudança.

O segredo para melhorar a qualidade dos Pragmáticos estáveis é uma abordagem mais sistemática à gestão do relacionamento. Empresas maiores podem ter investido em uma função dedicada à aliança, enquanto empresas menores deram a um alto gestor a responsabilidade adicional de supervisionar a conduta do portfólio de parcerias. Esse papel ou função não deve ser a tarefa secundária dos departamentos comercial ou de vendas, e tampouco deve estar espalhado por quaisquer departamentos que tenham um "dedo no bolo da parceria". É preciso que haja uma perspectiva central capaz de informar e ser informada pela direção estratégica traçada em nível de diretoria.

◢ Gerenciando Jovens rebeldes

É importante reconhecer que Jovens rebeldes mantêm uma "adesão" às metas e objetivos da parceria. Eles podem constituir importantes aliados que irão permanecer leais ao longo do tempo e ajudarão ou apoiarão a empresa anfitriã ou parceira. Portanto, vale a pena continuar a cuidar deles e desenvolvê-los. Em algumas situações, Jovens rebeldes são os melhores candidatos para passar à fase de crescimento e desenvolvimento de uma oportunidade (em comparação com a fase inicial ou madura de um mercado). Como consequência de sua natureza desafiadora, Jovens rebeldes podem ser suficientemente inovadores e criativos para detectar novas oportunidades de mercado.

O que realmente estimula as metas e aspirações dos Jovens rebeldes? Eles costumam ser "animais" sociais, confiáveis, portanto, isso deve ser relativamente fácil de explorar. No entanto, com muita frequência os Jovens rebeldes irão apenas dizer o que imaginam que você está querendo ouvir em apoio à parceria, em vez de expressarem suas reais preocupações e questões. Se esse ocultamento não for devidamente identificado, pode virar um real empecilho ao sucesso da parceria. Os objetivos da parceria devem ser reformulados e estruturados no contexto dos pontos fortes e fracos de ambas as partes. Iniciativas conjuntas podem ser estimuladas para melhorar as eficiências operacionais de modo que o Jovem rebelde seja a contribuição da "voz do cliente" ao processo de mudança ou aos programas *lean six sigma*.

Uma reavaliação e auditoria dos investimentos feitos por ambos os lados pode ajudar a identificar aqueles que geram ROI e aqueles que ficaram "empacados" (subutilizados ou desperdiçados). Essa sacudida irá fazer as partes focarem em novas oportunidades ainda não descobertas. Não é aconselhável mudar ou transferir *stakeholders* importantes ou pessoal periférico. Esses movimentos seriam vistos pelo Jovem rebelde como indicação da probabilidade de dissolver a parceria. Mudanças de pessoal em tais situações só podem ser articuladas por meio de "consentimento mútuo", ou quando as divergências se tornam frequentes demais.

◢ Gerenciando Pessimistas em evolução

Os relacionamentos de Pessimistas em evolução continuam a ser difíceis apesar da tênue aceitação de que "alguma coisa precisa ser feita". A introdução de alguma coisa nova ou diferente tem potencial de frear o ciclo de ressentimentos e baixa produtividade. Pode ser a chegada de um alto membro da equipe que não esteve imerso na velha cultura e não carrega as cicatrizes e memórias impalatáveis do passado, ou pode ser uma significativa oportunidade de negócios que restabelece a colaboração e o otimismo. Para darem certo, esses eventos precisam ter suficiente impacto para se introduzirem na preocupação que ambos os parceiros têm com seus problemas externos e forçá-los a dedicar algum esforço a gerenciar o relacionamento central deles. No estudo de caso do Capítulo 7, o principal gerente de conta do fornecedor apelou a uma facção dentro do relacionamento – os engenheiros – e aproveitou a afinidade natural entre eles para construir pontes entre as empresas. Contrariando alguma oposição da sua diretoria, que achava que qualquer investimento no relacionamento não teria uma reciprocidade, fez mudanças na organização de apoio de seu cliente para demonstrar um novo comprometimento com o serviço.

Nos relacionamentos de Pessimistas em evolução, a confiança entre os parceiros pode ser muito frágil na prática e é necessária uma ação unilateral para romper o impasse. Talvez haja um ponto natural no qual os relacionamentos de baixa qualidade estejam tão "exaustos da batalha" que se abram à sugestão de mudança. Assim, se um dos lados escolher a hora certa para oferecer medidas cuidadosamente focadas, poderá haver uma boa chance de sucesso, embora de início elas provavelmente serão vistas com alguma suspeita pela outra parte e possivelmente também pela própria equipe.

Em razão das situações ambientais continuamente enfrentadas pelas empresas, é provável que qualquer melhoria no desempenho do relacionamento leve tempo, e exija um esforço continuado, determinado, e uma pressão política para que ocorra. De todo modo, se essas melhorias se firmarem, podem ganhar impulso próprio.

◢ Gerenciando Tubarões no cativeiro

A primeira regra é que não é possível gerenciar Tubarões no cativeiro; a segunda é que eles podem ser compreendidos e parcialmente domados. A importância do relacionamento para as partes envolvidas pode ficar imediatamente óbvia, e isso com frequência mascara qualquer exploração das razões pelas quais ele é importante e quais são os marcadores de sucesso para as partes envolvidas. Normalmente, na maioria dos relacionamentos de Tubarões no cativeiro existe uma compreensão ingênua dos modelos de negócio das partes envolvidas. Podemos muitas vezes ouvir vice-presidentes experientes lamentando o fato de que o parceiro deles "simplesmente não entende nosso negócio", mas se perguntarmos a eles se entendem o negócio de seu parceiro não obteremos nenhuma resposta. Isso cria áreas em que a situação vai piorando. O modelo de negócio que conduz uma parte a incentivar seu parceiro para que invista na parceria pode diferir radicalmente do modelo da outra, que vê o investimento como necessidade, não como oportunidade.

Relacionamentos de Tubarões no cativeiro podem ser detectados em grandes fabricantes e grandes varejistas, assim como entre fornecedores de matérias-primas e empresas geradoras de energia. Ambas as partes são "reféns" do relacionamento, que é uma necessidade para o sucesso de seu negócio. No entanto, nenhuma delas se dispõe a se afastar da posição de negociação "ganha-perde" para buscar a vantagem comum.

Tubarões no cativeiro podem ser domados ao se compreender as motivações (positivas e negativas) dos parceiros para sustentar o relacionamento (a lógica estratégica) e os mecanismos ou modelo pelo qual o sucesso será mensurado (fatores cruciais do sucesso). Isso só vem por meio de diálogo, que precisa começar no topo da organização e, em muitos sentidos, é semelhante ao início de um programa de mudança cultural, isto é, reconhecendo a necessidade de mudar. Aprendizagem interorganizacional irá apoiar essa mudança e também permitirá que as partes compreendam os processos comerciais, culturais e administrativos de seu parceiro. E também irá ajudá-los a adotar e adaptar modos de operação simpáticos à parceria, em vez de outros totalmente autocentrados.

Conforme esses relacionamentos amadurecem, seu caminho de desenvolvimento pode ser aproximar-se dos Pragmáticos estáveis, que são capazes de aprender a inovar coletivamente e cooperar de modo eficiente. Os relacionamentos de Tubarões no cativeiro raramente são encerrados de maneira pacífica; o litígio é um risco óbvio, mas o mais típico é que uma mudança na posição de mercado de um dos parceiros altere o valor econômico e promova uma evaporação muito rápida do comprometimento.

◢ Gerenciando Seletivos

Embora Seletivos possam muitas vezes representar uma boa oportunidade, convertê-los num parceiro mais produtivo não é fácil e requer considerável esforço. Sua falta de comprometimento deriva principalmente de que o Seletivo vê pouca diferenciação ou valor incremental no relacionamento, em comparação com outros relacionamentos reais ou possíveis. Isso se traduz no fato de a empresa não ver valor em investir na parceria, e a ausência de uma "aposta no jogo" reforçar a falta de comprometimento. Assim, é importante que a lógica estratégica ou os argumentos em favor da parceria sejam explorados e expandidos, de modo a trazer o Seletivo para a aliança. Normalmente, a maneira de conseguir isso é embarcar numa série de discussões em nível executivo que façam brotar ideias e oportunidades; isso não será eficaz com Seletivos, que questionarão o valor de tal atividade e o uso de seu tempo. Em vez disso, é preciso abordar os Seletivos como se estivessem sendo recrutados para a parceria pela primeiríssima vez, o que geralmente pode ser feito sem muita dificuldade.

O reengajamento pode começar explorando as razões estratégicas para que ambos os parceiros trabalhem juntos, fazendo um exame crítico da proposta de valor que a empresa anfitriã está colocando sobre a mesa, e uma avaliação dos pontos fortes e fracos da colaboração. Se for alcançado acordo quanto a esses pontos, os parceiros podem então voltar-se para a questão prática de como gerenciar o relacionamento de modo mais eficaz. Se esse processo então lidar com uma oportunidade comercial específica, como uma grande proposta, é possível fazer real progresso em integrar o Seletivo à parceria. Assim, concentrando o Seletivo numa única atividade, num único cliente ou único processo, pode-se elevar seu nível de expectativa e abrir caminho para ampliar o relacionamento no futuro.

◢ Gerenciando Não dá pra fazer

Relacionamentos com Não dá pra fazer costumam ocorrer porque condições de operação difíceis, como mercados altamente incertos, desafios técnicos complexos e condições econômicas e políticas problemáticas, forçam os relacionamentos a se voltarem para dentro de si. O acúmulo de insatisfações em razão de "injustiças" percebidas leva então a uma piora nos comportamentos do relacionamento. Esse processo pode levar alguns anos para amadurecer e consequentemente os comportamentos conflitivos ficam enraizados na cultura e são extremamente difíceis de mudar. É provável, portanto, que simples programas de doutrinamento, mesmo que com total apoio da alta gestão, fracassem e sejam necessárias estratégias mais radicais. No Reino Unido, a indústria automobilística das décadas de 1970 e 1980 havia perdido a tal ponto a competitividade que a única solução era uma reestruturação completa.

> No Ministério de Defesa, por exemplo, o programa de mudança vem progredindo há mais de 10 anos e até agora só conseguiu talvez 65% de seus objetivos. Ele incluiu a produção inicial de uma abrangente nova doutrina sobre parceria, apoiada por treinamento e desenvolvimento de gestão. A criação de mais de 100 equipes de projeto conjuntas,

integradas por uma série de extensivas reorganizações, relocações e pela construção de novos e caros complexos de escritórios, teve o intuito de facilitar as mudanças. Os sistemas de finanças do MD foram totalmente reorganizados em linhas mais comerciais, e tiveram início consideráveis esforços envolvendo clientes finais militares no processo de aquisição e apoio a sistemas de armas. Por sua vez, o setor tem sido estimulado por custos crescentes e pela concorrência a racionalizar as aquisições (há agora apenas uma fração do número de empresas de defesa que havia há 10 anos) e enxugar as operações, com menos locais e um pessoal bem menor. Além disso, tem ocorrido um afastamento gradual de sua tradicional postura de "pegar ou largar", e bem lentamente estão sendo aceitas as responsabilidades do trabalho conjunto.

Uma grande empresa de logística do Reino Unido recentemente enfrentou o difícil desafio de mudar sua cultura ultrapassada e a de sua rede de empresas parceiras para que pudesse se expandir pela Europa e não sucumbir a uma aquisição hostil. Boa parte da gestão e do pessoal nesses relacionamentos eram ou incapazes ou não se dispunham a mudar: isto é, enquadravam-se no tipo Não dá pra fazer. Altos gestores decidiram que não havia tempo nem dinheiro para uma reengenharia rápida dos relacionamentos. Portanto, fecharam a companhia principal, encerraram seus contratos de parceria, fizeram uma aquisição de gestão e foram ao mercado buscar novos parceiros, dando preferência a quaisquer parceiros anteriores que estivessem preparados para mudar. Em três anos, a companhia se tornou um importante *player* na Europa e está promovendo uma expansão adicional.

Em meio a essas grandes reviravoltas, aos poucos, por meio de esforços de indivíduos e de pequenos times e apoiada por pequenos projetos e iniciativas, a confiança tem sido reconstruída e os antigos ciclos de maus comportamentos foram rompidos. Em vista do porte das organizações, o progresso tem sido lento e não uniforme, mas é possível mostrar que a cultura pode mudar e que uma transição para Pragmáticos estáveis tem como ocorrer.

◢ Gerenciando Desertores

A decisão mais importante é se um relacionamento do tipo Desertor vale de fato o investimento de tempo e energia. Muitos Desertores apresentam baixos níveis de valor comercial e é questionável se promover a parceria se justifica. Por outro lado, quando uma parceria importante passa a apresentar tendências de Desertora, é prudente considerar as ações a tomar com muito cuidado.

A causa fundamental de muitas dessas situações é a falta do desempenho operacional esperado. Portanto, é muito importante entender os níveis de expectativa conjunta e então instilar um sentido de realidade. O passo seguinte é desenvolver ações claramente definidas para alcançar um objetivo particular a curto prazo que traga benefícios tangíveis e demonstre ao Desertor as vantagens de continuar na parceria. Uma possibilidade é mudar o pessoal para criar uma abordagem nova, talvez substituindo o atual gestor da conta ou aliança ou instalando um novo gestor como uma espécie de embaixador; isso pode atrair a atenção do Desertor. O ponto importante é que o novo gestor (depois de tratar dos principais questionamentos e queixas) trate o relacionamento como se fosse uma nova parceria. Isso requer uma orientação mais de longo prazo ao desenvolvimento do relacionamento, e por isso não é incomum que transcorra um período de seis a doze meses antes que se instale uma nova perspectiva, renovada e mais positiva.

E em alianças grandes, complexas ou em parcerias em cadeias de suprimentos, o processo de mudança pode ser bem mais demorado. Quando há muitos *stakeholders* envolvidos de ambos os lados, mudar um gestor líder ou coordenador dificilmente tem impacto imediato ou significativo. Na realidade, a experiência sugere que em tais situações o novo gestor rapidamente fica sobrecarregado com os problemas e pode se desencantar bastante com suas responsabilidades, a ponto de ele ou ela tenderem a mudar para novos cargos e papéis antes que o relacionamento seja plenamente revertido. A não ser que haja um gestor ou indivíduo em particular que seja o foco das reclamações e preocupações, é melhor manter a equipe da aliança, mas melhorando o nível de engajamento da alta gestão. Esse representante deve dar à parceria o tempo e energia que ela requer para evitar acusações de "fazer as coisas da boca pra fora" e ineficácia.

OS TIPOS DE PARCERIA GIBBS+HUMPHRIES E O MARKETING

A gestão das contas de parcerias é obviamente muito importante. Em muitas situações, especialmente em canais de marketing, gasta-se um bom tempo e dinheiro no desenvolvimento e execução de programas de marketing. Cada um dos oito tipos de relacionamento tem suas próprias percepções da força da parceria em termos dos seguintes parâmetros de marketing:

➤ Comunicação;

➤ Competitividade do serviço ou produto;

➤ Valor de marca ou reputação do parceiro;

➤ Lucratividade/margem;

➤ Apoio à cooperação de marketing.

Uma avaliação de como cada uma é vista pelos Tipos de Parceria Gibbs+Humphries individuais terá impacto na eficácia e adequação das mensagens de marketing. O Quadro 8.4 mostra os principais fatores que influenciam essa atividade.

QUADRO 8.4 Avaliação relativa de fatores-chave de marketing por parceiros-alvo

Tipo	Comunicação	Competitividade	Marca	Lucratividade	Apoio
Evangelistas	Excelente	Excelente	Excelente	Excelente	Excelente
Pragmáticos estáveis	Boa	Boa	Boa	Ruim	Boa a Excelente
Tubarões no cativeiro	Ruim	Moderada	Moderada	Moderada	Ruim
Jovens rebeldes	Moderada	Moderada	Boa	Moderada	Moderada a Boa
Pessimistas em evolução	Moderada a Ruim	Moderada	Moderada	Moderada	Moderada
Seletivos	Moderada	Moderada	Moderada a boa	Moderada	Moderada
Não dá pra fazer	Ruim a Moderada	Ruim a Moderada	Ruim a Moderada	Ruim a Moderada	Ruim a Moderada
Desertores	Muito ruim	Muito ruim	Muito ruim	Muito ruim	Muito ruim

CAPÍTULO 8

Evangelistas

Normalmente não existe algo como excesso de comunicação para Evangelistas, desde que seja uma mensagem que lhes seja familiar e com a qual se sintam confortáveis. Mensagens conservadoras consistentemente reiteradas reforçando os valores estabelecidos da competitividade da marca e do produto são as preferidas. O Evangelista ficará menos confortável com a introdução de novos processos e procedimentos ou com repentinas mudanças de direção. Alguns acham que o nível de investimento dirigido aos Evangelistas pode ser reduzido, já que seu nível de comprometimento é suficientemente alto e a necessidade de superar qualquer inércia é baixa. Apesar disso, é importante injetar periodicamente novo capital no empreendimento para mantê-lo nos trilhos, e em canais de marketing isso significa estar preparado para fornecer apoio de marketing e vendas a fim de assegurar que o parceiro não seja afetado adversamente por eventos que promovam mudanças. Evangelistas são, no geral, muito leais e sempre falam bem de sua parceria, o que tem efeito benéfico no setor e nos mercados financeiros.

Pragmáticos estáveis

A principal diferença entre Evangelistas e Pragmáticos estáveis é a visão pragmática destes últimos. Pragmáticos estáveis sentem-se muito satisfeitos com todos os aspectos do mix de marketing e não "desperdiçam tempo" com efusões sobre a parceria. Mesmo assim ficam particularmente impressionados com o nível de apoio (tanto vendas quanto marketing) que recebem de seu parceiro.

Tubarões no cativeiro e Jovens rebeldes

Os modelos de negócio dos Tubarões no cativeiro, e, em certa medida, os dos Jovens rebeldes, são uma área onde normalmente existe o maior nível de compreensão equivocada. Para esses dois tipos de relacionamentos é importante que haja frequentes revisões para que o impacto de alterações nas condições de mercado, de novas políticas ou iniciativas de mercado seja visto com bons olhos pelas necessidades comerciais do parceiro.

O estudo de caso da Novell no Capítulo 3 fornece uma ilustração deste ponto. A aquisição da empresa de consultoria pela Novell criou conflito com os parceiros simplesmente porque a iniciativa ameaçou a receita obtida de seu serviço e apoio, e mudou seu modelo de negócio de lucro por produto para serviço ao cliente. A falta de uma visão melhor do modelo de negócio em evolução dos parceiros pode ser uma causa importante das dificuldades do relacionamento. Em geral, a única área que o Tubarão no cativeiro irá reconhecer como tendo algum mérito é o valor de marca do parceiro e a extensão em que a marca representa uma reputação positiva e credibilidade.

Jovens rebeldes costumam estar voltados à atual competitividade do produto ou serviço em foco. Acreditam que o produto pode começar a perder a vantagem técnica ou de custo que o tornou uma proposição atraente no passado. As empresas deveriam considerar de que modo sua comunicação com o parceiro pode superar quaisquer preocupações latentes com o posicionamento de mercado, tanto o imediato como o previsto. A publicação de documentos técnicos e estratégicos, seja sob domínio público ou em arranjos para não divulgação, pode ser uma tática valiosa para reacender a confiança do parceiro na credibilidade e capacidade da empresa anfitriã.

Tubarões no cativeiro são bem mais céticos e cínicos em relação a essas táticas e provavelmente serão mais reativos a mensagens diretas sobre o valor comercial do relacionamento de negócios, o nível de investimento que a anfitriã tem feito, e o retorno sobre o investimento que o parceiro pode desfrutar. Tubarões no cativeiro serão mais reativos a discussões diretas sobre a força e a dinâmica do modelo de negócio e como eles podem aumentar o que percebem como um nível baixo de ROI. Essas sessões conjuntas de planejamento com frequência serão estressantes, mas mesmo assim podem fazer com que se empreendam novas e criativas iniciativas. Enquanto o Jovem rebelde se preocupa com a atual lucratividade do relacionamento, o Tubarão no cativeiro já chegou à conclusão de que o modelo de negócio fracassou.

Seletivos

A abordagem de marketing aos Seletivos deve ser voltada a aumentar seu nível de dependência da marca, que eles já têm em relativa elevada estima. Eles precisam ser convencidos dos benefícios do portfólio total do produto. As empresas devem considerar de que modo podem aumentar sua compreensão do parceiro e a visão da força da marca (os talentos e capacidades da empresa e seu posicionamento geral de mercado) e também as capacidades funcionais de toda a gama de produtos. Nos canais de marketing, os programas de autorização e credenciamento podem ser muito bem-sucedidos em aumentar o comprometimento dos Seletivos com a empresa anfitriã.

Não dá pra fazer

Os Não dá pra fazer lembram um pouco os Seletivos, exceto pelo fato de serem menos receptivos a mensagens de marketing. Mesmo assim, é possível dirigir esforços de maneira útil para restabelecer a proposição básica de valor da marca, produto e lucro.

Desertores

Alguns argumentam que todos os esforços de marketing irão falhar com os Desertores. Eles não são mais cínicos como os Tubarões no cativeiro nem buscam acolhimento como os Jovens rebeldes. Desertores tendem a ser antagonistas; como tais, quaisquer iniciativas generalistas de marketing podem estar condenadas ao fracasso. A experiência sugere que o marketing um-a-um e atividades de gestão de conta podem ter sucesso em reenergizar um Desertor. A ressalva principal é o valor relativo para a parceria comparado com o custo de gestão e motivação.

CONCLUSÃO

Este capítulo final juntou os numerosos ideais e conceitos teóricos, estratégicos e operacionais discutidos nos capítulos anteriores. Ele explorou em maior detalhe algumas das implicações subjacentes aos diferentes Tipos de Parceria Gibbs+Humphries. Expôs maneiras práticas pelas quais uma aliança, canal ou gestor de parceria pode atuar proativamente para melhorar o nível da qualidade de relacionamento com seus parceiros estrategicamente importantes e visualizar como tais esforços podem produzir efeitos imediatos e duradouros no desempenho dos negócios. De forma significativa, pode ser demonstrado que é possível alcançar melhorias no nível da qualidade do relacionamento num período de tempo relativamente curto e, em consequência disso, desfrutar de benefícios tangíveis. Há exemplos de empresas que passam de uma posição de paridade para líderes do ranking em 18 meses. Finalmente, este capítulo mostrou como a capacidade de avaliar objetivamente os fatores de desempenho do relacionamento que impulsionam parcerias e alianças comerciais não tem a complexidade da ciência espacial e pode ser utilizada por todos os "gestores pensantes".

PRINCIPAIS PONTOS DE AÇÃO

1 Examine sua aliança estratégica ou outros cinco principais parceiros e tente determinar os tipos de relacionamento aplicando os exercícios descritos neste capítulo.

2 Revise suas atuais estratégias de conta, canal ou de gestão de relacionamento e determine como elas melhoram o nível de desempenho do relacionamento.

3 Revise suas atuais estratégias de conta, canal ou gestão de relacionamento e determine se elas refletem uma visão generalista para os seus parceiros ou se você reflete as necessidades de relacionamento específicas deles.

4 Identifique um produto ou serviço e examine como suas vendas e marketing podem ser melhorados identificando a predominância de tipos específicos de parceria G+H.

5 Faça uma auditoria de suas atividades de marketing e determine de que maneira cada iniciativa ou programa cria ou diminui o nível geral de desempenho do relacionamento.

Leituras adicionais

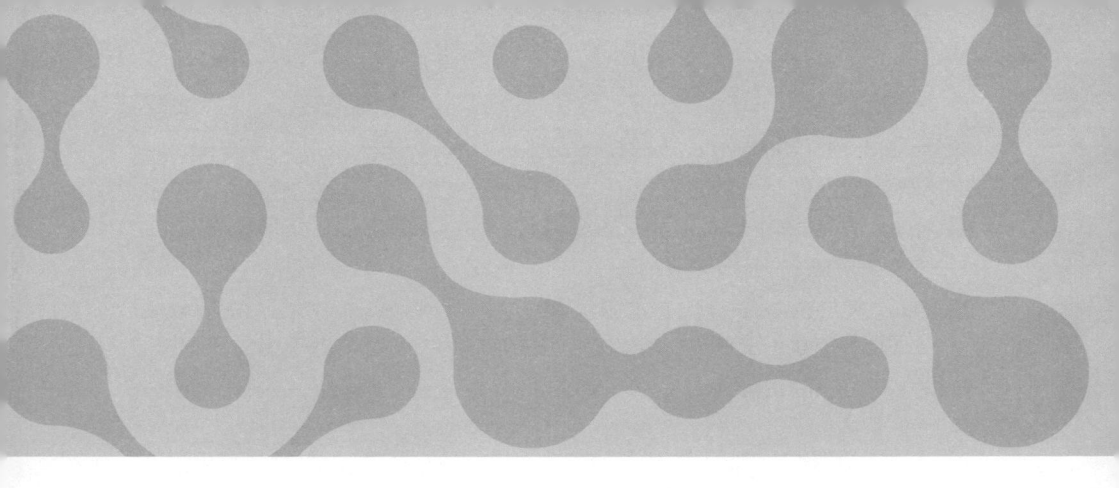

Brennan, R., Canning, L. E. e McDowell, R. (2007) *Business-to-Business Marketing, SAGE Advanced Marketing Series, Londres.*

Christopher, M. (2005) *Logística e gerenciamento da cadeia de suprimentos,* 4. ed., Cengage Learning, São Paulo.

Christopher, M. e McDonald, M. (2003) *Marketing: A complete guide,* Palgrave Macmillan, Basingstoke.

Coughlan, A. T., Anderson, E. e Stern, L. W. (2007) *Canais de Marketing,* 7. ed., Pearson, São Paulo.

Cousins, P., Lamming, R., Lawson, B. e Squire B. (2007) *Strategic Supply Management: Principles, theories and practice,* FT Prentice Hall, Oxford.

Davis, E. W. e Spekman, R. E. (2003) *The Extended Enterprise: Gaining competitive advantage through collaborative supply chains,* FT Prentice Hall, Oxford.

Doz, Y. L. e Hamel, G. (1998) *Alliance Advantage: The art of creating value through partnering,* Harvard Business Press, Boston MA.

Dyer, J. H., Kale, P. e Singh, H. (2001) How to make strategic alliances work, *MIT Sloan Management Review,* 42, (4), p. 37-431.

Gattorna, J. (2006) *Living Supply Chains: How to mobilize the enterprise around delivering what your customers want,* FT Prentice Hall, Oxford.

Hines, P., Found, P., Griffiths, G., Harrison, R. (2008) *Staying Lean: Thriving, not just surviving,* Cardiff University Press, Cardiff.

Kotler, P. e Keller, K. L. (2006) *Marketing Management,* 12. ed., Prentice Hall of India, Delhi.

MacBeth, D. K. e Ferguson, N. (1994) Partnership Sourcing: An integrated supply chain management approach, *Financial Times,* Londres.

McDonald, M. (2007) *Malcolm McDonald on Marketing Planning: Understanding marketing plans and strategy*, 3. ed., Kogan Page, Londres.

Porter, M. E. (2004) *Competitive Strategy: Techniques for analyzing industries and competitors*, Free Press, Nova York.

Rackham, N., Friedman, L. e Ruff, R. (1995) *Getting Partnering Right: How market leaders are creating long-term competitive advantage*, McGraw-Hill, Maidenhead.

Ryals, L. e Humphries, A. S. (2007-8) Seeing eye to eye, *Chief Purchasing Officers' Agenda*, 3, (4).

Senge, P. (2006) *A Quinta Disciplina: A arte e a prática da organização que aprende*, Best Seller, Rio de Janeiro.

Stock J. R. e Lambert, D. (2001) *Strategic Logistics Management*, McGraw-Hill, Maidenhead.

Williamson, O. E. (1999) *The Mechanisms of Governance*, Oxford University Press, Oxford.

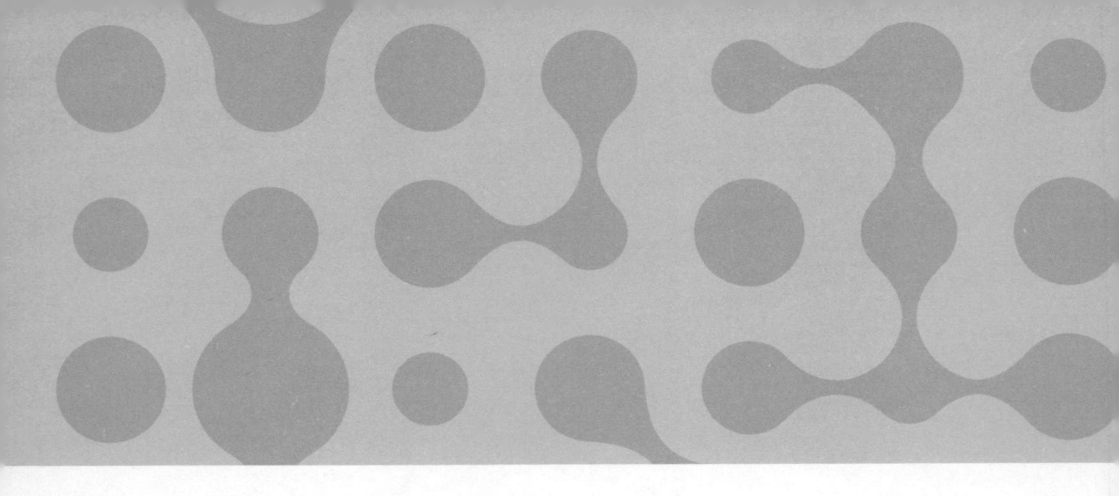

Índice remissivo

Este livro foi composto com tipografia Adobe Garamond Pro e impresso
em papel Off-White 90 g/m² na Formato Artes Gráficas.